半生不熟

Medium Raw

波登廚藝與人生的真實告白

A Bloody Valentine to the World of Food and the People Who Cook

【暢銷經典全新設計版】

ANTHONY BOURDAIN

安東尼・波登——著　洪慧芳——譯

謹獻給歐塔維雅（Ottavia）

整體而言，
我這輩子得到的待遇比一般人好，
或許也比我應得的慈愛還多。

——法蘭克・哈里斯（Frank Harris）

譯者序

「能翻到波登寫的東西真是太好了！」

洪慧芳

很多女人剛生完孩子都說太痛了，絕對不要再生了，但隔年又生下一個寶寶。雖然我沒有生過孩子，但我覺得我也有嚴重的「產後失憶症」。

波登是我遇過最難翻譯的作家，但是每次翻譯完都有一種痛苦卻快樂著的自虐感。和波登的緣分，是從二〇〇八年年底開始。

二〇〇八年上半年，那時商務出版社問我有沒有興趣翻譯《波登不設限》，我自己買了不少波登的原文書，所以能接到波登的翻譯案，當時二話不說就接了。由於那是電視節目的延伸，我為了那本書卯起來看了整整三季的節目，但那本不到三萬字的圖文書，還是花了我一整個月，當時翻譯完後，我記得我發誓：「波登的書還是買來看就好了，翻譯實在太辛苦了。」

知名譯者韓良憶也覺得，波登真的很難譯。

＝＝＝這是不要亂發誓的分隔線＝＝＝

二〇一〇年，財信[1]的編輯寫信問我有沒有興趣接《半生不熟》，所謂「好了傷口，忘了痛」。我一口就答應了，這本書中文約十五萬字，大家就別問我翻了多久，反正就是很久很久很久很久，久到我覺得好像有近半年的時間，每天都想把波登殺了，但是每次翻完一篇，又覺得「能翻到他寫的東西真是太好了（拭淚）」。

這本書不只適合愛吃、愛煮的人看，其實我會推薦每個人看，因為題材真的很廣，而且非常有趣（例如為什麼名廚會卯起來代言一些五四三的產品？為什麼從美國牛可以談到星巴克？該不該進廚藝學校？還有一些小人物的精彩描述）。

在這本書交稿好一陣子後，原文的平裝本出來了，收錄了新的訪談內容，還有徵文比賽的得獎作品。在補譯完那篇文章時，內心相當感動，也為這本書畫下了一個完美的句點。

1 編註：台灣發行本書初版版本之出版社。

目次

THE SIT DOWN
聚會

我認得吧台的那些男人，還有位女士，都是美國備受推崇的廚師。他們大多是法國人，但全都在這裡闖出了一片天。他們每個人對各地嶄露頭角的二廚、想當廚師的人，以及餐飲學校的學生來說都是英雄，對我來說也是。他們顯然對於在這看到彼此，還有看到同行慵懶地坐在數量有限的吧台高腳椅上，感到相當詫異。他們和我一樣，都是被一位值得信任的朋友帶來的。那位朋友以「極機密」這個含糊的理由，把大夥兒找來這家紐約的知名餐廳，參加這場深夜的聚會。他們幾位都像我一樣，被三令五申，不得向任何人透露這場聚會。當然，會後我們肯定也不會洩漏什麼。

呃……我想，其實並不盡然。

那時我才剛跨入專業旅行者、作家兼電視節目主持人這個新領域不久，和這些大咖共處一室時，仍覺得有點緊張。老實說，我很努力掩飾粉絲看到明星那種緊張又期待的感覺。我點飲料時手心猛出汗，也注意到自己點「加冰伏特加」時，音調聽起來詭異地偏高而尖促。對這場聚會我唯一知道的是，有位朋友在週六晚上打電話給我，問我週一打算做什麼，接著就以他明顯的法語口音告訴我：「兜膩（東尼）……你一定要來，這很特別。」

自從我卸下那間老餐廳中央市場（Les Halles）的日常職務，去了幾場巡迴簽書會和多次旅遊後，我得學習（或重新學習）如何因應一般人的社會，所以現在我有了幾套西裝，現在我就穿著一套。我想，我這身穿著打扮在這家高檔餐廳還算得體。襯衫的領子太緊，勒著脖子，我也很清楚領帶上的領結打得不太完美。當我在約好的午夜十一點抵達時，餐廳裡剩沒幾個客人，服務生小心地把我帶到這個燈光昏暗的小吧台等候區。餐廳領班看到我時，沒皺鼻露出嫌惡的表情，我鬆了一口氣。

看到X也在場，我很興奮。X這個人向來泰然自若，每次我提到他時，都是以一種恭敬的口吻，就像提到達賴喇嘛一樣。他的行事作風通常比其他較平凡的廚師來得低調。看到他幾乎和我一樣興奮，並露出擔心的表情時，我還滿驚訝的。他身邊圍著兩、三圈保守的法國佬和一些年輕人，還有幾位從廚房走出來的美國廚師。另一頭則是法國廚界黑手黨的教母……這裡簡直成了當今美國頂級廚界的名人堂。萬一今晚瓦斯漏氣，炸了這整棟建築會怎樣呢？所謂的美食界可能就此一舉殲滅。以後每集《頂尖主廚大對決》（Top Chef）都是蔡明昊（Ming Tsai）當客座評審，巴比．富雷（Bobby Flay）和馬里奧．巴塔利（Mario Batali）兩人可以平分拉斯維加斯的美食市場了。

最後幾位吃飽的客人漫步穿過餐廳，走向門外，好幾對男女賓客都回頭望向吧台那幾張祕密低語著的熟悉臉孔。通往私人包廂的雙扇大門這時推開了，把我們都叫了進去。

房間中央有張長桌，擺了十三份餐具。牆邊放著一個餐櫃，因肉品沉甸甸的分量，感覺似乎不堪負荷，連我們這些人數十年來都很少見到那樣的光景：裡面有經典卡雷姆（Careme）[1]時代的野味凍派、多種家禽肉凍、餡餅和肉醬。最引人注目的是酥皮野豬派，香料肉餡和派皮之間的空隙，填滿了琥珀色的透明肉凍。服務員正在斟酒，我們自行就座。

大家一一入座後，房間遠端的門開了，主人走了進來。

那場景就像《教父》裡的馬龍·白蘭度歡迎五大家族代表的那一幕，我差點以為今天的主人也會一開口就說：「我想感謝我們的朋友塔塔基利亞家族（Tattaglia）……來自布魯克林的朋友……」這是個名副其實的黑手黨高峰會。此時，大家已經開始聊起待會兒我們會吃到什麼東西了，眾人都愈來愈興奮。

大家先是歡迎與感謝幫我們準備（及成功走私進口）這些佳餚的人。今天的菜色裡，有一道高湯餃（相當美味）和麝香野兔。不過這些都不是重點，轉眼即逝。

穿著制服的服務生收走我們用過的髒盤，努力掩飾他們的微笑，幫我們整理餐桌。主人起身，一台餐車推了出來，上面放著十三份鐵砂鍋，裡面是一隻烤得嘶嘶作響的小鳥，頭、

1 譯註：卡雷姆（Careme）是西方烹調史上備受推崇的名廚，建立了上菜次序，強調菜餚是一種藝術的表現，人稱「廚師之王」、「古典烹飪創始者」。現今廚師戴的白色高帽也是卡雷姆發明的，白色象徵廚房的潔淨，廚師的等級愈高，帽子愈高。

嘴都還連著，內臟完好地留在那鼓脹的小肚腩裡。我們每個人都把身子前傾，頭轉往同一個方向，看著主人高高舉起一瓶雅馬邑白蘭地，澆著小鳥，然後點燃牠們。就是這個！禁忌珍饈大滿貫！如果這群名廚大會串還不足以讓我掐痛自己，確定自己不是在作夢，這些食物肯定也可以讓我確信不是在夢中。這是他媽的永生難得的佳餚，對多數凡夫俗子來說，一輩子都吃不到，即使是在法國也甭想！我們即將入口的東西，在當地是違法的，在本地也是——那就是烤圃鵐（Ortolan）。

烤圃鵐（又名emberiza hortulana）是一種原產於歐洲與部分亞洲的雀類。我們眼前這些小鳥是來自法國，每隻在黑市的售價可能高達二五〇美元，因築巢地及棲息地逐漸稀少而成為保育類物種，所以在任何地方捕捉或販售都是非法的。這也是一道經典的法國美食，很可能從羅馬時代開始就深受老饕喜愛。法國總統密特朗臨終前，選擇以烤圃鵐作為他的最後一餐，這件事的書面描述至今依舊是有史以來最精彩的食色之作。我想，多數人可能對這件事產生反感：一個行將就木的老頭，努力吞下大口油膩膩、熱騰騰的小鳥內臟和骨頭。[2]但對廚師來說呢？那根本是求之不得的事，就像聖杯或未竟之業，非吃不可才能大肆吹捧自己是真正的美食家、世界公民、嚐遍美味又見過世面的廚師。

據說，這些小鳥是先以網子捕獲，接著挖除雙眼，讓牠失明，以便操縱其飼養週期。我相信這說法在歷史上的任何時期都是真的。但以當今歐洲的勞動法來看，雇用專業挖眼工顯然不再划算，老早以前就已改用簡單的毯子或毛巾蓋住籠子，不再用古代那種殘酷的手法，欺騙圃鵐猛吃無花果、黍粒和燕麥。

把這些鳥養得肥肥胖胖以後（養出一層厚厚的脂肪），接著是宰殺、去毛和烹烤。據說，這些鳥是用雅馬邑白蘭地淹斃的，不過這說法也非實情。只要對著這些肥滋滋的圃鵐噴上一點雅馬邑白蘭地，就可以讓牠們醉得不醒鳥事。

鐵砂鍋裡的火焰熄了，圃鵐被送到每位賓客的面前，一人一隻。在場的每個人都知道該做什麼以及該怎麼做。我們等著眼前烤得嘶嘶作響的肥肉稍微靜了下來，便彼此交換眼神，咧嘴而笑。接著，大夥兒一起把餐巾蓋在頭上，埋著頭以免讓上帝看見，[3]迫不及待地小心抓起熱燙的鳥頭，從鳥腳開始把整隻鳥塞入口中，只剩鳥頭和鳥喙露在外頭。

蒙在暗黑的餐巾裡，我發現自己在急著充分享受這個體驗時，閉上了雙眼。先是嚐到了鳥皮，接著是脂肪，熱騰騰的，燙得我必須不斷呼氣，就像迅速演奏小喇叭的樂手一樣，吹著圃鵐，在口中小心翼翼地用舌頭移動，以免燙著了自己。我聆聽下巴觸碰鳥骨頭的聲音，但只聽到其他人的呼吸聲，以及隔著十幾張餐巾，隱約聽到空氣迅速在口齒間穿梭的聲音。

空氣中隱隱飄著雅馬邑白蘭地的香味，油滋滋的脂肪粒子，令人陶醉的美味氤氳。

2 譯註：吃圃鵐時，是把整隻圃鵐放進嘴裡，連肉帶骨一併吃下。

3 譯註：傳統吃法是食客把整顆頭埋在餐巾下，享受這道佳餚。有些人說，餐巾是為了讓人整個沉浸在香氣中；也有人說，埋頭猛吃是為了不讓上帝看到自己的貪食。比較務實的說法是，吃圃鵐時是把整隻圃鵐放進嘴裡，吃相難看，所以需要用餐巾掩飾。

時間就這樣流逝，過了幾秒？幾瞬？我也不知道。我聽到附近傳來第一個咬斷小骨頭的喀嚓聲，決定也跟著豁出去。我慢慢放下臼齒，咬下小鳥的肋骨，嘎吱作響地咀嚼，感受到一股灼熱的熱油與內臟推進我的喉嚨，痛苦和爽快的感覺鮮少搭配得如此恰到好處。我持續慢慢地咀嚼，非常緩慢，同時覺得有點不太舒服，呼吸急促，控制著喘息。每咬一口，那細小的骨頭和層層的脂肪、嫩肉、鳥皮、內臟就壓縮在一起，流出多種奇妙美味的香陳汁液：無花果、雅馬邑白蘭地，腿肉稍稍摻上了我自己流血的鹹味（因為尖銳的骨頭戳傷了我的口腔）。我吞嚥時，把鳥頭和鳥喙都放進了嘴裡（本來一直掛在我唇邊），愉悅地咬碎那頭骨。

最後只剩下脂肪，一層薄到幾乎察覺不到，卻又令人難以忘懷的美味腹脂。我掀起餐巾，周遭的人也一個接一個掀了開來，把餐巾放在桌上，露出極樂出神的表情，促狹的微笑，每個人都是一臉剛爽過的模樣。

沒人急著啜飲一口酒，大家都想記住那味道。

☆ ☆

時光倒轉個幾年，我還清楚記得當時炸鍋油不變的油鍋味，老蒸汽保溫桌水溫升高時令人作嘔的氣味，以陳年 Mel-Fry 食用油把薄餅煎焦的臭焦味。

那聞起來都不像圃鵐。

當時我在哥倫布大道上的一家簡餐店工作，那是我職業生涯中的「過渡」階段，亦即從吸食海洛因轉為嗑古柯鹼的時期。我穿著前扣的洗碗工白色襯衫，質料是聚酯纖維，左胸前的口袋印著餐巾公司的名稱，配著髒污的牛仔褲。我煎著鬆餅，還有他媽的班尼迪克蛋，英式馬芬只在火爐下隨便烤個一面，因為我根本不在乎。

我煎雙面荷包蛋，單面荷包蛋，把預煮的培根放在平底鍋上重新加熱，以優格搭配噁心的水果沙拉，裡頭再加入麥片。我可以用任何餡料煎蛋捲。我認為，來餐廳點餐的人一定一眼就可以看穿我。這樣很好，因為他們要是認真看我，凝視我的雙眼，會看到一個傢伙：每次有人點格子鬆餅時，他就超想伸手去抓那人的頭髮，並且拿一把不太利的髒刀架在他喉嚨下，然後把他的臉壓在永遠黏答答、亂成一團的鬆餅烤模上。如果那他媽的烤模像烤鬆餅時一樣難用，之後就得用奶油塗刀才能將那人的臉從烤模上扳開。

不用說，那時的我並不快樂。畢竟，我之前是個主廚（我常這樣提醒自己），曾經擁有權力，負責管理整個廚房，享有二、三十人在我底下賣命的興奮感，對於自己在廚房裡忙進忙出所做的食物，感到無比自豪（至少當時是如此）。當你知道埃及棉輕撫肌膚是什麼感受，再回頭穿聚酯纖維的衣服感覺更加難耐，尤其上面還印了餐巾公司的商標（微笑隨和的肥廚師捻著鬍子）。

當時看來，那彷彿是某個漫長、荒誕、怪異、精彩，但也愈走愈糟的路程。已經走到了盡頭，卻沒什麼值得驕傲的。或許湯例外。我也燉湯。

那是菜燉牛肉。

我用鍋鏟把煎鍋上的家常煎薯塊剷起來，轉身把那些薯塊放在一個裝了荷包蛋的盤子上，這時我看到餐廳另一頭有個熟悉的面孔，那是我大學認識的女孩，和朋友坐在後排的某桌。在校期間，她是風雲人物（那是七〇年代，當時的「風雲人物」〔fabulousness〕是種美稱）。她美麗迷人，充滿文藝氣息，有點自我放縱，給人一種類似潔兒達・費滋傑羅[4]的感覺，非比尋常，絕頂聰明，時髦得很另類。我想，她好像讓我摸過一次奶子。她從大學時代就是市區的頭號人物，感覺隨時都可能靠詩歌和手風琴的精彩表現而聲名大噪，當時我常在另類報章雜誌上看到她的消息。

在餐廳裡看到她時，我本能地把頭縮進我的聚酯襯衫裡。我很確定我不是戴著尖頭紙帽，但我卻有那樣的感覺。我畢業後就再也沒見過她了，畢業時大家也覺得我肯定前程似錦，不會出現在這種簡餐店裡。我祈禱她不會發現我在這裡，但太遲了，她的目光轉向我，有那麼一瞬間，她認出我來了，眼中帶著感傷。不過，她很好心，假裝沒看見我。

☆　☆

我想，當時我覺得那次的重逢讓我感到自慚形穢。但現在我沒有這種感覺了。

在這個體驗奢華的當下，空氣中依舊瀰漫著瀕危物種和美酒的氣息，我坐在私人包廂裡，舔淨圃鵐留在唇上的油脂，我意識到這一切經歷的環環相扣。要不是我暑假做過沒前途的洗碗工，後來也不會當上廚師。要不是我當過廚師，我永遠不可能當上主廚。要不是我當過主廚，我永遠不會把自己搞得那麼慘。要不是我知道人生可以慘到什麼境界（真的一敗塗地），又在城裡零顆星的爛餐廳做了幾年的早午餐，我寫的那些令人討厭卻大受歡迎的回憶，也不會那麼有趣。

因為——講白了——我今天坐在這裡，和這些食神同桌，並不是因為我的廚藝。

甜品來了，是雪浮島（Isle Flotante），簡單的蛋白酥皮小餅，迷人地放在一碟香草奶霜上。每個人都對著這道古早年代的經典甜品歡呼，這真的是古早到底了。我們沉浸在愉悅的氣氛中，一起享用這無與倫比的一餐。我們以蘋果白蘭地和干邑白蘭地舉杯慶幸自己的好運。

人生一點也不糟。

不過，顯而易見的問題依舊存在，我知道我暗暗地自問。

我在這裡幹麼？

我和這桌人根本不是同一掛的，他們之中沒有人會在我職業生涯的任何階段雇用我，就連坐我旁邊的這個傢伙也不會，更何況他還是我最要好的朋友。

我這種沒什麼大不了（甚至可以說是「丟臉」）的職業生涯回憶錄，對這些了不起的人

---

4 譯註：Zelda Fitzgerald，美國文學家費滋傑羅（著名小說《大亨小傳》作者）的妻子，是爵士樂時代的象徵人物，患有精神分裂症，後死於醫院的大火中。

來說算得了什麼？這些人又是誰？他們把身體後傾，靠在椅背上，抽起了飯後菸，個個看起來都像王子一樣。這些人就是我寫的那些輸家、社會適應不良者、門外漢嗎？

還是我自己完全搞錯了？

01 自打嘴巴 SELLING OUT

我在寫《廚房機密檔案》（Kitchen Confidential）時，對很多事情的想法實在是天真得可以——我對美食頻道（Food Network）一切事物的憎恨就是一例。

我是站在忙碌廚房的觀點來看一切。在我眼中，電視上的艾莫利（Emeril Kagasse）和巴比（Bobby Flay）就像另一個星球的生物——是活在繽紛星球裡，詭異歡樂的生物，那星球和我住的星球一點也不像。他們所展現的，和我個人的經驗或認知天差地別，就像紫恐龍巴尼（Barney）或肯尼吉（Kenny G）演奏薩克斯風的風格一樣詭異。大家（陌生人）似乎很愛他們那一套（例如艾莫利節目的現場觀眾，光聽他提到大蒜就拍手叫好），但這只是讓我更加反感。

在我的生活、我的世界裡，我一直深信廚師是不討喜的，那也是為什麼我們會當廚師。基本上，我們……不是什麼好東西，所以我們才會過這樣的生活——上班時忙得不成人樣，下班時和過著同樣日子的人混在一起，偶爾才過點人模人樣的生活。沒人喜歡我們，怎麼可能會有人喜歡呢？身為廚師，我們怪里怪氣卻不以為意，我們和社會格格不入，知道自己社會適應不良，也知道自己的心靈有些空虛，少了某些性格，這些正是讓我們踏入這一行、讓我變成現在這樣的原因。

我討厭看到他們那種討喜的模樣，因為那否定了我認為廚師所擁有的最明顯特質——我們是怪咖。

可想而知，瑞秋・雷（Rachael Ray）象徵的一切，是我覺得這些美麗新世界的名廚有問題的地方（亦即我所不解之處），因為她甚至連廚師都不是。在我寫《廚房機密檔案》時，每次聽到有人只要穿上圍裙就可以掛名「廚師」，總是讓我特別不爽，怒火中燒（到現在還是有一點）。

我還真是可笑的傻瓜。

不過，我討厭美食頻道的淵源，其實還溯及更早之前。那時美食頻道剛成立不久，規模較小，沒什麼看頭，攝影棚在第六街某棟辦公大樓頂樓，觀眾大概只有八人，節目的價值和公共頻道播放的深夜情色節目差不多。那時艾莫利、巴比和馬里奧還沒幫他們把美食頻道打造成強大的國際品牌。（那年代美食界的名人唐娜・漢諾威〔Donna Hanover，當時冠夫姓朱利安尼〕[1]和亞倫・瑞奇曼〔Alan Richman〕、比爾・伯格斯〔Bill Boggs〕和妮娜・葛里斯坎〔Nina Griscom〕等，是在辦公室那麼小的房間裡錄影，空間小到差點連攝影機都放不下，播放預錄的節目，就是類似你在喜來登飯店，打開電視就會看到飯店頻道播放的那種垃圾。）當時播放的內容，想必你都不會陌生：開心的「客人」尷尬地嚼著海陸大餐，然後是

「露大廚的招牌起司蛋糕……吃了讓人驚嘆『哦啦啦！』」接著，亞倫、唐娜、妮娜或比爾等人也會隨便吃幾口同樣的樣品——那些東西其實都是從他們那週推銷的某個度假區，或鳥不拉屎的鬼地方，快遞過來的東西。

我曾受邀上節目烹調鮭魚，當時我在沙利文（Sullivan's）餐廳工作，到處打我的第一本書（基本上出版商已經放棄宣傳了）——犯罪小說《如鯁在喉》（Bone in the Throat）。我到節目現場時，看到一個又大又髒的中央廚房／準備區，水槽裡堆滿髒污的鍋碗瓢盆，冰箱裡塞滿沒人開過的神祕塑膠包裝。到處都可以看到拍攝完就隨便扔著的食物，也不知道多久前就一直擱著沒人理了。放眼望去，盡是變質、氧化、腐爛中的食物，周圍還圍著一大群果蠅。負責那場地的「大廚」就站在那裡，一隻手指插進鼻孔，深及第一個指節，彷彿對周遭的慘狀視若無睹。來自不同製作單位的演員和工作人員不時走進來，從這些原本還能食用的垃圾堆裡揀點東西來吃。進了攝影棚，在攝影機前一定是在單頭電爐上烹飪，那電爐卡著上一位廚師做菜時溢出的汁液所散發的惡臭。至於我的鮭魚烹調示範，我記得，當我從水槽底部抽出平底鍋時，還得先自行刷洗一番。那水槽底部的油污殘漬層層堆疊，彷彿古代特洛伊的廢墟。

這種令人不敢恭維的第一次接觸，還不至於讓我那麼「痛恨」美食頻道，比較精確的說

1 譯註：前紐約市長朱利安尼（Giuliani）的前妻。

法是，我只是感到不屑而已，不把他們當一回事。以他們那副德行，誰會把他們當一回事？坦白講，我從來沒有真正「討厭」過艾莫利或巴比，甚至瑞秋，我只是討厭他們的節目……我覺得那些節目很荒謬，替他們感到莫名的尷尬。

我真正鄙視美食頻道是後來的事——是在我寫了《廚房機密檔案》以後，在我靠著取笑艾莫利、巴比和瑞秋而過著不錯的日子以後，也是在我為美食頻道那些混蛋工作的時候。

那時我每天還是在餐廳裡做菜，《廚房機密檔案》登上了《紐約時報》暢銷書榜，但些許的不信任感和強烈的懷疑，讓我覺得自己應該繼續從事廚師這個正職。我心想，這名氣是不可能持續下去的，我肯定只是一時的運氣好，一切都是曇花一現，我講的那些故事（我寫那些東西時，心裡想到的讀者，不過是紐約地區的二廚、服務生和酒保而已）有什麼魅力可以吸引鄰近三州以外的人？如果二十八年的餐飲業經驗有教會我什麼，那應該是：今天看似美好的東西，明天幾乎肯定都會一敗塗地。

我雖然懷疑自己還會紅多久，但我也知道，我的書幫出版社賺了不少錢。我可能是個悲觀主義者，但不是傻瓜。所以，就像俗話說的，打鐵要趁熱。於是我趁勝追擊，表示我想出第二本書，也大膽要求更多的預付款——而且動作要快，要趕在花謝了、我又恢復籍籍無名之前。我貿然地建議寫一本我周遊世界的書，描述我夢想遊歷的酷炫地方，吃吃喝喝並惹點麻煩。我表示，我很願意這麼做，並把經歷寫出來，只要出版社願意幫我付錢，我就寫。

令人驚訝的是，他們竟然願意！

不久之後，兩位其貌不揚的人走進中央市場餐廳，問我有沒有興趣開個電視節目。他們心裡當然想的是《廚房機密檔案》，但當時我已經把版權賣給了好萊塢（結果拍了一齣非常短命的情境喜劇）。他們聽我這麼一講，並沒有打退堂鼓。我提到我可能沒時間開節目，因為我正要展開為期一年的世界之旅，以完成我兒時走訪異國的夢想。他們一聽，反倒對此表示很有興趣。

我得告訴各位，即使是在那時，我仍穿著廚師的白衣，但我對任何宣稱可以讓我收看電視節目的人，已經抱持懷疑的態度。我很早就知道，當電視或電影界的人告訴你：「我們都是超級粉絲」或「我們對這案子很興奮」時，通常不過是指他們打算請你吃頓飯而已。當他們提到美食頻道是製作那案子的主要候選頻道時，我又更懷疑了。從這點可以看出，這兩個呆瓜完全搞不清楚狀況，也沒向任何人打聽消息。我已經痛批美食頻道的當紅節目好一段時間了，那已經是我的獨到特色，即使在我閉嘴不批評以後，部分笑梗可能還會存在許久。這兩個傢伙竟然還建議我上美食頻道開節目，可見他們的問題比缺乏想像力更嚴重，我想他們應該是有妄想症。

一週後，他們打電話來告訴我會議安排好了。我一聽只覺得很火大，真的很不爽，因為這根本不會談出什麼好結果。我確定，這是他媽的浪費時間，所以我也懶得刮鬍子和洗澡，就直接前往赴約了。

後來談定了一個節目，節目名稱和書名一樣，都是《名廚吃四方》（A Cook’s Tour）。

那節目很快就變成奇聞異事的旅行實錄，配上旁白。我本來以為我和電視的緣分，頂多維持到我把那本書寫完，但神奇的是，那節目還做了第二季。更不可思議的是，製作單位從一開始就讓我為所欲為，我想把節目帶到哪都隨便我，想在攝影機前抽菸也不管我，想咒罵就咒罵。更意外的是，我和攝影人員／外景製作人（我們因為朝夕相處好幾個月而日益親近），照著自己想要的方式說故事，竟然可以拍出挺不錯的節目。

我得承認，我愈來愈喜歡這樣的生活——繞著地球跑，專找一些食物和樂子。我也逐漸愛上這種對我來說全新的說故事方式，有新玩具（攝影機、剪接器、音效剪輯）的加持，還有一群充滿創意、懂得運用這些工具的專業人士幫我。我喜歡做東西，講故事，去亞洲，這個電視節目讓我可以做這一切。

我就這樣上癮了，不是為了名利，也不是為了金錢（那錢其實很少）。我老早就把這輩子想嗑的古柯鹼都嗑了，任何跑車都無法治好我這癮頭。能夠以我想要的方式環遊世界，節目又給我充分的自由，凡此種種都深深吸引著我。我也迷上了透過影像和聲音的操控，來講故事的新權力，讓觀眾以我想要的方式，感受我去過的那些地方。我對自己和夥伴（攝影兼製作人克里斯·柯林斯〔Chris Collins〕和莉迪雅·特納葛利亞〔Lydia Tenaglia〕）一起製作的幾集內容和製作方式，愈來愈感到自豪，也開始欣賞編輯、混音師、後製人員的功力。製作電視節目變得……很有趣，而且常讓我覺得，這其實還滿爽的。

我把書寫完了，但還是持續錄影，電視反倒從副業變成了主軸。我迷上旅行，迷上觀察世界，也迷上了我看世界的方式。總之，我不想和人分享。一方面，這世界變得比原來大上許多；但另一方面，它也縮小了。我像許多旅人一樣，開始把焦點從窗外轉向內心，開始以愈來愈小的觀點看外界。我剛開始做節目時，看到夕陽或寺廟，會直覺地轉向右邊或左邊，對著某人，任何人，說：「那夕陽美極了，對吧？」

但那種衝動很快就消失了，我覺得世界是我專屬的，我變得自私。那夕陽是我的。

那兩年，我大部分時間都在旅行，我生活中的一切都變了。我不再是廚師，那原本是我每天唯一的例行工作，我的第一次婚姻也開始破裂。

坐在紐約美食頻道的辦公室裡，我的優先要務和以前在廚房裡想的完全不同。無論這結果是好是壞，這時我有了一個可笑的想法，覺得電視節目是「好的」，偶爾甚至還會覺得，電視節目是「重要的」。

我去西班牙打書時，有人介紹我認識名廚費蘭・亞德里亞[2]，令人驚訝的是，他竟然答應讓我們到他的工作室「taller」，以及他幾乎不可能訂到位子的餐廳El Bulli裡拍攝。亞德里亞早就是全球最重要也最具爭議性的廚師，他的El Bulli是世上最一位難求的餐廳。更重要的是，在那之前，從來沒人拍攝過他答應讓我和攝影團隊看的東西——完全揭露他的創意流程、他本人、他的廚師、他最愛的餐廳、他的靈感，最後我們還可以在El Bulli的廚房裡

---

2 譯註：Ferran Adria，西班牙廚神，分子料理之父。

和亞德里亞同桌，拍攝與享用完整的精選套餐，聽亞德里亞逐一說明每一道菜。據我所知，這種事從來沒發生過，之後也沒有。

不過，就在我出國時，發生了一件事。

突然間，美食頻道的人對海外節目不再那麼感興趣了，當初充滿熱情，找我們進來做節目，支持我們盡情發揮的高階管理者，似乎失去了之前的動力或興趣。當我們告訴高層，亞德里亞答應做什麼時，他們完全無動於衷。「他會說英語嗎？」「對我們來說那太高深了。」這些是他們最後拒絕為那集及其他海外各集節目出資的理由。

後來，一位公司的律師常擺著臭臉加入我們的「創意」會議，巧妙地為我們設定議程，引導討論的方向。如果以警訊來看，這應該算是紅色警報了。當時美食頻道最紅的節目是《解密》（Unwrapped），是播放棉花糖和瑪氏巧克力棒（Mars Bars）等製作過程的存檔畫面，每集的製作成本大概只有我們節目的十分之一，當然比較受重視。電視台也指出，我們偶爾在美國拍攝《名廚吃四方》時，每次我把燒烤的東西放進嘴裡，收視率就會飆高，所以我為什麼不能在國內走走就好呢？去拍攝停車場的野餐聚會[3]和辣椒肉醬烹飪比賽（chili cook-off）？他們以法律術語解釋，那些國外的東西，因為當地人說著怪怪的口音、吃著奇怪的食物……等諸多因素，和「目前的商業模式」並不相符。

新成員加入我們的那天，我知道後續的發展再也看不到曙光了。律師和直率的管理高層

（等一下我會講是誰）站起來說：「歡迎布魯克・強森（Brooke Johnson）……我們都很高興她（從另一個電視頻道）加入我們。」

顯然強森女士看到我和我的夥伴時並不是那麼開心。她踏進會議室的瞬間，你可以感覺到空間裡的生命力頓時蕩然無存，馬上變成一個毫無希望或幽默的地方。現場氣氛改變時，她和我們有氣無力地握手，她就像個把所有樂趣都吸進去的黑洞——所有的光、所有歡樂的可能，全都被這個駝著背、沉著臉的幽靈吸進了漩渦。那種近乎明顯敵意的冷漠溢於言表。夥伴和我開完會後知道，我們在美食頻道的日子已近尾聲。

當然，美食頻道的「商業模式」（強森女士顯然是這模式的先鋒），後來相當成功。隨著節目的逐漸弱智化，收視率節節攀升。接著，開始清算當初幫忙把這頻道做起來的廚師——馬里奧和艾莫利，以及其他每個過於專業的人。他們不是被趕走，就是遭到放逐，就像當年的蘇聯整肅老布爾什維克成員一樣。高層覺得這些人對「美食」這個事業來說毫無用處，他們現在覺得，美食講究的其實是討喜的個性、沒威脅性的形象，讓大家自我感覺更加良好。

他們每推出一個令人憤慨的節目（難看得要死的《美食頻道獎》，有作弊之嫌的《美食

3 譯註：tailgate party，球賽或演奏會開始前的活動，在停車場把車子的後門掀開，變成現成的野餐桌，比賽還沒開始前，先慶祝一番。

頻道烹飪新秀賽》、低俗的《美國料理鐵人新秀賽》），那些明顯抄襲又粗製濫造的內容，就會帶來超高的收視率，吸引愈來愈多二十二到三十六歲的男性觀眾（或什麼「主要購車族群」之類的）收看。為了服務這群低俗的新觀眾，連可憐而忠誠的巴比．富雷也從幾乎無所不能，淪落到必須和一些小咖對決他們的拿手料理，而且幾乎一定都會詭異地落敗。

如果還需要更多證據證明那個美食頻道的模式是必要且至高無上的（它的驚人效果、強森五年計畫的無與倫比），可以看看當下業界的光景：《美食》雜誌（Gourmet）停刊，各地的雜誌業慘澹經營，全美營運一百八十年的知名報社紛紛關門大吉，但《美食頻道》雜誌、《瑞秋每日生活》（Everyday with Rachael Ray）雜誌、寶拉．丁（Paula Deen）掛名的雜誌卻紅得不得了，這個庸俗帝國的觸角可說是無所不在。

我後來明白了，這就是世道常情。與之反抗，有如螳臂擋車。最好卑躬屈膝，否則只會壯烈成仁。

但或許對於這個天啟，你需要更多有力的證據：

瑞秋．雷送我一籃水果禮盒，所以我後來就不再批評她了，要對付我這種人很簡單，真的，主動展現善意，我就很難再毒舌下去，因為那感覺很……不厚道，粗俗無禮。收了人家的禮物還毒言以對，這和我暗地裡自以為的紳士形象不符。這點瑞秋還挺機靈的。

其他人就是……直接來硬的了。

在電影《美味關係》（Julie & Julia）首映會後的派對上，我站在自助餐台的末端，和我二〇〇七年再婚的太太歐塔維雅（Ottavia）及兩位朋友一起啜飲著馬丁尼。這時我感覺到有人摸我，一隻手由我西裝底下開始滑上我背部，我當下覺得那應該是熟人，才會這樣碰我，尤其是在我太太的面前。歐塔維雅受過幾年的武術訓練，上次一位女粉絲也跟我來這套，歐塔維雅當場靠過去，抓住她的手腕，說了類似以下的話：「妳的手要是不離開我先生，我就打爛妳他媽的臉。」（事實上，我記得她的確是這樣講的沒錯，而且不是隨口說說而已。）

當時，就像車禍當下經歷的特殊慢動作一樣，在我轉頭之前的瞬間，我清楚記得那可怕的細節：我太太的表情。那表情之所以特別，是因為她突然從眉開眼笑，轉為我從未見過的發愣表情。究竟是什麼站在我身後，讓我太太臉上出現這種不尋常的表情，像站在車頭大燈前面的鹿一樣愣在那裡？

結果我轉身看到珊卓拉．李（Sandra Lee）。

有女人的手摸著我的背時，通常歐塔維雅應該早就撲了過去，把戰斧揮到她頭上，或用手肘狠狠撞擊她的胸部，接著左右開弓，在被害人跌落地上之前，再側踢她的下巴。但這次沒有，那就是電視台「半家常女王」[4]詭異又可怕的力量，讓我倆像被催眠的小雞一樣，動也不動地站著。珊卓拉就站在紐約州檢察總長（可能是未來州長）安德魯．科莫（Andrew

---

4 譯註：Queen of Semi-Homemade，她的料理適合職業婦女或半懶廚娘，主要是把超市半成品變成像樣的料理。

Cuomo，她男友）的旁邊，我想，這情況也暗喻著一種威脅。

「你這個壞小子。」珊卓拉說，或許她是指我講過或沒講過的隨意評論，我可能說過她是「結合Betty Crocker[5]和Charles Manson[6]的怪物」。另外，「挺邪惡」之類的字眼可能也出現過，據說我也曾以「戰亂罪」來形容珊卓拉做過比較惡名昭彰的一些食物，例如她的「匡薩蛋糕」[7]。但現在我已經不記得以前做過的評論了。

我也忘了當時珊卓拉用充滿掠奪性的冰冷爪子，沿著我的脊椎往上摸和摸著我臀部周圍時（像某種可怕的異形，探索著弱點，以便深入我體內，探取我腎臟或肝臟的軟黏物體一樣），我是怎麼回應的。如今回想起來，我想自己當時像勞夫．克蘭登[8]那樣，嚇得語無倫次。

其實……我沒有，那時的感覺比較類似《恐怖角》（Cape Fear）的狀況。邪惡的勞勃．米契（Robert Mitchum）站在門口，迷惑著葛雷哥萊．畢克（Gregory Peck）和家人，若有似無的威脅挑戰了許可行徑的界線，隨著一分一秒流逝，你心想：「我可以報警嗎？……現在可以嗎？」來勢洶洶的入侵者尚未逾越界線，但她讓你知道：「我隨時都可以進去。」

現在她的手在我腰部附近游移，一邊這麼做，還一邊正眼看著我太太說：「沒贅肉。」其實我有，但我覺得精確斷定肉質不是她這樣做的目的，她是想讓我太太和我知道，她像《恐怖角》裡的米契一樣，可以隨時進入我們的客廳，隨心所欲地對我們做任何邪惡和可怕的事，我們也不能怎樣。

「你的耳朵紅了嗎？」是她最後說的話，同時還拉了一下我的耳垂。在任意擺布我之後她就離開了，因為她已經充分表達了自己的立場。

這是珊卓拉的世界，是瑞秋的世界，至於我？還有你？我們只是活在她們的世界罷了。

如果當時珊卓拉大嬸把我整個人修理一頓，讓我呆在那裡，像個空殼、猶如龍蝦大餐吃剩的殘骨一般，我還搞不清楚是怎麼回事的話，那麼上週發生的事，肯定再清楚不過了——美食頻道的母公司史克瑞普霍華（Scripps Howard）以高出媒體大亨梅鐸的新聞集團（NewsCorp）近十億美元的競標價，買下我的旅遊頻道（Travel Channel），把我又拉回他們的魔掌下。[9]

現在，隔了好一段時間以後，我想起以前那個愚笨的自己，看著艾莫利在電視上賣牙膏，以及瑞秋為Dunkin' Donuts和麗滋餅乾（Ritz Crackers）代言，那時我看得目瞪口呆，滿腹不解，瞪著螢幕心想：「為什麼這些賺好幾百萬、上千萬美元的傢伙，會為了多賺個幾

---

5 譯註：歷史悠久的美國食品廠牌，專出速成點心的烘焙用品。

6 譯註：美國殺人魔。

7 譯註：匡薩節是美國黑人的文化節日，自十二月二十六日慶祝至一月一日止，為期七天，每天會點亮一支蠟燭，共有七根蠟燭。珊卓拉的匡薩蛋糕（Kwanzaa Cake）上就插了七根超大的蠟燭。

8 譯註：Ralph Kramden，經典喜劇《蜜月期》（*The Honeymooners*）裡的主角，是布魯克林的公車司機。

9 譯註：波登和《名廚吃四方》的製作夥伴後來離開美食頻道，自己到旅遊頻道上開了《波登不設限》這節目。

百萬代言這些垃圾？我的意思是……把你的臉和甜甜圈擺在一起，難道不覺得丟臉嗎？那麼多孩子看你們的節目，況且罹患第二型糖尿病的人那麼多……這些人肯定有個原則是給他們再多錢都不會打破的吧？」

後來，我問了其他廚師同樣的問題。某晚在《頂尖主廚大對決》的後台，等候攝影人員為下一場節目做準備時，我和兩位比我有才華、有創意、成就更高的大廚聊了起來。他倆和我不同的是，名譽對他們來說事關重大。我問他們，怎麼設定個人原則？他倆原本正熱切地交換意見，談到為哪家航空公司提供「菜單諮詢」，可以獲得較多的免費里程數、代言什麼產品可以拿多少錢之類的，但他們都沒有以類似以下口吻提到任何產品：「漢堡王……不可能……我辦不到！」或在稍微思考我的問題後回應：「嗯，讓我想想，愛適得（Astro-Glide）情趣潤滑液吧？不管他們給我多少錢，我也不會代言！」

我問他們：「你們會和哪些東西劃清界限？」他倆聽我一問，用同情的眼神看著我，彷彿我脖子上多長了一隻手腳一樣，還嘲笑我。

其中一人以類似對小孩說話的口吻說：「你是在問：『我得付你多少錢，你才願意嚐嚐鼻屎嗎？』」他們兩人又回頭繼續聊他們剛剛的話題，比較飲料和冷凍義大利麵的代言費，彷彿我不在場一樣。這顯然是成年人的對話，他們覺得我太無知、太愚蠢、太不懂人情世故，所以沒找我一起討論。

他們想的沒錯，我剛剛在胡說些什麼啊？

畢竟，「自打嘴巴」是個古怪的概念，一個人要到什麼程度才算是自打嘴巴？對以無政府主義者自居的人來說——這種人一定是留髮辮的白人，嘴裡嚷著要組團和「保持真實自我」，同時等著老爸老媽匯錢過來——找份工作就是自打嘴巴。

當然，任何人比自己想起床的時間更早起，硬拖著身子去為不太喜歡的人做你閒暇時不會做的事，那也是自打嘴巴，不管那活動是在煤礦場工作、在卜派速食店（Popeye's）溫熱起司醬通心麵，或是在脫衣舞俱樂部的後台幫陌生人打手槍。對我來說，他們在道德上都是一樣的，都是為了五斗米折腰。雖然幫陌生人吹簫帶有某種污名（或許是因為西方對親密關係和宗教的特殊概念），但是那和跳進糞坑、沖洗屠宰場的地板、電燒鼻息肉，或是為健怡可樂代言有什麼不同？差到哪裡？比較「糟糕」嗎？如果有更好的選擇，誰會願意做那些事情？

世上有誰可以只做他想做的事？只做他覺得符合個人原則的事，而且還有錢可以拿？

呃……我想，就我吧……至少最近以前是如此。

但等一等，我坐下來接受訪談，或為了宣傳《廚房機密檔案》而到處打書時……那不也是一種自打嘴巴嗎？我又不認識名主播麥特．勞爾（Matt Lauer）或布來恩．甘寶（Bryant Gumbel）這些人。我為何突然要對他們那麼友善？我跟一般妓女有什麼兩樣，明明我的人生已經迅速流逝，我為什麼還要花幾分鐘、幾小時、幾週來討好這些我根本不認識的人？你為了錢和人上床，銀貨兩訖。你拿了錢，回家，沖個澡，就沒事了，投入的情感大概和早上起來大便的感覺差不多。但如果你每週都得微笑、點頭、假笑、說同樣的話，像剛剛才第一次聽到問題那樣，回答同樣的答案，你會怎樣？

現在換誰是妓女了？我。

老天，要是歐普拉肯邀我上她的節目，我願意幫她按摩和除毛。每分鐘賣五萬五千本，你願不願意？（根據業界傳奇，只要歐普拉談你的書，每分鐘就可以賣出那麼多本。）我知道很少作者不願意。所以，我想我知道（即使在當時）自己的價格是多少。

有個老笑話，我以前也提過：一個男人在夜店裡問一個女人，問她願不願意為了一百萬元和他上床，她想了一下，最後回答：「我想，如果是一百萬，可以啊……」男人一聽，馬上改口問她，願不願意為了一元和他上床。「去你媽的！」她生氣地回絕，「你以為我會為了一元和你上床嗎？你以為我是什麼？」那男人回答：「呃……既然我們已經確定妳肯外賣，我們現在只是在討價還價而已。」

這是很赤裸、可恨、充滿性別歧視的笑話，但套用在男性身上一樣適用。套用在廚師身上，和套用在其他工匠、藝術家或勞動者身上也沒什麼兩樣。

看到那些同儕（不，不算同儕，他們都比我優秀）到處代言搶錢，我到底是哪裡有問題？那些名牌的鍋碗瓢盆、廚具、別人代筆的食譜、即食包廣告、烤箱、加州葡萄乾來找我代言，全都被我推掉了。

長久以來，我一直在自欺欺人，我一直認為那涉及「誠信」問題……或類似的東西，但是在我身為人父之後，我終於懂了。

一直以來，我不過是在討價還價罷了。

其實根本沒有所謂的誠信問題，或道德問題，或任何類似的問題……我自己還不是偷過老太太的錢，為了買古柯鹼而在街頭攤開毯子變賣家當，兜售品質很差的古柯鹼和迷幻藥，我這輩子做過更齷齪的事。

我開始問大家對這件事的看法，我需要在這些混沌領域闖蕩多年的人給我一些指引。大家給了我一些深具啟發和犀利的解釋，其中一人是艾莫利。我們的共同朋友馬里奧舉辦慈善烤肉會，我們剛好都是那場烤肉會的嘉賓。我們就像平常湊在一起一樣，會講點黃色笑話。我趁著笑話的空檔，好奇地問他為什麼繼續做這些事。

當時，美食頻道對待艾莫利的方式很糟，我看得出來他吃了很多悶虧，我問他為什麼還待下去。「你自己經營備受好評的餐飲事業，規模又大……還出食譜……廚具系列，」那些其實都是品質很好的東西，「理論上，你已經賺了不少，為什麼還要待下去？何必在意電視，那愚蠢的節目、那些沒水準觀眾的叫囂？」我繼續說：「如果我是你，我會讓人到處找我兩週才能聯絡到我……我會遠離他媽的廚房，你再也看不到我穿得人模人樣……我會住在沒人找得到的地方……這一切呢？都會成為遙遠的記憶。」

他沒有詳細解釋，只是很有雅量地露出微笑，接著開始細數他有幾個孩子、前妻、艾莫利公司（Emeril Inc.）的數百位員工，並以迅速、廣泛，略帶感傷的方式，為我說明他每天必須餵養的這個龐然組織有多大，他才算是負責及善待所有幫過他、如今靠他生活的人。他的成功已經變成一種不斷擴大的機制，自然地成長，非這樣不可，因為縮小或維持不變都是坐以待斃。

馬里奧有十二家餐廳，數量持續增加；代言的東西滿坑滿谷，諸如廚具、書籍、搖頭娃娃、NASCAR賽車聯名，一堆有的沒的，似乎沒什麼東西可以滿足這個人。不僅如此，他也為各種慈善團體（包括他自己的）籌募了數百萬美元，他顯然不是為了錢而做這些。他不斷地擴充，不斷地建立新的夥伴關係，嘗試新的概念。我想，馬里奧的情況是為了自我實現，再加上他有一顆永遠停不下來的心。賺錢對他來說永遠是不夠的，甚至不是有趣的。他如果真的想要賺錢，就不會開Babbo、Casa Mono、Del Posto、Otto或Esca等餐廳了，而是像Old Spaghetti Factory連鎖義大利麵餐館那樣，在全美卯起來開類似的連鎖店，現在早就賺翻了，但是他沒有那麼做。

我認識的馬里奧，喜歡每天深夜繞到他在紐約開的每家餐廳，看看當天的帳目收據，他對細節很感興趣。他接下每個人都認為注定會倒的餐廳，把食品成本壓低到二〇%以下，光是這樣就可以讓他相當興奮。他喜歡困難的挑戰，危險的事情，例如打賭美國現在需要和想要的是：內餡包牛腦的義大利餃或鋪滿肥豬肉的比薩。馬里奧如果不嘗試那些沒人想做的瘋狂餐廳概念，我很肯定，他應該會比現在富有十倍或二十倍，但他也會無聊而死。

馬里奧的所有事業都是和人合作經營，每家餐廳都是從聯盟做起，那是馬里奧大師評估他人創意與個性、透視他人內心、做重要決策的關鍵時刻。因此，他投入的任何事業是否成功，早在他開門營業以前就確定了，所以這永遠不光是做生意而已，而和他個人有關。

名廚湯瑪斯．凱勒（Thomas Keller）和丹尼爾．布呂（Daniel Boulud）都開了備受好評的旗艦餐廳，他們在許多不同的場合，常提到留住優秀人才的必要，也提到他們需要培養忠誠的廚師、副主廚，和其他想升遷及值得升遷、或想「自己做點什麼」的長期員工，培養他們的才華、經驗和抱負，這已經變成單純的「你不擴張，就會失去他們」的問題。

我懷疑，就某種程度來說，法國米其林星級模式可能也是因素：三星大廚的旗艦餐廳，其實賺的錢比不上他較隨興開設的小餐館或餐廳（萬一高級餐廳的成本增加或營收降低，那些比較隨興的餐廳反倒能補貼高級餐廳的營運，或至少提供令人安心的備援。你不能每次碰到三星餐廳的生意不好，就開始解雇廚師）。

戈登．拉姆齊（Gordon Ramsay）或許是名廚持續（甚至急躁）擴張的最典型例子。拉姆齊在大西洋兩岸開了許多電視節目，在全球各大飯店內開設餐廳。他在電視上已經有一個非常成功的烹飪比賽節目《地獄廚房》（Hell's Kitchen），身價上千萬，但他還是不斷地冒險擴張（過去幾年他開的十二家餐廳還沒獲利）。不管你對拉姆齊的食物，或他那糟糕但廣受歡迎的熱門節目，或ＢＢＣ上好看許多的《廚房噩夢》（Kitchen Nightmares）有何看法，都無法否認他是個工作狂。每天二十四小時似乎永遠不夠他投入各種心血和事業，但他還是照做不誤。

以拉姆齊的例子，大家只需要看他的童年就可以明白原因（如他的自傳所述）。他從小家境貧困，不斷地遷移，有個不可靠又不切實際的老爸。每次全家安定下來沒多久又得搬家，通常只比債主早一步離開。你知道是什麼原因讓他如此馬不停蹄。

很可能，是一種類似馬可．皮耶．懷特（Marco Pierre White）的衝動。懷特曾一度指導拉姆齊，他們偶爾是強硬的對手。不管他們已經獲得多少財富，或還會再獲得多少財富，他們的內心深處，永遠有一種揮之不去的懷疑，擔心明天之後一切都會消失。再多的財富都是不夠的，因為他們深信壞蛋可能隨時上門，奪走一切。

名廚張戴維（David Chang）才剛開始竄紅，但我猜，他也深受上述所有動機的影響：他的高檔旗艦餐廳座位太少、底下要培養的優秀忠誠廚師日益增加、他感覺自己永遠無法真的把任何事情做得夠好。

當然，還有指標性法國米其林大廚的例子，他也是全球最知名、最具代表性（光憑餐廳數量來看）的大廚之一，他當著我的面說：「鬼扯夠了，該賺錢了。」

我之所以沒代言胃腸藥Imodium，是因為虛榮心作祟，而不是因為誠信。我謝絕這個代言機會和其他類似的廣告，不是為了「維持真實自我」，我只是太自戀了，有點太愛自己，所以無法早上起床，凝視著浴室的鏡子，看到電視上的傢伙抱怨拉肚子拉到脫肛，直到服用Imodium才止瀉！我也沒接廚具代言，因為我不希望有天我在機場，有不滿的顧客走過來抱怨中央倉庫賣給他什麼爛貨，抱怨品質不佳的燉鍋害他把西班牙海鮮飯煮焦了。我不喜歡被人指著鼻子說我胡扯，除非，我是故意在胡扯。

所以，當有人提議把我的名字掛在邁阿密南灘的一家餐廳上，每個月付我四萬美元時，我沒接。因為我想，即使我只需要偶爾去露個臉，什麼都不用做，那也是一種風險。我可能人在地球的另一端，但萬一那餐廳的酒保賣酒給未成年少女，一位顧客不小心被下了迷姦藥，一隻大膽的老鼠某晚鑽出廁所，大咬某人的下體一口，八卦報紙會馬上大肆報導「可怕的波登餐廳」。這一切和我不屑與這些事情有任何瓜葛的個人形象有所衝突。

但是，當我女兒出生、我持續回絕這些邀約時，我了解到，我那麼在意個人貞操，不是因為原則，只不過是在等候值得奉獻貞操的對象罷了。

02 圓滿結局

THE HAPPY ENDING

一九五六年，我在紐約市的長老會醫院出生，但我是在紐澤西的李奧尼亞（Leonia）那綠蔭叢叢的郊外住宅區成長的。

我不缺關愛或關注，爸媽都很愛我，他們不酗酒，也沒人打過我，家裡從來不談神，所以我對宗教或教會並不反感，也對罪惡或咒罵沒什麼意見。我家到處都是書籍和音樂，也常放電影。我小時候，父親在曼哈頓的威樂比相機店（Willoughby）工作，週末會租十六釐米的放映機和經典電影回家。後來，他當上哥倫比亞唱片的高階主管，青春期的我常有免費唱片可聽。我十二歲時，父親帶我去菲爾莫東（Fillmore East）觀賞Mothers of Invention或Ten Years After樂團的演出，或是那年我聽音樂的任何歌手。

夏天是在後院烤肉和玩威浮球[1]的季節，我在學校遇到的霸凌和其他孩子差不多（或許有少一點）。聖誕節時，我得到了想要的腳踏車。參加夏令營時，也沒有被變態輔導員騷擾。

但我過得很慘，充滿了憤怒。

家裡滿滿的關愛和正常運作，相較於我那些比較沒人關愛的朋友所享有的自由，讓我覺得喘不過氣來，我痛恨那種感覺。我羨慕朋友那不正常、經常空蕩蕩的家庭，他們幾乎都沒人管。在他們父母的祕密空間裡，我們發現了許多詭異、有點可怕，但又相當誘人的新奇事物——模糊的黑白色情影片、一包包的大麻、迷幻藥……好幾瓶酒，沒人發現那些東西遺失或慢慢減少了。朋友的父母總是忙著一些更重要的事，放任孩子為所欲為：想在外頭待多晚都行，想在外面過夜也無所謂，在他們房裡抽大麻也不必擔心被逮個正著。

我對此感到憤怒，為什麼我就不能那樣？我當時覺得，父母是我善用年少時光的唯一阻礙。

很久以後，我站在某個糟糕的廚房裡（其實那比較像小吃店，不像餐廳），我不是那種會疑惑或遺憾地回顧過往、然後心想自己到底是哪裡走偏的人。我從來沒有因為自己職業生涯的不光彩，而怪自己做了糟糕的選擇（例如吸食海洛因），或交了壞朋友。我從來沒說過我的毒癮是一種「病」。畢竟，我從十二歲開始就想當隻毒蟲，你可以說那是人格缺陷，毒品只是一種個人展現，一種衝著我中產階級父母而來的任性叛逆，他們犯了「關愛我」這個不可饒恕的罪過。

1 譯註：Wiffle ball，改良式棒球。

任何時刻，當我對自己坦白時，我都可以回顧過往，對自己說，總體來看，如果時光倒轉，我可能還是會選擇同樣的路。我知道是什麼原因帶我到那些糟糕的廚房、發臭的蒸汽保溫桌、髒污的切片機、值早午餐的班，[2]我真的知道。

人生，即使是以前那些惡劣的日子，對我來說都還算挺公平的，我很清楚。

即使是在狗屁倒灶的燒烤店工作，我也知道自己很幸運。在八〇年代的紐約市天天吸毒，能活著就算幸運了。以我當時周遭發生的情況，身旁很多人後來都消失得無影無蹤，我能有不錯的健康也算是幸運了。那些歲月裡，甚至一直有人關愛著我，真是不可思議。

儘管我討厭值早午餐的班，預煮水波蛋、把蛋放進冰水中冷卻，但都怪不得別人。我說過，這都是我自己的選擇，每一個都是。

不過，話又說回來。我想，我可以怪我爸，怪他帶《Sgt. Pepper》[3]或《Disraeli Gears》[4]等專輯回家，為我帶來一切的歡樂。我想，我可以主張一個論點：年幼就接觸這些東西，即使不會自毀前程，也容易讓人迷失。或許帶九歲大的孩子去看《奇愛博士》[5]，讓孩子知道世界肯定會因為核子災難而迅速結束，並且這種事情真的發生時，還會很好笑，是有點太早了。或許這是導致我十一歲時憂心世界，產生虛無主義世界觀的原因。

如果有人發現我在屋內的狹小空間裡塞滿死掉的妓女，我一定會把矛頭指向我爸和史丹利・庫柏力克（Stanley Kubrick），說是他們害我的。

但是，如果真的要推卸責任，列出「我會這樣，都是你害的」清單，我想罪魁禍首是兩部經典的兒童片：《紅氣球》[6]和《老黃狗》[7]。

《紅氣球》究竟想傳達什麼訊息？每次只要老師沒去上課，就有人會搬出投影機，放這部理論上很溫馨又鼓舞人心的電影，故事是描述一個法國小男孩和他那有靈性的氣球朋友。

但等等，那可憐的孩子窮得要命，又沒人愛，每天都穿同一件衣服。他發現那氣球以後，馬上就遭到社會的排擠，不能搭公共交通工具，在學校也被責罵，甚至被趕出教會。他爸媽要不是過世了，就是拋棄他了，因為那個第一次出現，就把他的氣球扔出窗外的乾癟老

---

2 譯註：波登曾在《廚房機密檔案》裡提過廚師討厭早午餐，那時段是用來懲罰二線廚師或訓練剛升任廚師的新手。

3 譯註：披頭四的專輯。

4 譯註：英國Cream樂團的專輯。

5 譯註：Dr. Strangelove。名導演史丹利．庫柏力克最膾炙人口的代表作。在這部充滿政治嘲諷和揶揄的黑色喜劇片中，一位瘋狂的美國將軍因為相信蘇聯有意腐化美國人民，而決定發射原子彈，此舉將導致蘇聯反攻，引發毀滅全世界的第三次世界大戰。

6 譯註：The Red Balloon。一個小男孩在上學途中看到路燈桿上纏著一個紅氣球，他把氣球解下來，帶著氣球去學校和回家。氣球就像淘氣小精靈一樣，鬆手放開也不會飛走，亦步亦趨地跟著小男孩，還會跟小男孩玩捉迷藏，讓原來孤獨的小男孩，多了一個快樂的玩伴。

7 譯註：Old Yeller，又譯為《父親離家時》，是一部描寫人狗感情的經典名片。劇中小男孩在父親離家工作期間，負擔起照顧全家的重任，並和一隻老黃狗成了朋友，老黃狗不但忠誠地保護他們一家人，更救了小男孩一命。但老黃狗最後下場悲慘，患了狂犬病，小男孩不得不開槍把牠打死。

太婆，顯然太老了，不可能是他的母親。那男孩的同學都是一群野蠻而投機的小孩，他們一心只想破壞他們既不懂又缺乏的東西。事實上，電影裡其他的孩子幾乎都被塑造成不動大腦的暴民，連在街上追著男孩和他的氣球，都可以像狼群一樣打成一團。男孩逃離，遭到攻擊，和唯一的朋友分開；後來和氣球重逢時，只能眼睜睜地看著它消氣。

圓滿結局是什麼？全巴黎的氣球都飛了過來，小男孩把它們收集在一起，拉著氣球冉冉升空。他就這樣飄走了，危險地飄在城市上空。劇終。

那孩子飛去哪了？肯定是飛去某個沒提到的「更好」的地方，或在氣球消氣時墜落而死（就像之前看到的那樣）。

這是傳達什麼訊息？

生命是殘酷、寂寞的，充滿了痛苦和不時發生的暴行。大家都恨你，想要摧毀你，你最好選擇退出，以任何必要的方法逃脫，不管那方法有多麼不可靠或危險。

很棒吧？何不乾脆當時就給我一支吸毒用的菸斗，何必等呢？或許這正是我從來沒在知名餐廳 French Laundry 工作的原因。

接著是《老黃狗》這部片，這部更糟，傳達的訊息更憤世嫉俗，淒涼得不合情理，令人難以想像。

這是小男孩和狗的故事。如果換成迪士尼來講小男孩和狗的故事（就像孩子累積的一切經驗所教導他們的一樣），那是指：英雄不管經歷什麼危險，最後一定都會沒事的。在我們興奮地坐進昏暗的戲院，手上因Twizzler軟糖而黏答答時，我們已經對這點深信不疑。那是世界各地的孩子、父母，以及迪士尼製片場裡的好人之間所做的約定，是眾所皆知的強大約定，那約定把原本充滿不確定的世界緊密地結合在一起。當然，赫魯雪夫可能對我們發動核武攻擊，但是他媽的，那隻狗會讓一切都沒事的！

所以，劇中的老黃狗得到狂犬病時，當時年幼的我當然不在意，畢竟，小木偶被鯨魚吞下肚後還不是沒事。他的確有時候會遇到很糟的狀況，但最後都會沒事的。小鹿班比因為媽媽死了而吃盡苦頭，但最後也沒事。就像爸媽從來不會忘了接你放學一樣，故事一定都會有圓滿的結局。

一切都會沒事的，事情都會好轉。

沒人會傷害他媽的那隻狗。

當時我坐在爸媽的中間看電影，屏氣凝神地盯著螢幕，等候著奇蹟出現，我是這樣對自己說的。

結果，他們竟然一槍打爆了老黃狗的腦袋。

我目瞪口呆地坐在那裡。「你說狂犬病沒藥醫是什麼意思？我他媽的才不管你一槍打死老黃狗是為了『幫牠結束苦難』！那我的苦難怎麼辦？混蛋！他們應該把問題解決啊！老黃狗應該病癒才對啊！別跟我扯現實情況！我不管你是不是用童話公主屁股後面發出的神奇彩虹把牠治癒的，反正牠就是應該好起來才對！」

從此以後，我開始以懷疑的眼光看我爸媽和整個世界，他們到底還有什麼事情瞞著我？人生顯然是個殘酷的玩笑，是個毫無保證的地方，即使不是以徹底的謊言為基礎，也是以錯誤的假設為基礎建構而成，你原本以為一切都會沒事的……

結果他們一槍斃了你的狗。

所以，那或許是我找到第一份洗碗工作之前，對我自己和其他人都毫不尊重的原因。

我可能得提出告訴才對。

03 有錢人和你吃的不一樣

THE RICH EAT DIFFERENTLY THAN YOU & ME

這時的我剛結束第一次婚姻，躲在加勒比海的島上療傷止痛。簡單說，我整個人無所適從。

我所謂的「無所適從」，是指我不知該如何是好，常有自殺的念頭。我是指，我每天從早上十點左右起床開始，抽大麻煙，去海灘，喝酒喝到茫，再抽一點大麻，就這樣昏迷到午後。接著傍晚醒來，再抽大麻，然後去酒吧，之後去買春。這時通常已經很晚了，我總是醉得搖搖晃晃，需要把手放在眼前，才能直視前方。從妓院回家的路上，我會停在島上荷蘭屬地的沙威瑪攤販前面，買一份沙威瑪，盡可能地把它塞進嘴裡，醬汁噴在胸前襯衫也不以為意。然後，我站在黑暗的停車場上，周圍滿地都是滴落的醬汁、生菜絲和碎羊肉，我又點起一根大麻煙，之後才鑽進租來的四輪傳動車，掀起車蓋，加速開車上路，輪胎發出尖銳的摩擦聲。

坦白講，這就是酒醉駕駛，每晚都是如此。各位沒必要教訓我，沒必要告訴我這可能發生什麼事，說「浪費我愚蠢的生命是一回事，我可能因此傷及多少無辜」之類的話，這些道理我都懂。如今我光是回想起來，就冷汗直流。這就像我人生經歷過的很多事一樣，即使這些事情都過去了，也不會因此讓一切變得好看些。事情就是發生了，就是那麼糟，抹也抹不掉。

這個島上有個瘋狂的小型獨立廣播電台，或許他們是從另一個鄰近小島放送廣播也說不定，總之我一直沒搞清楚。不過，那是一種難以解釋的奇怪現象，如果你常在外頭遊歷，偶爾會碰到這種東西——在鳥不生蛋的地方設立的小型單頻電台。電台DJ播放的曲目毫無意義可言，選曲完全無法預測，從你沒聽過的美妙旋律，到你熟悉的痛苦旋律，什麼都有。他可以突然間從車庫搖滾失傳已久的經典歌曲、古老精神搖滾（psychobilly）的熱門歌曲、迪斯可放克前（pre-disco funk）的金曲，馬上切換成最通俗的大眾流行歌曲大雜燴或吉米·巴菲（Jimmy Buffet，俗稱Parrothead）的搖滾歌曲，中間的切換毫無預警。前一秒還在播吉米·巴菲或羅根斯與馬西納二重唱（Loggins and Messina）的歌，下一秒呢？已經改播動物合唱團的〈House of the Rising Sun〉，或Question Mark & The Mysterians樂團的〈96 Tears〉。

你永遠不知道下一首會播什麼。在少數意識清醒的時刻，我試著想像那電台DJ是誰，他有什麼背景。我總想像他像電影《成名在望》（Almost Famous）裡的孩子，跟我一樣躲在加勒比海地區，他可能不想談他來這裡的原因，不過他帶了姐姐一九七二年左右收集的唱片來到這裡。我喜歡想像他躲在昏暗的錄音室裡，抽著大麻，放著唱片，曲目看似隨機，或像我一樣，是根據他自己那套看似漫無目的、幾乎不受控制、感覺很晦澀難懂的程序來播放音樂。

我當時的人生就是那樣：酒醉駕車，開得飛快，呼嘯而過一個有點昏暗的加勒比海島嶼，每晚都是如此。那裡的路況很差，道路蜿蜒。其他的駕駛人，尤其是在午夜時分，講好聽一點，很可能都和我一樣爛醉如泥。但是每晚，我還是一直叫自己開快一點，人生變得像笑話一樣——像我以前玩過多次的電玩。我點了大麻煙，開大音量，迅速駛出停車場，遊戲就此開始。

有趣的就在這裡：我的車子開過車流量較多的荷蘭屬地，並設法穿過沒有燈光照明的高爾夫球場（我通常會穿過果嶺）和老舊的度假村遺址（飛速開過減速丘）後，我會順著路開，沿著懸崖邊的山路，一路開往法國屬地。我會在這裡猛踩油門，把掌控權交給那位不認識的電台ＤＪ。每晚有一、兩秒的時間，大概幾英尺的距離，我會讓生命自己決定去留，因為我是完全根據廣播接下來播放的歌曲，來決定我究竟要在適當的時刻抓住方向盤，繼續疾駛回家（不管開得多魯莽），還是乾脆他媽的一了百了，開出懸崖，直落大海。這麼一來，我的人生很可能因為一首羅根斯與馬西納二重唱的歌曲出現的時機不對，而就此結束。

有次的情況特別難忘，我在兩首歌曲那無聲的空檔瞬間，腳踩油門，迅速衝向懸崖邊界，結果Chambers Brothers的歌曲救了我，我認出〈Time Has Come〉前奏的「踢─透─踢─透」節拍，在最後一秒，轉動方向盤，為這一切的美好和荒謬又哭又笑，我原本以為我咎由自取，即將得到報應，但是這首歌把我拉了回來，讓我（暫時）有了奇怪和深遠的領悟，救了我一命。

那就是我當年的感覺。那段期間，我都是採用這種聰明、機智，又考慮周到的決策程序。

回到紐約後，我住在一間又小又糟的無電梯公寓裡，可以聞到樓下義大利餐廳傳來的大蒜和紅醬味。那時我幾乎耗盡了之前的人生，所剩無幾，只留下一些衣服，一些書，還有很多東南亞的小擺飾。我很少待在那間公寓裡，所以覺得無所謂。我最喜歡的平價酒吧（我可以永遠免費暢飲）就在同一條街上。

那時我交往的對象也不固定，沒打算再尋找愛情，甚至沒想要尋找肉體關係，無心追求任何人。不過，當時如果妳輕輕碰觸我，要我跟妳一起回家，我可能也會跟妳走。

工作有時需要我飛去英國，某晚，我肯定又醉了，坐在某個聲名狼藉的「俱樂部」吧台，等著見出版社的人。我發現一個很美的女人從我肩膀後方，看著鏡中的我。雖然這有點意思，但沒讓我走下吧台的高腳椅，眨眼，點頭，招手或以凝視回報。這時的我很清楚，我不適合做正常的人際互動。我覺得當時的我已經卸下了自動調溫器，欠缺調節裝置。我無法保證自己能做出正確的行為，適切的反應，甚至無法分辨怎樣才算正常。我坐在那裡，拱著背。我知道她在看我，但我努力避免和無關正事的世界接觸。不過，一位中介者（那女人的朋友）主動出擊，突然走到我旁邊，堅持要介紹我們認識。

那女人和我彼此了解了一下，後續幾個月，我們偶爾會在英國和紐約見面。過了一陣子，我知道她出身豪門，在紐約有間公寓，平常大多是飛來飛去看時裝秀，和母親一起購物。她有英國、法國和東歐的血統，精通四種語言，很聰明，講話非常犀利風趣，（至少）有點瘋狂──那通常是我喜歡的女性特質。

她有古柯鹼的癮頭，但那個東西我已經戒了。她的T恤價格比我認識的任何人的月薪還高，但我很高興我是她認識的人當中，唯一真真切切他媽的不在乎她多有錢、她的血統，以及她和上流社會的哪些人往來。我帶著那無知的正直，覺得她的豪門背景其實都是負擔，所以我和她相處時，言行上也流露出那樣的想法：我自然而然地假設，當你那麼有錢有勢時（她的朋友似乎都是那樣），你一定是頭腦簡單，沒啥能力，通常很沒用。

當時我自以為是在「拯救」這個可憐的富家女，覺得去海灘一週，享受冰涼的啤酒、吊床、當地燒烤店的簡單歡樂，一定可以讓她受益匪淺，所以我邀她來加勒比海和我一起共度聖誕假期。

過去幾週，我一直獨自待在加勒比海的小島上。我住在一個小而美的出租別墅裡，那個島嶼大抵上沒什麼開發，消費很低，設備不足，但很有魅力。一半是法國屬地，一半是荷蘭屬地，有很多的社會問題、貧困的勞工，還有許多在當地住了好幾世代的居民。也就是說，那裡除了觀光業以外，還有一般的生活和事業，亦即島嶼的另一面，如果你想跳脫原有的生活方式，可以選擇另一種方式逃脫。我在那裡已經好幾週沒穿鞋了，每餐都是用手抓食，我當時心想，誰不想這樣過呢？

她來了，在不到一週的時間裡，我們過得很快樂。我們的確喝多了哈瓦那萊姆酒，但是她來了以後，確實改善了我的行為，我晚上不再有自殺的念頭，也覺得自己對她有所幫助。她有一陣子在那島嶼的偏遠海灘上，看起來真的很快樂，也很放鬆。在我看來，她也很滿意每天吃便宜的玉米粉麵包三明治，以及路邊用鋸短的大油桶烤出的豬肋排。她會自己去游長泳，冒出水面時，看起來美麗又清新。我心想，這肯定是好事，或許我倆很適合彼此。

我們到水手酒吧喝酒，午後打個盹，常調蘭姆水果酒來喝，頻率高到有點令人擔心。我知道她受過傷。我心想，就像我一樣——對此還覺得沾沾自喜。

我和她都對世界感到不信任，但我後來發現，她受的傷是我沒見過的傷害。

「我們去聖巴特（St. Barths）吧。」某天下午她說。

那個建議對我來說毫無吸引力。即使我當時所知有限，也知道聖巴特是什麼樣的地方。那個島嶼離我們這個樸實的小島約十哩，是我快樂不起來的地方。我之前去過幾次，知道那裡光一個漢堡和一罐啤酒就要價五十美元，根本沒什麼在地文化可言。當時又是度假時節的高峰，那島上應該擠滿了名流傻瓜、歐洲來的傻瓜、渴望躋身上流社會的人、擁有超大遊艇的獨裁者（那島嶼即使在最佳狀況下，也不是我愛去的地方）。我對聖巴特已有足夠的了解，我知道那裡不適合我。

我假裝願意，應聲迎合她，心裡很篤定當地的每台租車和每間旅館應該早就客滿了。打了幾通電話後，的確是如此，我肯定她會因此打消念頭。

結果她還是堅持非去不可，毫不在意沒地方住，也不管我們能否抵達當地，這些對她來說都是微不足道的細節。她說那裡有房子，也有俄羅斯的朋友，一切都會迎刃而解。

我肯定不是為了愛才拋棄所有的理智，跟著我不太熟的人，在充滿不確定的情況下，去一個我老早就討厭的地方。那段人生原本就充滿了不智的決策，但是我答應「速訪」聖巴特，根本是個天大的錯誤，害我因此陷入暗黑的漩渦。或許當時我覺得恭敬不如從命，省得麻煩；或許我認為真有那麼一點可能，我會覺得那裡很好玩。但我明明知道自己不該去，我的確知道，卻還是自投羅網。

我們搭小螺旋槳飛機橫渡大海約十分鐘，降落在當地的機場上，沒車，沒計畫，沒我認識的朋友，也沒地方住。一個知名的傢伙站在行李輸送帶旁邊對我朋友打招呼，他們開始說說笑笑，但是他沒提議讓我們借住他的地方，放眼望去也看不到半台計程車。

在剛剛那個美好的小島上，我可以待在舒服的別墅裡，儘管晚上有開車尋死的念頭，起碼我還可以游泳，花點小錢就能吃吃喝喝，最後安穩地睡在自己的床上。現在我突然變得無家可歸，更糟的是，我很快就發現，這女人是個醉茫茫的嬌嬌女，經常語無倫次，有妄想型精神分裂症。

而且還有古柯鹼的癮頭，我之前說過吧？

原本她說，神祕的俄羅斯友人在這裡有別墅，但不知怎的，在我們飛來島上的途中，這一切都消失了。後續幾天，這種脫離現實的狀況變成了常態。我們等了很久，終於發現一台去旅館的計程車。到了旅館後，旅館人員看到我這位愈來愈瘋狂的神祕同伴，馬上匆匆騰出一個房間給我們待一晚，一個房價極高的房間。

我忘了真正的有錢人有個特質，以前大學時代，我曾短暫接觸過這種人，當時我注意到那種世代相傳的有錢人是不付錢的，他們不帶現金，甚至連信用卡也不帶在身邊，彷彿小錢不值得注意或討論似的，最好由你來買單。我的確幫她付了一切，她日夜狂飲貴得令人咋舌的酒，我必須塞錢賄賂酒保，請他們在值班結束後，開車載我們到她那晚想待的地方。我們就這樣住了一間又一間的爛旅館，房間風格類似汽車旅館，但房價媲美五星級飯店的高級套房，進了旅館後又是一陣狂飲。

她的情緒波動愈來愈大，非常嚇人，一直處於瘋狂狀態，這時我已經完全被她困住了，脫不了身。她可能一下子機靈慧黠，對你深情款款，但突然間又開始抱怨連連，精神分裂。前一分鐘我們可能在迷人的沙灘上享用貴死人的古巴調酒，下一分鐘她已經對著店長發飆，指控服務生或是附近的人偷了她的手機。其實是她自己經常亂扔手機、皮包和一些有價值的東西。她喝醉了，忘得一乾二淨，一時興起就衝去跳舞，去找古柯鹼，去跟老友打招呼，是她自己丟三落四，忘了自己把東西擺在哪裡。

我不喜歡對服務人員大呼小叫，事實上，我根本受不了那種舉動。我覺得，把自己的問題或不滿遷怒到服務生或收盤員身上，是一種不可饒恕的罪過。我第一次看到她那麼做時，我們的關係基本上就已經完了。她指責我「對服務生的關心比對她的關心還多」，她說的沒錯。從那時起，我就是在伺候一個瘋婆子：我覺得我剩下的責任是，送她上飛機，盡快回英國，盡量減少可能的損失。是我讓她來這裡，讓這一切發生的，我覺得至少我有責任讓她安然無恙地回去。但是這說來容易，做來困難。

大家都很怕她，我很早就發現這點。在英國的時候，她提過一位前男友「糾纏」她，但她母親找「朋友」跟那傢伙「談」過之後就沒事了。不知怎的，當時我對那紅色警戒以及其他的一切都視若無睹。現在我只想讓她登機，送她回倫敦，但是這就好像對野生動物講理一樣，她說什麼也不想走，死都不肯。

這時是大半夜，她把電視音量開到最大，在幾個新聞台之間不斷地迅速切換，胡言亂語一些油價的問題。怪的是，隔壁房客和旅館的管理者都不敢抱怨。每晚睡前，我都不知道隔天晚上要住哪裡，不知道我起床時，床上會不會沾滿來路不明的血水，擔心睜開眼睛時，得確定血水是那女人割腕所致，還是她割了我的喉嚨。我真的很努力做到陪伴瘋子時該做的：像個紳士一樣表達關心，直到把瘋子安全送回精神病院為止。但她還威迫別人來幫我們，那些陌生人和點頭之交似乎都覺得護送一個瘋狂的公主出駕、給她古柯鹼，沒什麼大不了。她常突然闖進人家的派對、插隊、隨興地吸毒，吸引一些縱情狂歡的狐群狗黨。

當她像羚羊般蹦蹦跳跳地穿過舞池，朝洗手間而去時（當然是去洗手間吸毒），我聽到一位旁觀者語帶佩服地問另一個人：「她是做什麼的？」

那人回答：「沒做什麼。」──彷彿那是一種最值得驕傲的職業。

那些她在法國聖特羅佩、摩納哥、義大利薩丁尼亞島等地認識的人（反正就是一些當年想出名想瘋了的傻瓜會去的地方），顯然都很熟悉她的伶牙俐嘴及犀利評論，看到她都是卑躬屈膝，沒人敢頂撞她。

或許是因為他們都厭惡彼此（那似乎是整個大雜會的重點），我很快就發現，想進這女人的生活圈，你必須心甘情願地接觸一群來自五湖四海的怪咖，這裡有義大利的藝術品收藏家、令人不寒而慄的俄羅斯寡頭執政者、好色的網路億萬富豪、印尼獨裁者的衰老前妻、某消失國度的親王、非洲獨裁者的情婦、妓女變暴發戶，以及喜歡和這些人混在一起的人，或者靠這些人謀生的人。這些人之所以來聖巴特度假，似乎都是為了想辦法當面對彼此說「去你媽的」──當然，是面帶微笑地說。

我們在格達費家族舉辦的派對上，過了一個不太浪漫的新年除夕。從那樣的排場，大家應該可以看出一些端倪了。派對上還有名歌手安立奎的表演，這細節一直存在我的記憶裡，就像施虐者臉頰上的胎記，在我腦海中揮之不去。

誰的船艇較大，誰穿得較好，誰坐在主桌，似乎才是重點所在。有些長年的宿怨只有當事人還記得，大家老早就遺忘了。他們依舊緊扒著彼此，等著挑對方的弱點，見縫插針。大家搶著出頭，為了最荒謬無聊的小事踐踏彼此。我後來逐漸明白，這些人其實主導著整個世界。

我在類似諾博士[1]的遊艇上慢慢地享用著自助餐，那遊艇還有個挺龐德的名稱「大章號」，船上有巨大的內部船塢、一艘六人座的潛艇、可停放兩架直昇機的停機坪，洗手間裡掛著英國畫家法蘭西斯・培根（Francis Bacon）的真跡。我抬起頭來，覺得現場的每個人（在派對上跳舞、閒聊、禮貌交談的賓客）即使看著我被割喉，表情應該也不會有一絲改變。

在她第三次、也是最後一次掉錢包時，我已經準備好挖個沙坑把她丟進去了。偏偏她每天都會和「母親」通電話，直接拋下她不管，留下沒錢包、沒現金又哈古柯鹼的瘋婆子自食惡果，讓她身無分文地留在旅館裡，我相信她一定會馬上被旅館踢出來，這念頭也令我感到不安。

我也擔心，即使經過慎重與明智的考量，拋下她離開這裡，我的加勒比海假期可能會在兩名來自車臣、手持防水布和弓鋸的壯漢來找我算帳之下，突然畫下句點。

我是個糟糕的人，跟著另一個糟糕的人，來到這個糟糕的地方，周遭環繞著其他可能更糟的人。

這個邪惡的遊樂場是由法國佬經營的，他們服務賓客，對他們瞭若指掌，盡可能地迎合

1 譯註：〇〇七電影第一集中，詹姆斯龐德奉命前往加勒比海調查情報員史金城的死因，卻意外得知島主諾博士是個野心科學家，想要統治世界。龐德深入虎穴，摧毀該基地。

他們、順應他們、敲詐他們，以各種新舊方法來坑他們的錢。你到沙灘的吧台邊，坐下來吃個漢堡，音樂會突然開始砰砰作響，不久就有模特兒來賣泳裝或珠寶。這是個「開瓶」[2]世界，也就是說，你是付包桌費，而不是為桌上的東西付費。當然，如果你像我的夥伴那樣，聽到有人說「任何人都必須為任何東西付費」，卻露出一臉不解的表情，那就另當別論了。在吃早午餐的時候，可以看到挺著啤酒肚的五十多歲男人，和胸部有如安全氣囊的烏克蘭妓女共舞，還有過度打扮的小狗，戴著鑲鑽的項圈，緊跟在腳邊吠叫。服務生以慣有的不屑表情，看著這裡的每個人。

不過，在這一切黑暗中，仍存著一絲曙光或希望。

在這個島上，有個男人比這世界裡的任何人都還有洞見。他是藝術家，天才，能力過人，把這群有錢人狠狠地削了一頓。為了進行接下來的討論，我們在此就姑且稱他為羅伯吧，他把所謂的「希普利亞尼[3]商業模式」做了最極端但合理的延伸。他立下的典範，在某些方面給了我力量，幫我忍下了這一切。

很久以前，希普利亞尼家族和其他的營運者與模仿者發現了一個驚人的事實：這些有錢的國際蠢蛋喜歡聚在一起，享用品質中上的義大利菜，卻願意為了這特權，支付貴得離譜的價格。更棒的是，那些希望自己看起來像這些國際蠢蛋的人，也想進來湊熱鬧，這可說是夢幻的客群組合。如果你去威尼斯的哈利酒吧（Harry’s Bar），你可以吃到一盤滿美味的食物，它的貝里尼調酒[4]也不錯，只不過價格貴得嚇人，但他們的確會對你相當禮遇，窗外就是威尼斯，這裡本來就什麼都貴。我猜，希普利亞尼家族發現，既然這個模式在威尼斯行得通，在紐約也可以，所以一盤紅醬義大利麵要價二十九美元是很合理的。

在紐約，義大利料理有個相當諷刺的事實：紅醬義大利麵裡的食材愈多，花愈多的時間和步驟烹調，烹調的成本愈高，好吃的機率反而愈低，在菜單上的價格也比較低。

但如果是基本、道地、「像義大利在地的」義大利番茄麵：幾盎司優質的義大利乾麵，灑點橄欖油、大蒜、番茄和一片羅勒葉，就可以賣你二十九美元，餐前飲料至少可賣十七美元。

基本上，你是付額外的錢，請人不要胡搞你的食物。

有些欽佩希普利亞尼家族的人則更進一步，他們知道美食並非必要，這些有錢的國際蠢蛋及喜歡他們的人，只要能夠擠進這種娃娃屋大小的迷你場子，在Nello餐廳裡貼近那些打了肉毒桿菌的臉頰，或者在類似Mr. Chow和Philippe那種超貴鳥餐廳吃假掰的中國菜，他們都很樂意付那種價錢。

再加上一些可疑的東歐女人覺得這些低級的有錢人很迷人，這樣一湊，就湊出了賺錢的

2 譯註：類似台灣的包廂方式，包整桌，開瓶費高出許多。

3 譯註：Cipriani business model，以在世界各地開設頂級餐廳與俱樂部聞名，例如威尼斯的哈利酒吧，紐約市洛克菲勒中心六十五樓的彩虹廳。

4 譯註：Bellini，哈利酒吧最著名的雞尾酒。

祕訣。

但是聖巴特的羅伯怎麼做呢？他早就摸清了這一切，把這種模式帶到最適合的地方，掌握最醜陋的核心關鍵——不需要美食。他發現，你可以明目張膽地供應垃圾，只要小心張羅就好了。你不需要富麗堂皇的地方，不需要花俏的桌巾、鮮花，甚至不需要俄羅斯的妓女。只需要一個好地點（本例中，是在鋪著木板的海濱露台上），擺出傲人姿態即可。具體來說，你需要跩個二五八萬的名氣，對任何東西或任何人都看不上眼。然後，你就可以像羅伯那樣，卯起來削有錢人，你可以狠狠敲他們每個人一筆，一個一個來，只要好好伺候他們，他們即使被痛宰了，還會反過來謝你。

在他的餐廳裡，付二十五歐元（當時約折合三十五美元）就可以在一個大盤子上，吃到幾公克沒調味的水煮冷扁豆，就這樣，大約兩湯匙的分量，連個蘿蔔丁或大蒜片都沒有，和目前在波特蘭停車場帶著滑板和「Hacky Sack」[5]的街頭小子吃的東西沒什麼兩樣，他們可能只要花兩美分，還可以隨意添加免費的油醋調味。

至於主菜，你可以選雞肉或魚肉。雞肉是雞腿，羅伯（就是他，那邊那個皺著眉、打赤膊、沒刮鬍子的傢伙，穿著圍裙、短褲和夾腳拖）會親自幫你烤到看不出來，沒烤成炭還不合他嚴格的標準。而且羅伯每次都會毀了你的雞肉，誰要是敢事先走近烤架，建議他那隻雞腿不要烤那麼熟，很快就會被請出去——跟瑪丹娜一樣。

魚肉是幾乎沒清洗的小紅鯛一整尾，也是以類似的細膩手法烹調——也就是說，把牠烤成垃圾。

這樣的海陸大餐要價多少呢？一份是五十歐元（約合七十五美元）。

再從酒單上叫一瓶最便宜的冰涼玫瑰紅酒來消消暑氣，也許可以去去嘴裡的焦味，一頓午餐就花了你五百美元。感謝，「幹」謝光臨。

但是這些人照樣排隊、懇求、想辦法賄賂，打手機給在法國聖特羅、烏拉圭的埃斯特角（Punta Del Este）或羅馬的朋友，請有力人士幫忙關說一下，以便大搖大擺地從那些沒特權的凡人面前走過，得意洋洋地坐在這個星光閃閃的露台上。

俗話說：「為富不仁。」這些顧客為了到處賺錢，肯定覺得各種冷血的行徑都無所謂，例如遷移非洲村落、淹沒村莊、欺騙弱勢、把有毒物質傾倒入井、移除不便的阻礙等等。不過，面對羅伯，他們卻欣然被當成肥羊痛宰也無所謂，甚至不求回饋。

這讓人不禁想問：為什麼？[5]

我入行不久，在洛克菲勒中心的午宴會所（Rockefeller Center Luncheon Club）負責上菜和回補托盤的菜色，那時我就對這個問題苦思不解。金融圈的顯赫人物每天都喜歡到我們這個噁爛的自助餐[6]用餐，我一直不懂是什麼原因迫使這些人來到這裡。這些人當中，有可

---

5 譯註：一種用來踢的針織球，像踢毽子一樣。

6 譯註：波登在《廚房機密檔案》裡提過，他在那裡工作時，把廚藝學院學到的齷齪伎倆都用上了，例如把剩菜殘羹改頭換面做成另一道菜。

以憑自身權力就決定國家命運的人、業界大老、富太董娘、歐洲世系豪門的子孫（他們可能連家族的財富是怎麼來的都不記得）。這些人為什麼要縮在這沉悶的午宴會所裡，或和朋友爭搶著來這個破舊的池畔餐廳，吃這些又糟又貴的食物，讓那些沒社會地位的人虐待（一般情況下，他們看到那種人，應該會馬上放狗咬人才對）。

只要開幾分鐘的車，就有上百家更好的餐廳可選，為什麼要忍受Mr. Chow（或Philippe、Nello、Cipriani之類的餐廳）那些荒謬的踐樣和價位？我在聖巴特那一週的可怕經驗讓我知道，這些常在世界各地飛來飛去的超級富豪都認識彼此，和別人去同樣的地方能讓他們感到安心，他們渴望的無非是那種踏實感。或許這可以說明，為什麼他們都去同樣的爛海灘（通常都很狹窄、卵石遍地、散發著臭味，毫不起眼地延伸，一般有點經驗的背包客根本看不上眼），和同樣的爛餐廳（會上網又有閒錢的美食玩家應該會不屑地經過）。

如果你上美食網站chowhound.com，或類似的美食玩家網路集散地大讚Nello的優點，就等著被公幹吧。為什麼這些有能力吃遍世界的人，會為了吃那些三流的食物，乖乖地付出離譜的價格？

在聖巴特時，某晚我就著月光，半醉地躺在躺椅上，一些格達費家族的人和他們的賓客在一旁嬉戲。我想到，或許是因為他們（這些「美麗」的人）太醜了，他們都穿著同樣的老婆娘設計出來的產品，這些設計師嫌棄女人，看到又老又有錢的客人努力把肥肉擠進那些衣服裡，可能都暗自笑到抽筋……這讓人覺得，那些時尚創造者、那些決定明年全球該穿什麼的人、決定誰美、什麼「夯」和「不夯」的人都一樣醜陋，比童子軍繞著營火輪流講的鬼故事還要恐怖。

只要看《決戰時裝伸展台》或《名模生死鬥》等節目的客座評審，或是任何時裝秀的前排觀眾，你就懂我的意思了：你在郊區的Dress Barn服飾專賣店很難看到一群邋遢、沒吸引力、亂穿一通的顧客。七〇年代的歌手瑞克．詹姆斯（Rick James）要是穿香奈兒設計總監卡爾．拉格斐（Karl Lagerfeld）每天穿的衣服，他應該會被噓下台。如果凡賽斯的創意總監唐娜特拉．凡賽斯（Donatella Versace）出現在你家門口賣安麗的產品，你應該會馬上砰地甩上門，上雙道鎖，然後打電話給鄰居，發出預警通知。

我環顧四周的沙灘，以不快樂的偏見眼光，看著這個當初我自願來此放逐自我的惡魔島，放眼望去盡是整型失敗的例子，奇形怪狀的肉體，在那裡公然展示著，今天換作是比較沒錢的人，應該只能去當嘉年華會的雜耍演員吧。有人的嘴巴拉歪到一邊，嘴唇腫得不像話，臉頰像塞入高爾夫球填充物，額頭的皮膚緊繃到可以敲太鼓了。一模一樣的鼻子……眼睛眨也不眨，甚至合不起來……

當晚我的夥伴就在那裡，穿著她一件上千美元的普通白T恤，又在那裡找她的手機了。

這也難怪餐廳老闆和羅伯等人要敲這些人的竹槓，他們理當那樣做，畢竟他們是在做「渴望業」，目的是滿足客人的希望和需求。這些人想在聖巴特得到的，就是在同類中獲得安全感，確定自己選對了地方（亦即他們那一掛人會選的地方），確定在場的其他人都接受同一套錯覺。沒有人會指出以下顯而易見的事實：他們都太老太醜了，不該穿他們身上的那些東西；即使整型也幫不了他們；他們再也無法（其實也不該）跳舞；他們吃的東西，是關店後清理人員連戴上塑膠手套都不想碰的；這世上要是有夠多人知道他們真正的底細，以及他們的那些錢是從哪來的，馬上就會讓他們人頭落地。

最後，我離開了。

她第四次掉手機時，我看到她醉醺醺地在房裡翻找，把其他的派對來賓當嫌犯一樣打量。我看到她瘋狂的目光最後停在某知名黑幫饒舌歌手的隨行人員上，他們一行人占用了露天帳篷餐廳的整個VIP區。她盯著其中兩位高大的女人直看，那兩個女人很壯碩，本來看起來就不友善，大半夜還戴著墨鏡，兩人中的任一人都可以輕易把我擊倒。

就像災難發生時，常會出現的慢動作鏡頭一樣，我看著我的夥伴過去找那兩個女人質問手機在哪裡。

現場音樂放得很大聲，所以我沒聽到她們是怎麼回應的。

假設她們是回她：「他媽的我拿妳的手機幹麼？」以及「妳看我們是黑人就質疑我們！」其實也完全合情合理。但這時我看不下去了，反胃到了極點，我已經不在乎接下來幾週，會不會醒來發現自己被丟在陰溝裡，雙腳被鋸斷。我已經不在乎我這樣逃走，以後會不會必須付出慘痛的代價，這一切已經讓我覺得糟到難以承受，更別說是繼續看下去。我需要現在就走，我受夠了。她想捅愈來愈大的婁子，就自己收拾殘局吧。

我把她拉過來，把這些話告訴她，之後就搖搖晃晃地走出餐廳，收拾我的行李，和旅館櫃檯講好，萬一她需要多待幾天，幫她多訂兩晚的房間，然後走了約一英里的路到機場，在機場睡了一晚。我搭隔天的第一班飛機離開，十分鐘後，回到我那熟悉、肯定更友善的小島上。

我去長期停車場領取我租用的汽車，欣喜地開回家，一回到家就蜷縮起身子睡死了，足足睡了二十四小時。

我在那島上剩下的時間一直待在家裡，避免去酒吧、妓院，甚至連海灘都不去了，我已經膩了。那段日子裡，我曾和邪惡面對面，嚇得我魂飛魄散。

過去，我不知道是在聖巴特看到的東西，還是在那段最潦倒的日子裡在鏡中看到的自己，讓我覺得該有所改變了。但現在，我已經知道了。

04 獨飲 I DRINK ALONE

現在大家還是叫我「主廚」。

走在路上，聽到有人這樣喊時，我還是會轉頭看是誰在叫我。九年前是我最後一次憤怒地拿起平底鍋，但現在我聽到這頭銜，還是會自動轉身。當然，現在這已經不適用了，我已經不是主廚，但聽到有人這樣叫我時，通常我還是很爽。

下午喝點小酒總是令人心曠神怡，一小杯不太冰的酒，獨自一人坐在吧台，即使是坐在這個假掰的愛爾蘭酒吧裡亦然。

這是新開的店，故意弄得有些老舊。裡面有愛爾蘭萬歲（Erin Go Bragh）之類的鬼扯口號，和四台平面電視，靜音播放著我一點也不在意的比賽跑馬燈訊息。這種店裡的愛爾蘭小擺設都是整車運來的。現在空盪的搬家貨車正在愛爾蘭的鄉間漫遊，我想像他們在等著那些做血腸（black pudding）[1]的老太太突然暴斃，以便收購她古董櫃子裡的東西，再把所有的東西直接運到中央交易所，由紐約、密爾瓦基市、新加坡、義大利維洛納（Verona）等地的速成愛爾蘭酒吧瓜分收購。

當然，這種酒吧我以前就去過，大家都去過，但是我在此地卻異常開心，即使地板散發著洗得太乾淨的清潔劑氣味，小菜盤上有果蠅徘徊著，都無礙我感受到的幸福感。

我不會傻到去點這裡的食物——我不看菜單也知道他們供應什麼：炸胡瓜條、炸起士條，肯定有紅醬烏賊。再仔細看，會有味道普通的馬鈴薯牛肉派，法式三明治配罐頭鹹「肉汁」，漢堡夾不脆的醃黃瓜、沒熟的番茄切片，搭配辛普勞經典牌（Simplot Classic）的冷凍薯條。家常菜「香腸薯泥」裡有義大利蜜汁香腸，可能還有黏稠的愛爾蘭燉肉，裡面有太瘦的羊肉塊和許多馬鈴薯。

至於海鮮有哪些選擇呢？小子，你沒得選。[1]

酒保是愛爾蘭人，約十年前拿學生簽證來美國後，就滯留不走，不過他不需要擔心什麼。

廚師是墨西哥人，時薪只有十美元的可憐傢伙，可能還要兼洗盤子。移民局會注意他的移民身分，萬一他們發現他在回家的路上還去了皇后區，他就麻煩大了。他看起來和愛爾蘭人還有加拿大人不同，魯・道柏（Lou Dobbs）[2]每晚在廣播節目裡，都會拿墨西哥人開刀（順道一提，如果你注意聽的話，永遠不會聽到他抱怨加拿大人怎樣，或許加拿大的「白人」

---

1 譯註：用動物血和碎肉製成的黑香腸，愛爾蘭著名的食物。
2 譯註：反移民的狂熱代表。

還讓「外國高速公路」[3]更有親和力了呢）。愛爾蘭酒吧的廚師（以及其他的墨西哥廚師或洗碗工）在週五發薪日，連在地鐵出口都有可能被搶。他總是在兌現支票的商店裡，把薪資支票兌換成現金，他是較弱勢的族群，不可能叫警察保護，正好是搶匪下手的目標。

另一方面，幫我送酒的服務生就像多數會講英語的非法移民一樣，多年來想盡辦法巧妙地規避系統行之已久的流程，移民局的每個人都很熟悉這些伎倆：三不五時去念個在職進修班，以取得學生簽證、延長居留權、工作簽證、「農場」簽證等等。週末離境，之後再回來。找能言善道、人脈廣的朋友（例如開很多愛爾蘭酒吧的傢伙），幫你寫背書保證信，大讚你寶貴的「專業」技能是本土酒保所沒有的，反正也沒人看這些東西，不過這又扯遠了……

北愛爾蘭的布什米爾（Bushmills）、尊美醇愛爾蘭威士忌（Jameson）、塞爾特（Celtics）或愛爾蘭遊騎兵（Rangers）在這裡毫無意義，這是個無關教派的愛爾蘭酒吧，毫無區別，沒什麼令人驚奇的事。現在回想起來，我才想到那裡也很少出現愛爾蘭人。愛爾蘭健力士啤酒（Guinness）當然是大量供應。

老闆光這樣的酒吧就開了十家或十二家，每家看起來都一樣，名字都是Paddy McGee's、Seamus O'Doul's、Molly某某某之類的愛爾蘭人名，但都不是真有其人。

不過，我待在這裡還是覺得很開心。

這裡有撞球檯、點唱機、圓靶、麋鹿頭、玩具火車、洋基旗幟、愛爾蘭作家的照片，那些作家從來沒來過這裡，也沒人讀過他們的作品。你想談愛爾蘭作家喬伊斯（Joyce）或貝漢（Behan）？詩人葉慈的半身像可能蓋滿灰塵地放在架上，但你要是脫口說出葉慈《二度降臨》（The Second Coming）裡的詩句，你還是快滾出去吧。

誰來這裡喝酒呢？

有脫下西裝、仍繫著領帶的上班族，或者相反，是卸下領帶但還穿著西裝的上班族。餐廳助手溜出來喝一杯，剛下班或上工前先來喝一杯，為自己打氣的人也所在多有。另外，還有失意客，但可不是破產喔，他們不像礦工或失業的鋼鐵工人那樣潦倒，就只是對人生的發展感到不滿，現在還不打算回家罷了。想像當下的天色還太亮，不適合搭車，打算沉澱夠了再回歸生活。

我覺得在這裡很自在——在他們播放奈爾斯．巴克利（Gnarls Barclay）的歌曲〈Crazy〉之前，我都覺得很自在。那首歌一播，馬上把我拉回貝魯特[4]——每次都這樣——我很確定現在在這個酒吧裡，沒有人的感覺和我一樣。我不是在講創傷後壓力症候群之類的東西，那段經歷對我來說沒那麼糟，我只是突然覺得感傷，一時覺得有點錯亂——那個地中

3 譯註：意指「北美自由貿易超級公路」（NAFTA superhighway），是南北貫穿美國，首尾銜接加拿大和墨西哥的高速公路。但反對者表示，這條公路的興建會讓非法移民問題更加惡化。

4 譯註：波登在貝魯特出外景時，碰到黎巴嫩的真主黨和以色列開火，結果美軍派出艦艇撤回當地的美國僑民和美國遊客，作者也在其中。美軍艦隊載著他們橫渡地中海，抵達塞普勒斯後搭機返家。

海、歐洲、阿拉伯城市的影像……飛彈從遠方地平線射過來，緩緩地飛過機場上空，然後落地，轟的一聲。飛機燃油燃燒的味道，這首歌最能讓我感受到和十年前的酒友分隔兩地的感覺。

我不會是這家酒吧的常客，任何酒吧都不會，連「作家」酒吧也不會。如果你去過任何作家酒吧十分鐘，你會重新考慮是否該再提筆寫東西。那裡都是一群尖刻、蒼髮、脾氣暴躁的傢伙，喝多了，壯了膽，講話太大聲，笑得太用心，但是又暗暗地憎恨彼此。我雖然很欣賞好作家的作品，但是我發現，一次和一個以上的作家在一起，就像被丟進籠子裡，裡頭都是飢餓、無牙的麝香貓那樣無趣。

「你不是主廚。」酒吧的小子說——這是在另一家酒吧，「廚師」酒吧，這次是深夜。我可能是在巡迴打書，跟著飯店的廚房人員出去喝兩杯。是在波特蘭？西雅圖？還是溫哥華？誰還記得？

「你不是主廚！」他又說了一次，瞪著我看，連站都站不穩，「你又不煮東西！」跟我一起去的朋友，剛結束廚房裡漫長的值班，見狀畏縮了一下，感到不安。他們對我還不錯，畢竟我的確寫了《廚房機密檔案》，不過坦白講，那小子說的沒錯。

他醉了，在生氣，就像許多擁有那本書的人一樣（他們可能翻看了那本書好幾次，書上還濺滿了食物殘跡和水漬），或曾向同事借過那本書的人一樣，他覺得自己被背叛了。我現在是異端，拋下他以及像他一樣的人，斷絕和「現任廚師」這個唯一真教之間的關係。

他們看著我和身上那套光鮮亮麗的西裝，享有名氣，吃香喝辣。

「去你媽的。」他說，「你又不煮東西，你已經和我們不同掛了！」我一點也沒生氣（只是覺得受傷），我想給他一個大大的擁抱。再喝個一兩杯，我可能真的會這麼做。

我不煮了，我不是主廚。那些比我優秀的廚師都知道這點，不需要說出來，更不需要像這小子一樣，在酒吧裡帶著怒氣和痛苦衝著我說。他要求我罰一兩杯龍舌蘭酒，讓他適度地抒發那些情緒。

這是比較友善也比較圓融的尷尬化解法。

對我最失望的人，是那些最像我的人，是那些不滿現狀的人。他們每天起床，硬拖著身子到大同小異的地方，做自己不太喜歡的菜色，給他們不喜歡的人吃，身上散發著油鍋味和煎魚味。

當我謝絕再喝第三杯時，他至少會因為證明我沒膽，而感到心滿意足。對他來說，那算是某種勝利。

當他終於癱坐回座位上，醉得神智不清時，他的戰友寬容地旁觀，我心裡還惦記著他說的話，覺得他說的沒錯。

05 你想當主廚是吧？
SO YOU WANNA BE A CHEF

嚮往當主廚的人、不分老幼的夢想家、受到慢慢融化的青蔥和蜜汁叉燒誘惑的人，或是被美食頻道的名廚所迷惑的人都經常問我，他們該不該去念廚藝學校，我常給他們一個經過深思熟慮的詳細回答。

不過，簡而言之都是：「不需要。」

讓我來幫你省點錢吧，我在餐飲業二十八年，多數時間都是當雇主。我自己就是從美國最好最貴的美國廚藝學院（ＣＩＡ）畢業的，也常造訪其他的廚藝學校，到各校演講。過去九年，我在旅行途中遇過也聽過許多廚藝學校的學生，看到他們經歷勝利與失望。我看到有人實現了夢想，不過我更常看到的是夢想幻滅。

別誤會我的意思，我不是要告訴你念廚藝學校是壞事，它當然不是壞事。我的意思是說，現在正在讀這本書的你，很可能還沒考慮周全就去念，很可能不適合廚師的生活，尤其如果你又是一般常人，那就更不適合。

不過，假設你心意已決，打算申請助學貸款、借一大筆錢，很多人的借款對象，是和當地廚藝學校有關或推薦的單位。那麼請先自問：這所廚藝學校好嗎？如果你不是念CIA、強生威爾斯大學（Johnson and Wales）或法國廚藝學校（French Culinary Institute），你應該更努力探索這點，因為當你從野雞廚藝學院畢業時，知名餐廳裡的人才招募者根本對那學歷不屑一顧。一流廚藝學校的學歷並不保證你能找到好工作，如果你一直待在餐飲業，工作經驗可能還比二、三流的學位來得有用。

你打算借四到六萬美元接受廚藝訓練，幸運的話，畢業後的最初幾年，你的時薪是十到十二美元。事實上，如果你真的很幸運，是少數兼具天分、能力、人脈的幸運兒，在畢業後獲得貴人推薦，到歐洲或紐約的頂級廚房實習，最初幾年你會一毛錢也賺不到。若是把生活費算進去，就相當於你是自掏腰包到頂級廚房工作。

如果你是那百萬分之一的年輕幸運兒，獲選進入西班牙Arzak之類的知名餐廳工作，那些金錢與時間的投入都是值得的。如果你做得很好，回到家鄉就不再需要任何履歷。你投資的時間、金錢和辛勞都會獲得回報。

除非老爸老媽很有錢，或你有很多的積蓄，否則你一畢業，就已經陷入困境。很少人能在兩年不支薪的情況下，到歐洲或紐約闖蕩，跟著大師學習，你需要馬上賺錢。如果你有迫切的需要，只要有人肯雇用你，就必須馬上工作，一旦你踏上由現金需求所支配的職業生涯，你就很難離開了。畢業後的薪資愈高，就愈不可能中途轉往世界頂級的廚房練功。

在平價連鎖餐廳Applebee's當廚師可以幫你賺到錢，但如果你打算進入知名餐廳工作，這經歷最好別放上履歷表，就當作從來沒發生過。鄉村俱樂部呢？飯店廚房呢？這些都是可能雇用應屆畢業生的雇主，如果你做得不錯，他們給的薪水和職業生涯都不差，可以讓你過好日子，上班時間和工作環境也不錯（不像多數餐飲業）。多數飯店和鄉村俱樂部都提供很好的醫療保險和福利。但是進入那領域就像加入黑手黨，一旦進入那個舒適圈，就不太可能離開。一旦踏入，鮮有退路。

你可以觀察出席美食美酒節的廚師，或業界人士聚集，或下班後一起吃喝的地方。觀察他們的行為，就像在窺探野生動物一樣。注意看飯店和鄉村俱樂部廚師的情況，那群人的目光在最初相互介紹時，就已經顯得呆滯。飯店或鄉村俱樂部的廚師會被邊緣化，撇在核心圈外。一般認為他們的工作與生活比較輕鬆穩定，比較沒有威望，也不受重視。

當然，你可以選擇畢業後走「私人主廚」的路線。但你要知道，對業界的人來說，「私人」和「主廚」是兩碼子事。對真正的主廚來說，那概念甚至不存在。私人「主廚」就是幫傭，就那麼簡單，美其名是管家。地位比「食物造型師」低一點，比「顧問」高一點，是浪費大筆鈔票念廚藝學校、後來才發現無法適應現實世界的傻子才會做的事。

你幾歲了？

沒人會告訴你這些，但我會告訴你。

如果你三十二歲，考慮走專業廚師這行，你擔心自己會不會太老了？

我來幫你回答這個問題：

對，你已經太老了。

如果你這年紀打算花大錢念廚藝學校，最好是基於對廚藝的熱愛。那種愛，肯定是不求回報的愛。

等你畢業時已經三十四歲了，即使你是廚神艾斯可菲（Escoffier），你也沒剩多少時間可以在現實世界的廚房中磨練，而且你還要先有好運找到工作才行。

你三十四歲時，對其他現役廚師來說，馬上就被當成「阿公」或「阿嬤」等級的老人，他們肯定都比你年輕許多，動作迅速，體力更好。主廚可能也比你年輕許多，會以懷疑的心態來看你，因為根據經驗，年紀較大的廚師常有根深柢固的想法，不願接受年輕人的使喚，動作通常比較慢，比較容易抱怨、受傷、請假，在廚房之外還有過「正常」家庭生活及擔負其他責任的不便包袱。廚房裡的人在緊繃狀態下（像長期巡迴演出的搖滾樂團一樣），做得最好，也最快樂。很可能你帶著刀具組和履歷出現在他們面前時，他們就已經覺得你不合適，覺得笨到肯冒險錄用你的人，是因為豁出去了或大發慈悲。這想法很無情苛刻，但他們的確是那麼想的。

我會不會太胖，不適合當廚師？這是另一個你要自問的問題。

這也是你進廚藝學校時，他們應該告訴你卻沒說的事。如果你一七〇公分、體重一一三公斤，他們會很樂意收你的錢，但他們不會告訴你，你去忙碌的廚房應徵工作時，會非常非常不利。廚師都心知肚明，最初工作那幾年，幾乎都得迅速上下樓梯，端著裝滿食物的餐盤，每晚要蹲下數百次，拿低矮冰櫃裡的東西。廚房的極度濕熱和高溫，可能連身強體壯的年輕廚師都站不穩。

另外，還有純粹實務的考量：廚房的工作空間，尤其是動線後面，一定都很狹窄……說白了，別的廚師可以從你那大屁股後方輕易穿過嗎？我只是實話實說，其他大廚在考慮雇用你時會想到這點，你也只能接受。

如果你覺得自己可能太胖，沒辦法應付高溫的廚房呢？那你可能就真的是太胖了，你在廚房裡也會變胖，這一行待久了都會變胖。但要是一開始就胖呢？那就更難擠進去了。

如果你以「千萬別相信瘦廚」這句格言來自我安慰，還是算了吧，因為世上沒有比這句格言更蠢的話。你看看那些真正高檔的餐廳，會看到他們的員工大多是體型輕瘦、忙上忙下的年輕人，眼睛都掛著黑眼圈，看起來活像是日本戰俘營的逃犯，大家都預期他們有類似美國特種部隊的表現。

萬一你不夠身強體壯呢？除非你打算當糕點師傅，否則你會吃盡苦頭。老是腰痠背痛？有扁平足？呼吸問題？濕疹？高中時代的膝蓋舊傷？進了廚房肯定只會更糟。

男性、女性、同性戀、異性戀、合法勞工、非法勞工、國籍——誰在乎這些？你要麼就是會煎蛋捲，要麼就是不會。你可能三小時煎五百個蛋捲，不然就是做不到。廚房裡是無法矇騙過關的，餐廳的廚房可能真的是最憑實力的地方，任何人只要有本事又有心，都很歡迎加入。但是如果你年紀大，或身體狀況不好，或是一直無法確定你想走哪一條路，你肯定很快就會被淘汰。就像體內天然抗體擊退入侵的細菌一樣，餐飲業的日子會逐漸把你推擠出去或扼殺你，這就是真相，永遠都是如此。

餐飲業新人的理想發展方式是：一開始就直接跳進深底池。在你申請就學貸款和廚藝學校以前，先認真了解自己是什麼樣的人。

你喜歡高溫、緊湊步調、永無止境的壓力和突發狀況、低薪、可能缺乏福利、不公平和白費力氣、割傷、燙傷、身心受損嗎——不能正常上下班或過正常的個人生活嗎？

還是你比較像其他的正常人？

你必須有這樣的自我認知，宜早不宜遲。你可以去一家繁忙的餐廳廚房工作，必要時，免費工作也無妨。只要有餐廳願意雇用你，什麼餐廳都無所謂，例如繁忙的Applebee's、T.G.I. Friday's或任何老地方都可以。只要有人答應讓你這個新手加入廚房幾個月，之後不斷地幫你戒除惡習，這樣就夠了。為繁忙的廚房人員洗碗、備料、當底層的無名小卒六個月後（通常別人對你的關注只比對老鼠屎稍微多一點），如果你還喜歡餐飲業，覺得自己在這群怪人之間還滿開心，歡迎加入！

這時，你已經確定你異於常人了，反正在正常世界裡，你也永遠不會開心，那麼上廚藝學校就是個很好的主意。不過，你應該盡量選最好的學校，這樣至少畢業時你已具備基本的能力（知識及熟悉技巧）。受過廚藝教育最明顯的優點是，主廚不需要在忙碌之餘，花時間向你說明什麼是「brunoise」（切丁）。按理講，如果主廚從廚房的一頭對你大吼，說你應該去燉煮羊肉脖子，你要知道他們是指什麼。你也要知道如何切雞肉、撬開牡蠣、片魚。進廚房工作以前，你不一定要懂這些，但是懂了會很有用。

等你從廚藝學校畢業後，盡量在願意雇用你的最佳廚房裡做久一點，而且離家鄉愈遠的地方愈好。這會是你職業生涯中最重要、可能也是最寶貴的時期，我當初就是搞砸了這個階段。

我從廚藝學校畢業後，覺得整個世界都是我的，我愛怎樣就怎樣。我馬上找到在當時看來頗為高薪的工作，更重要的是，我也覺得那個工作很有趣，可以和朋友一起同歡，找樂子。整體來說，我說服自己，我很聰明，有足夠的才華。

但其實我既不聰明，也沒有才華。

當時我有機會到真正一流的廚房工作，卻沒花時間和心力去找，就這樣隨興、不假思索地挑了二流及（大多數）三、四流的餐廳，很快就再也回不去了。我不可能再屈就比較少的薪資，年紀也大了，心中那頭需要餵養的野獸變得愈來愈大，要求愈來愈多，從來沒少過。

轉眼間，十年就過了。仔細看我的履歷表，難登大雅之堂，更慘的是，還給人一種搞不清輕重緩急、高不成低不就之感。現在回想起來，我從來沒學好的東西多得嚇人，簡單講，我還不夠資格去我多數朋友的廚房工作，我現在也只能接受這樣的事實，這也是我的一大遺憾。

廚藝差強人意和廚藝精湛之間隔著一條鴻溝，廣如大海。此外，良好的工作習慣（我有）和侯布匈餐廳（Robuchon）對廚師的紀律要求，也有很大的差別。我從廚藝學校畢業後馬上做的決策，就此永遠局限了我的發展。

我原本有機會當主廚，但我讓那機會就這樣流失了。無論這結果是好是壞，當時我為將來想做什麼、工作夥伴、職場地點所做的決策，確立了往後二十年的職業生涯。要不是我意外靠著怪誕的《廚房機密檔案》走紅，現在五十三歲的我，仍是站在不錯但永遠不算一流的餐廳爐火後烹飪，可能還欠了好幾年的稅金，沒有保險、滿口爛牙、債臺高築，廚師身價迅速走跌。

如果你二十二歲，身強體壯，求知慾旺盛，渴望精進自己，我建議你多旅遊，盡可能到遙遠的地方，盡量到處走走，必要時，睡地板也無所謂。了解其他人的生活、飲食和烹煮習慣。走到任何地方，都從當地人身上多學學。竭盡所能地運用資源，擠進願意雇用你的一流廚房工作（不管他們給薪有多低），把握任何機會，不斷向可能雇用你的優秀廚師毛遂自薦，努力不懈。

我有一位主廚朋友在歐洲的米其林三星餐廳任職，他告訴我，他每個月都會接到同一位有志當學徒的廚師傳真來應徵，每次他都回絕對方，最後他因為那孩子鍥而不捨的決心而軟了心腸。

在這個人生時點借錢，以便到處旅行，並在一流的廚房裡累積工作經驗，會比任何就學貸款更值得。廚藝學校的學位雖然很有幫助，但它的效果還是有限。在Mugaritz、L'Arpege或Arzak等餐廳工作一年，可以改變你的一生，那是你踏入其他一流廚房的捷徑。一流的廚師都認識彼此，只要跟著其中一人把工作做好，他們通常會幫你牽線，介紹你認識其他一流的廚師。

也就是說，如果你很幸運能做到上面所說的，千萬別自己搞砸了。

我說過，一流廚師都彼此認識。

對了，請容我再重複一次，上面所說的，我自己都沒做到。

在書店辦簽書會時，有時候我會看到一些《廚房機密檔案》的年輕讀者，那本書似乎證實了他們最糟的本質，令我覺得有些感傷。我當然可以理解箇中原因，也很高興他們喜歡我。

不過，當讀者是一些工作已久但不滿現狀的在職人員，或完成學徒訓練的人，就像我當初寫書的情況，我會覺得比較自在一些。他們對書中提到的喜怒哀樂、挫折和荒謬可以產生共鳴，他們回顧以前在砧板和麵粉袋上的荒誕性愛體驗、半夜的吸毒狂歡、那些似乎只會出現在最繁忙平價餐館或失敗餐館的瘋狂夥伴時，也會一樣感到懷念又遺憾。那本書原本就是為他們而寫的。對他們來說，那本書的出現反正也為時已晚。

不過，年輕的廚藝學校學生，每年都有這種新生代加入，人數成千上萬，他們身上帶著顯眼的刺青和穿環，我擔心他們之中有些人誤會了重點。

在《廚房機密檔案》裡，我找不到有任何地方說過古柯鹼或海洛因是好東西。事實上，書中多次提到的痛苦、丟臉行徑、窮酸，應該會讓人覺得那簡直是個警世故事。然而，我在讀書會和簽書會上，常無意中發現書迷把小包的白色神祕粉末、古柯鹼、小心捲好的大麻煙塞入我手掌或口袋中。這些東西後來都進了垃圾筒，或交給媒體護衛。我不需要那些白色粉末，因為我已經戒了。我也不需要大麻，因為只要抽一根被瘋子摻入毒品的大麻煙，就足以讓我戴著獵犬毛皮做成的頭盔，在密爾沃基市的街上裸奔，讓我登上名人八卦新聞網站。

最終來說，抽大麻並不是什麼壞事，但是我會奉勸有志在餐飲業力爭上游的年輕廚師，不要在Daniel餐廳[1]值班的空檔偷偷吸毒。如果你覺得抽大麻能讓你更敏捷因應跑單員對你的催菜，那麼願上帝保佑你這個怪胎。不過，如果你和我很類似，你最好趁空檔時來碗麥片，看看辛普森的卡通重播就好。

相反地，萬一你是個被困在連鎖餐廳Chili's裡的廚師，整天只忙著加熱早餐的墨西哥捲餅，或是在什麼鬼餐廳裡油炸通心麵糰，或許你需要大麻。

自古以來，人類常以毒品和酒精來因應絕望，我只會奉勸你老實評估一下，情況是不是

1 譯註：紐約名廚丹尼爾．布呂（Daniel Boulud）開設的餐廳。

真的像你想的那麼糟、那麼棘手。我不想在這點上嘮叨個沒完，但如果你看看周遭的共事者，他們很多人都是（或最終會是）酗酒者和吸毒者。我想說的是，你應該不時自問，還有沒有什麼事情是你這輩子想做的。

我戒海洛因已經二十多年了，上次發現我聽到窗外鳥兒的啁啾聲會冒冷汗及磨牙，也是好久以前的事了。

戒古柯鹼和大麻沒什麼了不起。

這世上有些人吸毒，有些人不吸。

我還有其他想做的事情。我發現當我把所有時間和金錢都花在古柯鹼或大麻上時，除了會吸更多的毒以外，什麼事都甭想做了。

我對「上癮」的說法非常懷疑，我從來不把吸食海洛因或古柯鹼當成一種病，我覺得那是我明知有問題卻照做不誤的糟糕選擇。是我誤了自己，最後也必須努力幫自己掙脫那深淵。

我不會在這裡告訴你該怎麼過生活。

我只會說，我想，我後來走運了。

而運氣是毫無道理可循的。

盡量自己在家開伙「比較好」，這點是無庸置疑的。

自己煮肯定比較便宜，也幾乎比外帶或外食的東西健康，還可以證明對社會比較有益。

例如，我們知道在家用餐的頻率和社會問題成反比。就統計上來說，經常在家和家人一起用餐的人，比較不會去酒行搶劫、洗劫毒品製造所、生出毒癮寶寶、自殺或拍色情影片。如果小提米當初多吃點媽媽做的肉餅，他長大就不會在箱型冷凍庫裡裝滿幼童軍的肢體。

但我要講的不是這些。

我想探討的是，我們是否應該把烹飪當成一種道德責任，當成每個男孩女孩在校都該學習的東西，如果他們不會做飯的話，那麻煩就大了。我講的是灌輸家庭一個新的價值觀，一種全國的態度，就像甘迺迪時代，體能總統委員會（the President's Councilon Physical Fitness）塑造「你是小孩，就應該健康」的預期那樣。你應該，不，你必須要有合理的強健體魄。你至少要盡力追求那樣的目標，師長、同學和全體社會都會幫你，督促你。有嚴格的標準追蹤你的進度，相信你會逐漸改善，變成更好的人。

當然，任何鼓勵都會伴隨著沒有明說的醜陋面：負面強化（negative reinforcement）[1]。如果你不這麼做，就會被揶揄取笑，更糟的是，可能會有人來找碴。

所以，我不是要建議大家把不會烹飪的孩子放在一群惡霸中，讓大家拿橡膠球丟他、噓他，直到他哭了為止。這是我那年代大家懲罰「笨手笨腳」的傳統方式。

但是，我的確覺得具備基本的廚藝是一項美德，我們應該把「如何熟練地餵飽自己和他人」當成一種基本技巧，傳授給每個少男少女，就像我們長大時學習如何自己擦屁股、過馬路以及理財一樣。

在古早年代，學校自動把少女分去上家政課，在課堂上灌輸她們，烹飪是負責任的公民應具備的基本能力，或者更重要的是，那也是實用的持家技巧。當這些女生開始提出明顯的質疑：「為什麼是我學，而不是他學？」時，這象徵體制化傳授烹飪技巧的結束。女性拒絕純粹基於性別，而被指派去做專業上稱為服務業的工作，她們不肯就範。家政課變成當時證明「性別歧視有誤」的最明顯例證，馬上被當成壓抑的工具，瞬間變得不合時宜。知道如何烹飪，或明顯享受烹飪的樂趣，變成新生代開明女性的一種尷尬象徵，令人想起過往的拘束勞役。

男性也不願馬上填補那個空缺，因為烹飪一再被塑造成女子或同性戀才做的事。

然而這表示，六〇年代末期沒人在烹飪。不久，就像拉姆齊所說的，也沒人記得該如何烹飪了。

或許，我們這裡漏提了歷史上一個重要的時刻。當我們後來停開家政課時，可能也錯失了機會。我們不該停開女子必修的烹飪課，如果當初可以直接要求男性也學烹飪，效果會好很多。

現在還不算太遲。

就像馬術、箭術、語言能力一度被視為「男性」必備的技巧，是任何有抱負的紳士都會學習的一樣，或許烹飪也該如此。

也許未來不會烤雞的孩子才應該被當成「笨手笨腳」（不過當他搞砸白奶油醬汁時，或許不該讓他的頭變成躲避球攻擊的目標）。在結合早期訓練及溫和但持續的同儕壓力下，每位少男少女高中畢業時，至少都要能為自己和少數幾個人煮點東西。

大學時代通常手頭拮据，少有機會吃香喝辣。能為朋友煮一頓不錯的餐點，可能備受好評。你甚至可以有一份小而美的拿手好菜清單，是可以隨時為室友烹煮的。

烹飪已經變成是件「很酷」的事，所以，現在或許該讓不會烹飪變成「很遜」的事，用盡各種惡毒但不涉及身體暴力的方式，來讓大家接受這樣的訊息。

1 譯註：亦即利用強化物來抑制不良行為的重複出現，負面強化包括批評、懲罰、處分、降職、降薪等等，可使人感到物質利益的損失和精神上的痛苦，從而主動放棄不良行為，改邪歸正。

接著，讓我們來整理這項新美德的必要條件：

每個青年男女都必須知道要怎麼做才算完整的具體任務有哪些呢？

哪些簡單的準備工作做得好時應特別讚揚、是讓人與眾不同，成為罕見多元人才的技巧？

在未來光明、快樂、完美的世界裡，每個男男女女和青少年都該知道怎麼做的事是什麼？

他們該懂得如何切洋蔥，基本刀工是必備的。沒有基本刀工，我們什麼都不是，有如荒野中的迷途者，空有罐頭，卻沒有開罐器。凡事都是從懂得使用鋒刃的基本刀工開始，對鋒刃有足夠的了解，才能在不受傷的情況下完成任務。所以基本的持刀、磨刀和護刀技巧，再加上根本但有效的切丁、切碎和切片技巧，這些都不是什麼大不了的東西，你只要有媲美西西里祖母的操刀能力就行了。

而且，每個人都應該要會煎蛋捲。蛋類烹調很適合拿來當入門手藝，因為這是一天的第一餐，我也覺得學習煎蛋捲的流程不只是種技巧，更是一種性格的培養。在學習煎蛋捲時，得學會溫和因應：你需要一定的敏銳度，才能判斷鍋裡的狀況，以及該怎麼做。

我從很久以前就深信，先學會在早上為愛人煎個像樣的蛋捲，才和那個人上床，是比較恰當的做法。當然，那樣的禮儀和無私不僅是一種禮貌，也對世界有益。或許在你學習性愛的同時，也該學習煎蛋捲。或許這世上應該要有一種心照不宣的協議：失去童貞後，你為另一半煎蛋捲的技術應該要更純熟，讓那技巧變成難忘的時刻。

每個人也都應該要會烤雞，而且要烤得很好。

有鑑於目前居家戶外燒烤的可悲慘狀，我們應該先教大家，如何正確地燒烤牛排和靜置回醒[2]。我們國家以不當方式烹煮牛排的惡行已經太久了，這樣一代接一代把在廚房和院子裡糟蹋好肉的傳統傳承下去，實在沒道理。

把蔬菜烹煮到想要的熟度很簡單，期許每位滿投票年齡的公民都有這樣的技能並不過分。

製作標準的油醋醬，應該是任何人都要會的技巧。

採購新鮮的食材，至少知道當季有哪些蔬果、判斷東西有沒有熟或腐敗，這些技能可以在考駕照的年紀學會。

如何辨識魚類是否新鮮，如何洗魚、片魚，在這愈來愈不確定的世界裡，大家應該可輕易看出這是種基本的求生技能。

蒸龍蝦或螃蟹，或一鍋貽貝或蛤蜊，是連聰明的黑猩猩都能輕易學會的技巧，所以我們不會實在說不過去。

2 譯註：牛排煎好後要等四—七分鐘再切開，不能在還熱燙的時候就切開，因為那樣還沒有靜置夠，肉汁尚未重新吸收回去，一切開會流出血水。

每個公民應該都要有能力把一塊肉放進烤箱裡，在不用溫度計之下，把那塊肉烤到想要的熟度。

大家應該要會烤馬鈴薯及製作馬鈴薯泥，也要會煮飯，包括蒸飯和另一種比較難一點的炊飯[3]。

燉煮的基本工只要學得好，對任何人都很有幫助，那就好像學會紅酒燉牛肉可為無數料理的烹調奠下基礎一樣。

懂得如何處理骨頭（亦即處理家畜），以及烹煮幾道湯（以便善用剩菜），是不錯的勤儉持家術。很多人在人生的某個時點，很可能都必須學會這些。這些技巧還是早點學會比較好。

每個人都應該常被鼓勵，練出一套獨家的拿手好菜，找幾道自己喜愛的菜，不斷練習到自己滿意為止，以這種方式來肯定過去或表達對未來的夢想。如此一來，每位公民都有一套拿手好菜。

這麼好的事，為什麼不做呢？沒道理啊。

努力朝這目標邁進吧。

3 譯註：米飯先用油炒至金黃色有香味，再加入高湯一起烹煮。裡頭可加入肉、蔬菜或堅果等等，在中東、中南美洲、拉丁美洲及加勒比海等地是常見的料理。

07 恐懼 THE FEAR

當史蒂夫・漢森（Steve Hanson）在毫無預警或遺憾下，宣布他即將關閉旗下餐廳Fiamma時，你就知道情況不妙了。

幾個月的營收不理想嗎？的確，但他們最近才獲得《紐約時報》的三星殊榮，廚師法比奧・特拉博基（Fabio Trabocchi）一直以來都備受關注，部落客和美食報導也對他們讚譽有加。更何況，這又是在聖誕節前，餐廳業主多半會想說服自己相信情況會逐漸好轉，應該堅持下去才對。但今年不一樣，漢森分析了數字，看了一下新聞標題，迅速認真地檢視未來，確定狀況並不樂觀，便毅然決然地在一週內關了Fiamma和時代廣場的Ruby Foo。

不管大家對漢森的餐廳有什麼看法，但從來沒有人說過他笨，或許有人說他邪惡、討厭，不過就連他的批評者也不否認他很聰明。如果漢森選擇在此時此刻，尤其是在這個假期旺季之前，收掉他旗下最好的餐廳、那家所有意見領袖都喜歡的餐廳，那肯定意味著什麼。那是一個警訊。對餐飲業的資深內行人士來說，這是個令人毛骨悚然的指標，意味著情況不僅不妙，而且還會惡化得一塌糊塗。

在這個熱中夢想、幻想、迷信和跡象的行業裡，從傳菜生到餐廳業主，每個人隨時都在思考一切意味著什麼——我們今天為什麼特別忙？昨天為什麼不忙？下次又那麼忙是什麼時候？每個人都急著想知道一切代表什麼，在「那件事」（不管「那件事」是什麼）發生以前，可以做些什麼好阻止它發生。

二〇〇八年是災難連連的一年，大家喜歡稱這種時候為災難年、恐懼年。股市崩盤，退休基金瞬間蒸發，有錢人變窮，有工作的人突然失業，一些備受敬重的人突然成了眾矢之的。有數千人原本嗓門特大、不可一世、滿手現金，急著想玩「誰是老大」的遊戲（他們是祕密股東，精緻美食業幕後潛藏的金主）；剎那間，他們全都消失得無影無蹤，可能再也不會出現。所謂的「那件事」，實質上是指業績幾乎在一夜之間掉了三成左右或更多。你去問廚師，他們大多會坦承業績下滑了十五至十八％。幾個比較誠實的廚師會勉強坦承跌幅高達三成，並努力不讓語氣透露出一絲擔憂。他們堅稱，這是可以解決的，沒必要驚慌。坦承情況有多糟、他們有多害怕，並非好兆頭。根據餐飲業日積月累的經驗，坦承這種事，公開接受現實狀況，是一種惡兆。那只會讓事情惡化、恐懼擴散，債權人更加憂心，最糟的是，還會嚇跑潛在的客人。

但現實情況比那還糟糕。

不僅市中心的中高檔餐廳業績下滑，你還要看是哪些業績下滑。某晚營收兩萬美元是一回事，如果那些營收大多是用餐費，那又是另一回事了。很多人不會告訴你，對很多提供全方位服務的精緻美食餐廳來說（亦即提供精緻服務、鮮花擺飾、主廚之桌、私人包廂等等），在市場崩跌以前，主要的營運模式是依賴「大咖客戶」。這些常客的餐費通常是數百美元，但酒費則高達上萬美元。酒類的利潤通常很高，也不太需要人力或設備。景氣好時，即使菜單上的價位看起來很貴，但餐點的利潤還是相當微薄。上等食材要價不菲，光是處理那些食材的人力數量和素質，也需要很多的成本。等那些食材都準備好、烹調好、淋上醬汁、配上裝飾，搭上麵包、奶油和客人預期的服務時，利潤已所剩無幾。

紐約許多比較高級的精緻美食餐廳，就某種意義來說，都是靠少數那些花大錢點酒的客戶補貼的。幾年前在Veritas餐廳，餐廳裡的人指著一位吧台的客人說，他一個月消費多達六萬五千美元，他會請品酒的同好和酒吧裡的陌生人同享美味，那樣的客人會讓廚師在松露的用量上更豪邁大方一點。

華爾街還有另一個令人擔憂的現象，是一般常客看不見的——企業戶和高消費客群大砍可報公帳的額度。這原本是一個天衣無縫的完美安排，那些人不希望有人看到他們花了公司上萬美元，他們的行徑大多是大眾看不到的，大多數人從不覺得銀行家和經紀商享樂的樣子有多賞心悅目。而且，這些把世界玩弄於股掌間的玩家，通常有特定或限定的菜單，廚房人員可以迅速輕鬆地上菜。餐廳只要付出一半的心力，就可以收取高價，那是高檔餐廳的優等客群，在假期前後可為餐廳帶進數百萬美元的營收，其中大多是花在葡萄酒和烈酒上，這幾乎和不勞而獲沒什麼兩樣。雖然你在餐廳的用餐區永遠看不出來，但很多餐廳比以往更樂於坦承，他們從開業之初就是為了同時做這兩種生意而設計的。像過去那樣只靠一種生意營運，已經無法在餐飲業中生存。

一夜之間，整個經濟充滿了疑慮。以往源源不絕的錢潮，突然間只剩涓滴細流。當客人到你的餐廳消費時，還被報紙拿出來大書特書，那對你來說並沒有好處。如果公司現在沒幫股東獲利，還到高級餐廳辦活動享樂，這是一種負面宣傳；在Daniel餐廳大啖松露晚餐就更不用提了。那些因為搭私人飛機而遭到痛批、因揮霍無度及紅利太多到國會接受質詢的執行長，肯定不想被抓到在Masa用餐。

市場裡充滿了恐懼。

原本看似根深柢固、有如先天特質般的頑固態度和行為，一夜之間都徹底扭轉了過來。突然間，不管你去哪裡，大家都一反常態……變得好有禮貌。

天鵝絨圍欄都不見了。

上週還用睥睨眼神看著你的老闆娘，現在就像你摯愛的老奶奶一樣歡迎你，卯足全力迎合你，急著想討好你。以前預約電話永遠打不通，現在響第一聲就有人接。一種近乎飢不擇食的奉承，取代了刻意擺出的藐視。本來永遠也不可能訂到位子的餐廳，突然都訂得到位子了。

連不訂位就直接進門的客人，也被當成上賓款待，希望客人這回累積的好感，可以換來他再度光臨。

「很抱歉，今天我們沒辦法接待您……下週四可以嗎？」取代了以往斷然的回絕。很多主廚原本不會出現在用餐區，更別說是廚房了；現在突然都回來了，甚至還會特地下廚呢。

湯姆．柯里奇歐（Tom Colicchio）[1]是最早抓住情勢的名廚之一，他看出自己的電視名人身分是一項資產，馬上運用電視上的名氣幫自己的餐廳加持。他宣布Craft餐廳推出「週二湯姆」活動，他本人會出現在店裡，讓客人都看得見，並親自烹調特殊餐點。特殊餐點半價，分量減半，甚至過去連想都不敢想的地方，也不再要求大家非點套餐不可。你可以在Per Se餐廳的雞尾酒候位區單點餐點，以前客人只能選整套的精選套餐，而且要進餐廳才能點菜。現在，價格下跌，特殊餐點沒那麼昂貴，也沒那麼標新立異了。菜單、招牌和網站上開始出現「兩人同行，一人免費」、「附贈美酒」、「半價」等字眼，甚至還有「早鳥晚餐」。炸雞之類讓人能吃了心情大好的食物，開始出現在每週深夜舉辦的特殊晚宴中，以往在一般情況，那種地方是不供應這類家常菜的。

但這不是一般時期，每個人都知道。

很多客人，尤其是精緻美食餐廳的客人——就是那種會投資股票債券的人——數日內身

1 譯註：《頂尖主廚大對決》的首席評審。

價蒸發了一半，你不可能還指望他們的優先要務不變，行為還一如往常。當然，餐廳和菜單繼續鎖定頂級市場也並非不合理，還是會有人想付高價獲得最好的東西，這種人永遠都在，但是餐廳業者很快就猜到，也有很多人不願意再付出高價了。

業者想像客人會說：「我可能有錢吃這盤白松露義大利寬麵，但要我幫餐廳裡的鮮花擺飾付錢，這我可不幹！」

業者馬上心想：那落差得由一般的客人來填補，我們最好開始對他們好一點。

如果說這樣的市場大動盪有帶給我們任何新的啟發，那就是：大家會持續為質感付費，但他們愈來愈不願意為華而不實的東西掏腰包了。新面臨的財務挑戰，再加上有些人認為現在砸大錢做沒必要的投資一點也不酷，正好呼應了Momofuku和L'Atelier等比較隨興的精緻美食餐廳趁勢崛起（這種型態已存在一段時間），以及其他長久以來私下醞釀、最近才浮上枱面，獲得大家肯定的神祕勢力。聰明人把這樣的轉變視為商機。

很多餐廳關了，但一如既往，很多餐廳也開了，取代那些關門大吉的店家。產業支持者以餐廳總數為依據，主張事情沒那麼嚴重。但那些業者中，誰能存活下來？一、兩年後，有誰還在市場上屹立不搖？

在危機最嚴重的時期，當大家都在預測榮華富貴終了時，克里斯．肯能（Chris Cannon）和邁克．懷特（Michael White）大膽地在中央公園南區開了一家超頂級的Marea餐廳。那餐廳的確貴氣逼人，餐點價格也貴（食物極力追求四星級的水準，也的確值得那樣的肯定）。但有趣的是酒單：酒單很便宜，或者我們應該說，那酒單竟然是主打比較平價、不為人知的精品酒和義大利的膜拜酒。你花大錢到Marea用餐，但重要的是，你不會因為點酒而被敲竹槓。事實上，店家還暗暗地引導你做更明智的選擇。

隨著食材價格持續上揚，再加上客人給的壓力增加，廚師陷入兩邊夾攻的困境。就連鮭魚、沙朗牛排等傳統「必備」的菜色，也變得成本太高，即使供應也賺不到錢。但客人仍希望吃到有機、永續的食材，卻又要求價格合理。

名廚張戴維在《君子》（Esquire）雜誌裡撰文建議一個方法，他預測未來的料理會朝全新的方向發展：大家對餐盤上的蛋白質和蔬菜或澱粉的比例，會有一個預測值，那個值比較接近亞洲的模式。不僅強調「較少」的肉塊（例如脖子、肩膀、小腿），而是整個肉食的分量都會大幅減少。張戴維主張，未來會以肉類和骨頭作為調味，而不是主食，這不見得是壞事。那樣的菜色價位會比較合理，也會迫使廚師發揮創意，不再殺戮大量的牲畜，這也對體重愈來愈超標的全美人口有好處。

他的意思似乎是說，這個艱難時刻剛好督促我們朝著想改進的方向邁進，或是個朝我們該前行卻遲遲未付諸行動的機會。

勒緊褲帶雖然不是好事，但也表示你會因此變瘦。

巧的是，很多廚師想朝那方向邁進已有好幾十年了。他們本來就不愛賣鮭魚、大比目魚或笛鯛，因為這些食材都很無趣。他們一向喜歡比較小、多骨、油脂較多的魚，不是因為那些魚比較貴，而是他們覺得那些魚比較好。或許，現在是乘機出擊的時候。以前廚師很難說服餐廳業主，把鯖魚或（萬萬不可的）鮭魚列上菜單，現在他們有一個非常具說服力，甚至無懈可擊的論點——我們不能再賠本供應鮭魚。所以，這或許真的是黑暗中的曙光。

如果真的有哪個時代需要燉牛肩、牛腿肉或牛腹肉，應該就是現在。

另外，也發生了其他的事。年輕的投資銀行家從餐廳的等候帶位區，加入失業一族的行列，取而代之的是全新的用餐客群。食評家喬納森·高德（Jonathan Gold）向來評論中肯（除了對墨西哥捲餅熱狗〔Oki Dog〕[2]看走眼以外），他在《洛杉磯時報》二〇〇九年的綜合報導中指出：「去年洛杉磯地區新開的知名餐廳數量，比前五年還多。」不過「有一個真正全新的趨勢正在發展，可能徹底改變我們看待餐廳的方式。」

「雖然沒人注意到，不過食物已悄悄攻占了原本由搖滾壟斷的青年文化，這些年輕人個個都有強烈的個人主張。」他提到Kogi的燒烤卡車（透過Twitter公布其所在位置）和其他類似的行動餐車，這些例子象徵著「游擊」餐廳的出現，以及如今一般流行的是街頭餐飲、民族風味、「道地」或「極端」。對懷抱創業夢想但收入有限的年輕人來說，如今在法拉盛（Flushing）的中國城地下室找個小空間，開個小小的老虎麵攤是一件很炫的事。

不過，除非你為了要「反抗」什麼，否則這並不是反主流文化。我希望這麼一來，一些狗屁倒灶的東西會先消失，那有太多都是多餘的。錢可能沒賺那麼多，但狗屁倒灶的事情倒還滿多的。

我並非主張像革命一樣揚棄一切的傳統，如果真有什麼「運動」的話，這次和過去發起的所有運動都不一樣，這次是朝許多不同（甚至相反）的方向發展。這是一次大分裂，反映著電視觀眾、音樂產業、平面媒體好一段時間以來的多元化。希望餐飲業不要像媒體集團那樣反應笨拙，可以更貼切、更明快地因應這些新的歷史挑戰，他們也非這樣不可。

市場崩盤幾個月後，餐廳關的關、收的收，有的人勒緊褲帶，這時出現了一些不祥的徵兆：糖果和許多速食連鎖店的業績暴增。恐懼和不確定性似乎讓很多人急著追尋那些包裝沒變的熟悉東西，就像嬰幼兒緊抓著自己知道的東西一樣——便宜、熟悉的味道。至少Twizzler扭扭條軟糖沒變，麥當勞叔叔和肯德基上校也還在，不過我倒很想知道這趨勢還會持續多久。

或許大家應該開始恢復自炊。自己煮不僅可以省錢，反正失業的人也多的是時間。

如果從這一切的痛苦和不穩定中，能夠衍生出什麼好事，我希望亞洲風格的美食街／小販中心是其中一項。這種餐飲型態老早就該大規模出現在美國，許多由單一廚師負責烹煮、只賣一種食物的平價小攤，擠在一塊空地上，大家共用餐桌。何時才會有關心社會的精明投資人（或許配合市府的運作），在商業區附近騰出一些停車場規模的空地，讓來自各地的生

2 譯註：以墨西哥捲餅包兩支熱狗、燻牛肉、生菜、辣醬，是沖繩（Okinawa）人發明的，所以叫Oki Dog。

意人販賣他們的東西？共用餐桌，就像傳統速食型態的美食街那樣。為什麼美國有那麼多亞裔和拉丁美裔的人口，卻無法像香港那樣發展出大牌檔[3]（字面意義是「大招牌街」，是中國版的道地美食街）？像極新加坡或吉隆坡那樣發展出攤販中心？像河內和胡志明市那樣發展出「小吃街」？或像墨西哥市那樣，有露天的墨西哥夾餅小販和玉米餅攤？

食物料理區可以像新加坡那樣圍起來，讓食材處理及衛生議題不會成為難解的障礙。新加坡是最嚴格的保母國家（nanny state）[4]，但他們也有最蓬勃發展的小販文化。

小販中心對每個趕時間的上班族、經濟拮据的藍領勞工、午餐時間的值勤員警，以及各種收入水準的美食熱愛者來說，都是一大福音。道地、好手藝、新鮮、美味、五花八門、便宜，多種願望一次滿足。不管結果會如何，但希望這至少可成為我們未來的一部分。

至於未來還會出現什麼？天曉得。高德顯然抓到了一些趨勢，至於那意味著什麼，以及頂級餐飲業還會惡化到多糟，還有待時間的考驗。就像名廚艾瑞克．里佩爾（Eric Ripert）所說的，市場上總是有愛馬仕存在的空間。買得起頂級物品的人知道，那些東西要花很多時間及巧手的專業才能完成。但其他東西呢？那些還是很貴但沒那麼好的東西呢？有人他媽的在乎餐飲界的凡賽斯十年後是怎樣嗎？

拉姆齊的例子或許很有教育意味。過去幾年，他靠著電視節目的超人氣和米其林大廚的名氣，在世界各地開了十二家新餐館，每家都賠錢，差點就破產。

想到拉斯維加斯尋找光明的未來、退休或「下一步」的廚師，似乎都抱錯了希望，那群人已經往別處另謀發展了。

至於杜拜呢，一度把自己塑造成廚師的新神殿，如今看來它始終只是個最空虛的建築半成品。那些投資銀行家雖然聰明絕頂，卻無法看出小生意人一眼就看穿的道理，實在令人匪夷所思：杜拜興建了許多建築，賣了很多土地，但沒有人真的搬過去。況且，那裡又是他媽的沙漠，廚師能否在那裡大撈一筆，實在很令人懷疑。廚師和餐飲業者需要回歸他們原始的商業模式：提供客人喜歡的食物，靠這種方式營利。

如果你想找業界的領頭者，像煤礦坑中那隻預告毒氣中毒的金絲雀，你可以仔細瞧瞧邁阿密的狀況——楓丹白露飯店（Fontainebleau Hotel）及相關事業（包括頂級的 Scarpetta 餐廳）斥資數百萬美元翻修。酒吧和「夜店」業也是窺探餐飲業獲利的紮實指標，你可能會從那裡看到一些大改變。邁阿密是個傳統上靠酒類服務蓬勃發展的城市：一瓶成本二十美元的伏特加，要價五百美元（連帶享有座位）。這種專敲傻瓜竹槓的經濟還能持續多久，值得懷疑。雖然市場上永遠都有傻瓜，但有錢的傻瓜還願意為那些近乎不值錢的東西大灑鈔票多久，是我對邁阿密及每家兼做夜店生意的餐廳感到懷疑之處。

3 譯註：最初是指香港二戰後一些小街小巷的露天熟食商店，店鋪比流動小販大，附近放著數張桌椅，提供麵食、燒味、奶茶、吐司，成為香港草根文化的集體回憶。後來的大牌檔又發展成更大規模的小吃店，提供海鮮、炒菜、火鍋菜式。

4 譯註：指一個國家對人民推行過多保護政策，什麼事都嚴格控管。

與其花那樣的錢，不如在家就可以享有海量的美酒。

我只是希望，未來所謂的「夜晚逍遙」，不是指你抱著一加侖的德國啤酒或一箱葡萄酒，窩在沙發上，打開電視，看著電視裡的人，烹煮著你不會很快就想自己做做看的料理。

但另一方面，這也表示，不管發生什麼事，餐飲節目總是有工作可做。

08 LUST 慾望

當你微笑時，美酒與玫瑰都對我歌唱。

——路．瑞德（Lou Reed），歌曲〈Sweet Jane〉（最佳慢版）

又到了河內的聖誕佳節，大都會飯店[1]燈火通明，有如遊樂園一般。庭院中有一株巨大的白樹，掛著鮮紅色的裝飾球，矗立在泳池邊。裝飾的棕櫚枝幹上，掛著上百萬個小燈泡，閃爍著耀眼的燈光。我正在喝第二杯琴通寧，打算喝完再叫第三杯。

我躺在沉甸甸的藤椅上，多數人應該會很安於我現在的狀態，我卻為自己感到有些惋惜。空氣中飄著薰香，頭頂上的風扇緩緩地將香氣吹來吹去，那是一種甜膩的氣味，充分反映了我當下內心隱隱作痛又摻雜喜樂的複雜情緒。

我獨自在東南亞的飯店酒吧時，常有這種感覺——一種過分傷感、諷刺的苦笑悲傷、明

1 譯註：Metropole Hotel，河內市最具代表性的地標飯店，有百年以上的歷史及濃厚的法國殖民地風情。

顯的疏離和失落。

今天，我只要跨出那扇門，這種感覺就會消失。只要我的視野一離開其他孤獨的西方旅人，就不會有那樣的感覺。我想像他們每個人都有一個感傷的背景故事，都有未了的渴望。他們獨自坐在那，帶著傑拉德·塞莫爾（Gerald Seymours）或肯·弗雷特（Ken Follett）寫的書，身旁放著一支沒響的手機。我帶著些許醉意，自信地走過大廳，穿著奧黛[2]、戴傳統越南帽的服務人員以法文對我說（他們都是這樣和客人溝通的）：「Bon soir, Monsieur... Ca va?（晚安，你好嗎？）」我穿過大門，空氣中突然充滿了上千台摩托車的轟鳴聲，剛剛的感覺完全不見了，取而代之的是眩暈，一種回歸到我熱愛之國度的熟悉感，我雀躍極了。

欣賞河內的唯一方式，是坐在摩托車的後座。如果你瘋了才會去搭車，那慢得像龜爬一樣，也無法進入狹窄的巷弄。唯有進到巷弄裡，你才能找到好東西。在車內隔著玻璃，會讓你錯失一切，在這裡搭乘摩托車的樂趣，在於融入人群，那只是動態環境中的一個微小元素，一個不斷移動、改變的過程，在城市的靜脈、動脈和毛細血管中疾駛、融入、旋動、轉向。

當然，這麼做也有點危險。紅綠燈、單向標誌、十字路口等組織社會的概略條理，在這裡比較像是一種提示，而不是實務上大家遵守的規範。雖然行人享有路權，但是在這裡，摩托車稱王。汽車可能主宰美國的大街，但是在河內，汽車笨重又麻煩，總是姍姍來遲，在路上有如長毛象，等著人家伺候、勉強地通融，甚至令人同情，就像胖子參加跳麻袋比賽那樣。

阿霖負責騎車，我讓他載過好幾次、好幾個小時後，終於放棄了西方人緊抓不放的習慣，這裡沒人這麼做，就連搭摩托車從我身邊經過的三歲小孩，都是站在父親或母親的前面。老祖母也不會這麼做，那邊有位老奶奶是側坐在女兒和女婿身後。成千上萬的年輕男女，一邊騎摩托車一邊講手機，或是和後座的人聊天。不知怎地，大家都不必抓著騎士的腰際或肩膀，或從後面撐住身子，也能穩坐在車上，反正就是毫無問題。大家都能設法在路上穿梭，有時速度很快，彼此靠近之後又分開，也不會飛出車外或撞上彼此。成千上萬的人聊著天，左顧右盼，擺出各種姿態，按著刺耳的喇叭，在河內的老城區穿梭，繞著湖泊，穿過交叉水道，超越笨重的四輪車，幾乎都沒注意到被困在車裡那悶悶不樂又不耐的靈魂。

這個城市裡有超過三十歲的人嗎？似乎沒有。

根據統計，這裡近七成人口不到三十歲。如果河內的街頭（或越南任一城市）算是一種指標，那數字似乎又更高了。他們之中沒有人記得越戰，甚至沒經歷過。就像美國二次大戰後出現的嬰兒潮一樣，他們肯定也是從戰場回家後就卯起來做愛。這裡似乎每個人都很年輕，不是正要去吃東西，就是剛吃完回來，或正在吃東西。人行道上的低矮塑膠凳子上坐滿了人，面向街道的店家裡也都是人。大家大口吸著麵條或細嚼慢嚥美食，喝著河內生啤酒，帶著不同程度的喜悅和認真。

2 譯註：ao dais，越南國服。

炭燒豬肉米粉（bun cha，多汁的豬肉塊放在室溫的酸甜青木瓜汁裡）一向是我的最愛，豬肉是在路邊用碳火燒烤的。一碗碗的番茄田螺湯米粉（bun oc），裡面有熱氣騰騰的鮮紅色田螺、米粉，還有充滿蟹黃的湯汁。我經過時，從每個碗上方的新鮮番茄塊，就可以一眼辨識出來。煎得嘶嘶作響的可麗餅；法國麵包三明治（banh mi，脆皮法國麵包夾著滿滿的豬頭肉凍、謎樣般美味的豬肝醬、醃菜，通常還會夾煎蛋）；順化牛肉米粉（bun bo Hue）是一種比較豐盛、陽剛版的越南湯粉（pho，米粉上放幾片牛肉和豬肉）；鴨血糕——以及你能想到的一切美味。鮮紅色的辣椒絲、清脆的豆芽、泰國羅勒、剛採的香菜、薄荷，綠蕉片、萊姆切片，隨處可見。

十個、二十個一群的越南人圍坐在一起，享用著牛雜鍋和鮮魚鍋。

不然就是在騎車。

如果你搭汽車，就看不到這些東西了。多數社區都沒有空間容下你的巨無霸，你頂多只能慢慢經過，臉貼著玻璃，或者，如果你願意折磨自己，可以打開車窗一會兒，讓鼻孔瞬間充滿上千種混合的風味，但多數你都吃不到。

當然，你也可以把車停在幾個街區外——那你乾脆走路不就好了？不過，騎摩托車還有個好處，這裡有方便的代客泊車服務。喔，對了！由於每個可用的人行道空間幾乎都擺滿了桌子，自行車能穿過的空間所剩無幾。但是別擔心，因為每個小吃店、咖啡店、路邊攤和餐館外面，都有一個孩子接下你的摩托車和安全帽，以粉筆在座位上寫下識別碼，想辦法把摩托車塞進門口數十輛摩托車之間，這是當地唯一的運作方式。你用餐完了呢？他會幫你把車子牽出來，讓你上路。

有些東西永遠不褪流行，有些東西就是經典，永遠令人讚賞。隨著歲月的流轉，你的熱情或許會稍微增減一些，但你永遠會再次回味經典。無論是滾石樂隊的歌曲〈Let It Bleed〉，或後背式的性愛體位，好東西基本上就是讚！人生中或許還有其他的東西，但是你花再多時間思考那之前或之後的事，都無法把它們變得更好。

我對河內湯粉就有這種感覺。我可能很愛這種南洋版的辣米粉湯，有時欣賞——甚至需要——西貢那種更強勁、更辛辣，更直接、更混濁、更潑悍的姊妹版，但是我不會娶她們任何一個。

以性愛來形容食物，是多數美食作家愛用，甚至自然而然使用的方式，敝人就是一例。不過用來形容河內的湯粉，似乎又特別貼切了，儘管這是晨間慣例，而非深夜、泡完夜店，慵懶地抱在一起那種情況。造訪越式湯粉店，尤其是在上午晚一點、等第一波上班前先來飽餐一頓的客人離開後，那地方簡直就像A片的拍攝現場。

放眼望去，整個慾望場景到處散落著皺巴巴的衛生紙，猶如縱慾後的結果。低矮的粉紅色塑膠垃圾桶裡，白色小紙團都已經滿出來了，濕紙團到處都是。走三呎到櫃檯，那些紙還會尷尬地黏在你鞋底，跟著你到座位，彷彿你匆匆離開脫衣舞窺探室一樣。不過，和性愛不同的是，這種「尷尬上路」（walk of shame）[3]是發生在達陣以前。當你辛苦排隊等候許久，付了幾個越南盾（越南盾的英語是dong，不幸在英語裡也正好是男人那話兒的俗稱），在人行道的矮桌邊和陌生人推擠一番後，最後終於可以享用一道美味，以茲獎勵。

那湯頭通常（但不一定）是美味鮮甜的牛骨湯，內有熬煮多時的精華。不太濃，但絕不會太淡。很可能廚房裡目前就有三、四大鍋正在熬煮，蒸汽直上天花板，老闆直接從鍋頂舀湯。當地人會告訴你，湯頭最重要。湯頭不對，即使有世上再好的食材，一切都是枉然。米粉最好也要恰到好處，太軟、太老或太熟嗎？那就是垃圾。太Q？一樣是垃圾。手工製作，現點現煮，不然就請務必不停地分批煮。

在河內，湯粉通常搭配牛肉和牛筋，但確切的組合則因偏好而異。老城區內，我最愛的那家店裡，玻璃後方的櫃檯上堆滿了預煮的牛肩肉：肥肉瘦肉完美平衡，很多人比較喜歡吃這種，也只點這種——切得薄薄的放在湯汁上方，彷彿快融入甘美柔潤的湯頭裡似的。但有些講究純正的人堅持一定要用生牛肉，將之切成確切的薄度，在端給客人的最後一刻前才加入湯裡，讓客人可以輕輕翻動麵條，在熱湯裡稍微氽燙肉片。我像許多在地人一樣，比較喜歡生熟肉混合的湯粉。聽起來沒什麼吸引力的牛筋，經過湯粉大師的巧手烹煮後，可說是人間美味，就連門外漢都讚不絕口。這裡的牛筋不像一般人預期的那樣嚼不爛，而是咬起來剛剛好，香Q彈牙，咀嚼幾口就化為肥美的精華，和一般牛肉的短暫口感正好相反。一碗湯粉中，通常會有少數幾條細長透明的牛筋，如果你發現只有一條，店家可能做得不太對。

你是在自己的桌上完成一碗越式湯粉。一般人對很多類似餐點各有一套自己的吃法，但河內湯粉似乎有大家公認的正統吃法。放一、兩匙豆瓣醬，滴一點辣醬，擠入大量萊姆汁，右手拿筷子，左手拿湯匙，輕輕拌一下。理想狀態下，是讓每一口牛肉、湯汁和米粉都完美融合。最好能簌簌地吃出聲音，身體靠近碗邊，或把碗舉到嘴邊。

店家會在湯粉旁邊放一大盤或一大籃青菜、香草和豆芽，裡面通常是泰國羅勒、薄荷和香菜。需要時就放一點到碗中，不時為整碗湯粉添加新鮮的元素、嘎吱嘎吱的口感，以及不錯的辛辣味。你也可以偶爾光挑一、兩片葉子入口，清清味蕾。

不過，我在這方面稱不上專家，只能算是愛好者，這些是我長久以來觀察到與聽到的。一碗完美的河內湯粉，是美味、酸甜、香辣、鹹味甚至鮮味的平衡組合，混合著溫和的口感：柔潤，濕滑，有點Q，一開始有嚼勁，最後在嘴裡化開，濃淡合宜，口感脆嫩，若有似無。如果這些形容還不足以讓人抽出一把生鏽的牛排刀，頂住老奶奶的喉嚨，清空她的銀行帳戶然後衝往河內，那麼請想想湯粉的繽紛色彩：鮮紅的辣椒，暗紅的豆瓣醬，鮮綠的蔬菜，淨白的豆芽，粉紅色的生肉在碗中慢慢氽燙成灰色，深褐色的熟肉，白色的麵條，淡琥珀色的湯汁，一碗中幾乎匯集了所有上天的顏色。

河內湯粉是一種複雜又微妙的東西，我不是要假裝我充分了解與欣賞它的永恆之美。在

3 譯註：原意是指一夜情後，穿著昨晚的衣服回家，在路上感到極度尷尬。

這裡，把湯粉形容成愛，而非性，會比較精確。因為我覺得這世上沒有足夠的時間去真正了解它，那是一種無條件的愛，因為你在哪裡享用並不重要——在只比骯髒街角高出幾英尺的小吃店也好，或者在過度裝潢的餐廳角落也好，它就像俗話所說的「風情萬種」。

有時候，我覺得我應該為上面寫的這種東西感到一點內疚。那些都是挑逗用語，雖然我挑逗的是大家的食慾和旅遊慾。我經歷過，也生活過，但多數讀者很可能都沒碰過。

和大家分享一些經驗似乎不太得體。大家可能很難相信，從小父母灌輸我的觀念是：炫耀是件壞事，是一種失禮的表現。（我的意思不是說那些價值觀深深地影響我，只是我曾經聽他們提過。）

有時我向人提起我看到的東西，或在世界各地的餐桌與櫃檯邊遇到的經歷時，都會覺得有點不好意思。在電視上，我可能會毫不猶豫地說出來；但電視上的感覺不一樣，因為那是別人在說話，是邪惡的攝影人員、剪接師在說話，我可以輕易地撇清關係。

但是撰寫可能被當成縱慾的景象、聲音和味道，並以刻意激發他人淫思色慾和羨慕之情的方式來寫，我心裡會有比較多的疑慮……不知道德方面該如何拿捏。

我坐在這裡，在鍵盤上斟酌著字字句句的用語，只是為了告訴你，我做了什麼或吃了什麼，盡可能地讓你愈讀愈餓——當然，那是錯的。

但是媽的，我不管了。

誰不喜歡偶爾自爽一下？

試想……

香港旺角（市郊附近）有脆皮燒鵝，那地方看起來沒什麼特別，但當你一口咬下那鵝肉，你知道你吃到了特別的東西，層層的驚喜，一個接一個的非凡感受。味蕾先接觸到香脆的蜜汁鵝皮，接著是香氣，然後是那油脂——多汁、香甜可口、微微的野味，油脂瞬間就從固體溶為液體，還有師傅經年累月烹調同一道料理所累積的口味和口感。那位站在櫃檯後面的師傅，用他從小跟著父親學到的方法，拿著切肉刀，切著烤豬、烤鴨、烤鵝，他現在肯定做得駕輕就熟。你坐在某張白色塑膠桌旁，聽著餐廳裡播放的粵語流行歌曲，有時音樂還因為喇叭太小而失真，你也聽得出來。事實上，你很肯定這是全世界最棒的烤鵝，當下沒有人吃的烤鵝比你的更好。或許古往今來，從沒出現過更好的烤鵝。通常你不會這樣大費周章地形容一道菜，但現在，那超凡的鵝脂順著你的下巴流下，完美的脆皮聲在你的腦海中迴盪，卻只有你一個人聽得見，這時誇張一點的形容似乎再貼切不過。

☆　☆

在墨西哥的佩埃碧拉（Puebla），現在是晚上，一位賣玉米餅的婦女和她先生站在推車後面，頭頂上方有個燈泡晃來晃去。他們賣牛舌玉米餅，夾著和洋蔥一起熱炒的牛舌片。

牛舌邊緣變成褐色時，空氣中瀰漫著香味。她用鍋鏟把食物從熱鍋中鏟出，放進溫熱鬆軟的玉米餅中，疊兩層，迅速舀一匙青醬淋上，灑上新鮮香菜和一點切碎的生洋蔥，放在超薄的紙盤上遞給客人，那紙盤薄到被玉米餅壓彎了。

你迅速塞一口玉米餅到嘴中，大口喝下冰涼的墨西哥Tecate啤酒（你已經在啤酒的瓶口抹上萊姆汁，把瓶口壓在一盤鹽內，沾滿一圈鹽），你可以感覺到自己的眼珠都向上翻轉了。

你站在黑暗中，流浪狗一臉期待地蜷縮在燈泡光暈外的不遠處，你的臉上閃過各種嚇人但陶醉的表情。老闆把幾張廚房用的椅子拖到路上讓客人坐，現在有一對夫妻和兩個孩子坐在那椅子上，你希望當孩子看到詭異燈光下的你時，不會被你的表情嚇到。

☆　☆

貝類堆積如山，碎冰和海草堆了好幾層，像高塔一樣嚇人，裡面還有生蠔，有的來自附近的貝隆（Belon），有的來自稍遠的坎卡爾（Cancale）。另外還有玉黍螺、蛾螺、蛤蜊、兩種龐大的螃蟹，兩隻螯憤怒地高舉在許多龍蝦之上，飽滿的大螯糾結在一起。巨蟹的周邊圍著比較小隻的螃蟹、眼睛圓亮的明蝦和海螯蝦，散落滿地，有如巴士車禍現場的受害者。

驚人的是，這個小餐廳裡，每個人的面前都有堆積如山的各式海鮮：你隔壁桌的老夫妻、另一桌身材瘦小的人，都靜靜地扳開與吸吮著大量海鮮，他們的模樣和吃進的海鮮相比顯得弱不禁風，但服務生忙進忙出地清除不斷填滿空殼的盆子。一位獨自用餐的氣質女子，以及一大桌來這裡度週末的巴黎人，都持續加點更多的食物。每個人都喝白酒或玫瑰紅酒，以和現場有點格格不入的優雅姿態，把奶油塗抹在一小片薄而紮實的黑麵包上，之後又繼續大啖海鮮。抓起龍蝦尾巴，用力一扭，把蝦尾肉扯出殼外（動作冷酷）；或咬開蜘蛛蟹的蟹殼吸吮，蟹黃和背脂滴到手上也不以為意。

這也是個好地方，你吃完後會需要打個盹，或許到港口的小旅館睡一下。枕頭可能有點硬，多出一個墊枕，床單有些許漂白劑的味道。不過，你周遭的人都會出去吃晚餐。

☆　☆

在婆羅洲的古晉（Kuching），早上醒來的第一件事——宿醉嚴重到你無法正視任何人——讓你非常確定，昨晚你喝了一整晚的當地米酒（langkau）和該死的龍舌蘭酒後（這是你唯一還記得的），肯定又說了或做了什麼糟糕的事。（這又是誰出的餿主意？）你完全沒注意到河流景致，也沒注意到早晨的景色和氣味，只注意到有缺口的白碗中，裝著熱騰騰的叻沙（laksa）——那是排除宿醉的良方。服務生把它放在你面前時，先是香味撲鼻，觸動了你的松果體：那是豐盛、香辣、開胃的蒸魚配椰奶肉汁。你拿起筷子和湯匙大快朵頤，大口吸進第一口麵，勁道十足的參巴（sambal）[4]讓你回了神，驅除了邪惡。後續幾口，你吃

4　譯註：咖哩飯調味品。

下了蝦、蛤、魚板……喝了更多的甜辣湯……又吃下更多的麵，體內有種舒服的燒灼感。你現在流著汗，從毛細孔排毒，大腦開始啟動……原本萎縮、乾扁、受虐的大腦皮層，開始從某處釋放出東西，那或許就是希望。

☆　☆

這是某個度假農莊（agriturismo），這在義大利隨處可見，類似民宿，通常是在農家或私人住宅裡，在樹下擺設野餐桌，從戶外廚房的灶台供餐。這個度假農莊位於薩丁尼亞島，你盤子上裝著這世上最簡單的食物：鮪魚子義大利麵——以當地的橄欖油（裡面灑了一點大蒜和辣椒）和當地特產的醃鮪魚子，迅速攪拌義大利麵而成。不知道為什麼吃起來那麼美味……坦白講那鹹魚卵還有點腥味，但是巧妙搭配上硬麥義大利麵較清淡的口感，還有辣椒的微微辣度，以及特級初榨橄欖油的特殊濃郁香味。你喝著誘人的卡濃紅酒（Cannonau）——當地生產的紅酒，那酸澀的口感最近擄獲了你的心。你再也不關心波爾多葡萄酒，還有難搞的勃艮第人和他們複雜的個性。即使是紅酒大亨羅斯柴爾德男爵（Baron Rothschild）把車子停在你門口，後車廂裝滿特大瓶的極品佳釀，醉醺醺地說要全部免費送你，你也會婉拒。在這裡？現在？你把盤子底部的橄欖油和幾顆殘留的魚卵舔得一乾二淨，大口喝下這新釀的無名美酒，除了這個，你不想再喝別的了。

你問農莊主人，那酒來自何方？他指著在角落翻閱足球雜誌、嘴上叼著香菸的老人。

「他釀的。」他說。

☆ ☆

新宿區的上班族愈來愈吵，隨著一杯杯啤酒和互斟的清酒，他們暫時收起工作上的個性，迅速換上真實的本性。喝醉時，他們嗓門響亮、友善、憤怒、感傷、好色。吃串烤雞肉時，特別能夠觀察日本獨有的古怪現象——全國精神分裂症。

戴著頭巾的男子小心翼翼地翻轉在金屬烤爐內、火紅的木炭上，烤得滋滋作響的雞肉串。有人給了你另一瓶啤酒——超大瓶的三寶樂啤酒（Sapporo）和太小的玻璃杯。房間裡充滿雞肉脂肪滴下碳火產生的燻煙，以及許多人抽菸的煙味。你幾乎無法看清桌邊的人，他們穿著襪子，有的坐著，有的盤腿，有的倒向一邊，漲紅著臉，冒著汗。空氣中飄浮的濃煙掩蓋了他們的上半身，靠窗的那幾桌不時會輪流打開窗戶幾分鐘，讓室內的濃煙散出去。

你坐在吧台，前方的木杯裡裝滿了你剛吃完串燒所剩的竹籤，宛如戰死士兵排成的刺蝟陣列。你剛吃了軟骨（雞胸軟骨）、膝蓋骨、大腿肉，雞肉丸子蘸生鵪鶉蛋。很多人點了雞心、雞肝、神戶牛舌（切得大小均一的小片牛舌，整齊地插在竹籤上，慢慢翻轉烤到全熟，嚐起來鹹鹹的，微微散發著手工碳烤的味道，再配上海鹽或紅辣椒）。

你吃了好幾串烤雞皮，那皮緊緊地穿繞在竹籤外，慢慢地烤到酥脆香Q，但中央依舊柔韌，不過最熱門的是雞屁股，你剛剛吃了最後六串，為此感到相當得意。那肥美的屁股肉裡，每個都包著風味絕佳的脂肪塊，油滋滋的肉裡隔著薄薄一層軟骨，那是雞身上最棒的一塊肉。當然，每隻雞都只有一塊，所以供應有限。坐你斜對面的男人搶輸你，頭不穩地靠在手肘上，不時滑落前臂，快撞到吧台桌面時才又抬起來。他看著你的雞屁股，心裡老大不高興。你也聽不懂他對廚師抱怨什麼（那種話廚師聽多了），不過你猜他是在抱怨房裡那獨自一人的老外，搶了最後一串雞屁股。所以，你乾脆請他喝一杯清酒。

☆　☆

在休士頓的熟食店內，他們從超大的溫熱裝置裡取出燻牛肉，手工切片，那肉質看起來鮮嫩多汁，你心想那傢伙切片卻不會切爛，是怎麼做到的。他把暗粉紅色的肉片堆放在新鮮的黑麥麵包上，麵包上還抹了當地產的鮮黃芥末醬。後來，回到桌邊，麵包因承受不了燻牛肉的重量和濕潤，散了開來。你用一節醃黃瓜整理一下盤子上的美味燻牛肉。吃燻牛肉配Dr. Brown汽水，那又鹹又辣又酸的美味，搭配汽水的甜味，可說是恰到好處。

☆　☆

在布拉格外八十公里處，一隻剛宰殺的豬被切成一半，仍在寒天中冒著氣，掛在類似鞦韆的裝置上。

這是個飄著毛毛細雨的濕冷上午，你的腳都濕透了，小火上正煮著一大鍋豬肉，你就著那小火取暖。離中午還有幾個小時，不過屠夫的親朋好友正喝著梅子白蘭地和啤酒，這兩種酒你也各喝了幾杯。

有人叫你進到屋內鋪著地磚的工作區，屠夫在那把豬血、煮熟的洋蔥、香料、麵包屑混在一起，準備好灌腸衣。一般通常是把腸衣套在金屬管上，啟動絞肉機，把五香碎肉或餡料灌入腸衣中，肉腸就像魔術般灌好了。不過這傢伙的做法不同。他以手工把一切東西剁碎，砧板上堆滿了黑色的餡料，剁碎到看不出原形。接著，他一手抓著腸衣，以兩隻手指撐開開口，擺出類似V的手勢，另一手拉著腸衣的另一端，兩手一起放進混合的餡料中。他迅速地用右手擠壓，手掌像漏斗一樣，把那些幾乎難以掌控的血水直接塞進開口內。他以驚人的速度一次又一次地重複同一個動作，像打穀機在玉米田裡採收一樣，沿著木桌挺進，左邊出現一條又長又肥的香腸，閃閃發亮，隨著他的移動迅速增長。那香腸隔著半透明的腸衣，呈暗紫色。一位助理在後面掐剪分段，以小木籤固定，一下子就完成了。

你回到冰冷的後院，喝著第五杯梅子白蘭地時，香腸起鍋，冒著蒸汽送到你面前。每個人的身體都濕了，處於微醺狀態，對這些雙手粗糙、身強體壯的辛苦鄉下人來說，飄點冰冷的小雨顯然不妨礙他們用餐。還有菜燉牛肉，可以沾麵包享用；以及豬血湯和許多香腸。整隻豬的各個部位都在，但是最令人驚豔的，或比較正確的說法是「會噴發的」，則是血腸。你用刀子切開，它就像好萊塢的子彈擊中腦勺一樣地爆開，讓你再次想起了不起的美食作家左拉（Zola）。他書中提到熟食店裡的美妙場景，悲情的主角站在眾多美食之間餓著肚子，他的親戚攪拌著黑血腸的血和香料，在玻璃展示櫃裡擺滿了描述起來很誘人、但他不願嘗試的美味。這裡聞起來，那房間裡肯定有豬血和洋蔥、辣椒粉和一點肉荳蔻，帶點甜味、渴望……和死亡。桌子的另一頭坐著一臉漠然的女子，當她看到你短暫地合上雙眼時，露出了微笑。

☆　☆

早上六點是葡萄乾麵包出爐的時間，已經有客人在這家巴黎的小麵包店前摸黑排隊，等候第一批麵包出爐。

法國長棍麵包已經好了，剛從磚窯裡熱騰騰地出爐，表面粗略地切開，刻意呈現不匀稱的樸實感。現在還太燙不能吃，但你還是買了一條，小心翼翼地撕開，然後把沾滿奶油的兩根手指伸入麵包裡，奶油馬上融化成液態，流進內部白色的溝槽和空間。你像拿著三明治那樣抓著長棍麵包，一口咬下，牙齒切入麵包的硬殼時，發出脆裂聲。你從昨天午餐後就沒吃了，味蕾仍在沉睡，還沒準備好接觸那麼多的刺激，所以反應劇烈，令人昏眩。奶油湧向你的腦門，你突然有種快昏過去的感覺。

☆　☆

在第五十九街一家高級的義大利餐廳裡，一杯尼克羅尼雞尾酒（Negronis）下肚後，你已經準備好享用一頓美味的餐點，桌上卻意外出現一道下酒小菜：一坨坨的海膽放在切成小片的烤麵包上。一般人可能覺得這小菜很好，但主廚做了超乎惡作劇的事，這可能已算是對上天不虔敬的邪惡之舉——每坨橘色的海膽上，覆蓋著一層薄紗般的醃肥肉切片（lardo，稍微以香料醃過的豬脂，在托斯卡尼山上的大理石洞窟裡製成），慢慢地包覆起海膽，很快就會完全融化。你急著把它放進嘴裡，知道那肯定是對上帝不敬的罪過，因此感到格外高興。這太誇張了，真的太誇張了，不止味濃，不止鹹甜適中，不止風味合宜。你叫服務生過來，請他再多給你一些。

☆　☆

負責看守爐火的人告訴你，這明蝦來自特別深又獨特的水域。那木炭是他自己做的，有兩種不同的組合。烤架也是他自己設計的，閃閃發亮、乾淨無瑕的金屬方盤，只要扭動轉輪，就可以把每塊烤盤升降到特定的高度。他幾乎不在燒烤的食物上添加任何東西，只放海鹽，並以泵瓶噴點西班牙的橄欖油而已。

他把明蝦放在你面前時，露出微笑。你先吃蝦尾，剝開蝦殼，分兩口吃進嘴裡。接著是頭部，已經扭開等著你享用。你把它拿到嘴邊，吸出蝦腦的湯汁，像擠牙膏一樣地擠著。現場沉靜了一下，接著你依稀聽到外面有羊在山上咩咩叫。

那男人看到你以內行的方式享用完明蝦後，露出微笑。他還有別的東西。他從另一個燒木頭的爐子中，取出另一小堆燃燒的木炭，放在臨時配備的烤爐下方，把烤盤放低，煽動餘火。接著取出另一個自製的器材：一個比任何烹飪容器還像濾器的炒鍋，稍微噴上一點油。把鍋子放在火熱的木炭上加熱幾秒鐘，然後迅速俐落地放進幾尾半透明的小鰻魚，讓鰻魚在鍋裡翻動兩次，灑上幾粒鹽。幾秒鐘內就起鍋，倒入碗中。你知道牠們是最稀有罕見的天賜珍饈，尤其是在這個時節。每隻扁平細長的鰻魚都是大老遠從藻海（Sargasso Sea）游過來的，至西班牙北部的河流才被活逮。幾分鐘前，那人才用煙草燻死這些鰻魚。在兩、三週可捕獲牠們的期間，牠們的售價每公斤高達一千美元。牠們幾乎沒熟，不需要熟，也不該煮太久。你用叉子捲起，放進嘴裡，可以聽到牠們傾訴著祕密。你告訴自己，這不是你該談論的風味。

☆　☆

四川的火鍋店是你發現個人黑暗面之處。你在成都過度明亮又擁擠的餐廳裡，環顧周遭的人，大家用濕紙巾擦拭著脖子後方，個個滿臉通紅，臉部呈現痛苦的扭曲。有些人抱著肚子，但他們還是繼續吃，就像你一樣，持續把筷子伸進那裝滿動物內臟、魚丸、蔬菜、深色辣油的大鍋裡，

感覺就像書上讀到的，維多利亞時代的倫敦妓院，裡面有鞭打機，一次可鞭四十個客人。現在此處呈現的就是那種自虐的情境。我們雖然彼此素昧平生，卻好像都受到一種難以

克制的衝動所牽制。

滾燙的湯汁像巫婆調製的詭異魔藥，多到嚇人的四川乾辣椒在鍋內滾煮出紅褐色的精華。辣油愈煮愈少，辣度愈來愈高。你夾起一塊牛肚刷過辣油，它沒入表面、縮小，接著像被挑逗的乳頭般變硬，然後你把它夾出那鍋地獄湯，放進嘴裡。乾辣椒的辣度幾乎讓你的腦門掀頂，不過還有別的。小小的黑色花椒獨自浮在比較辣的乾辣椒旁邊，它們會讓你產生詭異的麻辣感，先是舌頭麻了，接著是整顆頭都麻了。我到目前為止已經很熟悉這花椒味：在四川這一帶，幾乎到處都聞得到，空氣中就瀰漫著那味道……但現在，這味道是強烈襲來，來救你，就像以冰塊冰敷傷口一樣，抵銷那種無人能忍的乾辣椒所帶來的痛苦和灼熱感。你辣得直冒汗，強忍著抱住肚子的衝動，開始明白了道理。

先痛苦，再紓解。先灼熱，接著是麻木的愉悅感，就像鞭完後馬上安撫。在這世上過了豐富、充實的生活那麼多年後，你很確定你不會自找罪受，連電影《愛你九週半》（$9\frac{1}{2}$ Weeks）都讓你不為所動。在你年少輕狂的年代，玩樂式的自虐從沒吸引過你，即使是德國的超級名模穿著露屁股的乳膠皮褲來誘惑你，你也沒興趣。

你以前很肯定，痛苦一定是不好的。快樂才是好的。

但現在，一切似乎都亂了套。

09 肉 MEAT

我相信美國漢堡是美好的，它簡單的魅力是高尚、純淨的。我也覺得它的基本烹調法（以牛絞肉、鹽、胡椒做成肉餅，在平底鍋上烤或煎好後，夾在兩片麵包裡，通常（但不一定）會搭配生菜、番茄片和一些番茄醬）已臻完美，沒有凡人或上天可改善的空間。添加好的起司或培根之類的其他食材，可以讓好的漢堡變得更複雜，甚至更有趣；但永遠不會讓漢堡變得更好。

當我想吃藍紋起司時，我和一般人一樣愛吃藍酪起司漢堡。但說到我想吃的漢堡，我還是會選經典的麵包夾肉餅。我相信這是享用漢堡的最佳方式。

我相信人類是以該有的方式進化——眼睛長在前方、一雙長腿、有指甲、犬齒——所以才能追逐動作較慢、較笨的生物，殺死牠們，吃下牠們；我們先天就是肉食動物，是學會烹煮後才變成比較優異的物種。

不過，我們不是生來吃垃圾或「糞便性大腸桿菌群」的（這是事件爆發後比較拐彎抹角的稱呼法）。每年都有成千上萬人因為吃到這類東西而生病，有些人甚至因此喪生。

不過人生在世，鳥事難免，我本來也這麼想。但當我最近看到新聞提到一種破壞性特強的大腸桿菌病原O157:H7爆發時，覺得難以置信、憤怒又恐怖，不是因為這種致命的大腸桿菌竟然會進入我們的食品中，害大家生病；而是對那些理當對健康無虞的漢堡製造方式（那些不會讓人生病的漢堡）感到震驚。

我很清楚（我的意思是，我以為），大家吃的冷凍預製漢堡肉餅（給機構或平價速食業者使用的、你在超市買的便宜包裝等）並不是採用品質最好的肉類。但我在《紐約時報》上看到，食品業巨擘嘉吉（Cargill）製造「美國廚師特選的安哥斯牛肉餅」時，漢堡肉的原料中包含「屠宰場切除的碎料和來自殘渣的糊狀物」，而且「原料是來自內布拉斯加州、德州、烏拉圭等地的屠宰場，以及南達科他州一家專門處理脂肪碎屑並用氨水殺菌的公司」……這些字眼讓我看得瞠目結舌。

看完那篇文章後，我覺得用叢林防水布加工古柯鹼，或穿著內衣、戴著護目鏡在都心低收入區製造海洛因的人，都還比肉品業者更值得信賴。我的確是肉食者，但我的信心受到了嚴重的打擊。我原本以為肉類（即使是品質較差的肉）基本上是「好東西」，但這個想法開始產生了動搖。

你可以說我瘋了，說我太理想化，但你知道我相信什麼嗎？我認為，當你製造人類食用的漢堡時，絕對不該用氨水或任何清潔用品來處理那些原料。

我覺得那要求並不過分，我幫漢堡同好提出的要求並不多。我唯一要求的是，你加入我漢堡裡的東西，那些在絞碎前放在桌上或砧板上的東西，至少必須是一般美國人都能認得的「肉類」。

拜託，別忘了，這是我在說話。我吃過不潔的南方疣豬，野生動物的各種內臟、耳朵和口鼻。我吃過生海豹、天竺鼠、蝙蝠。那些情況下，至少都還可以辨識那些肉是出自動物的軀體，「吃起來比較像雞肉」（即使是在最糟的狀態下），而不是太空時代的聚合物。

現在美國有很大比例的漢堡肉裡，包含動物外部切除的殘料，以往認為那些東西只適合用來製作寵物食品。但現在，因為一家公司率先採用神奇的加工流程，「把切除的碎料加熱，以離心分離機去脂，再以氨水處理剩下的產品。」我們不需再浪費好「牛肉」來製作寵物食品。

《時代》雜誌形容，當你吃「美國廚師特選的安哥斯牛肉餅」時，你其實是吃「多家不同屠宰場的肉類混合物」，但是那他媽的是什麼意思？

肉類產業的發言人急著趕到電視台，反駁最近大腸桿菌相關疫情的擴大。他們在反駁時，通常會對受害者展現同情，保證他們的肉品供應比以前更安全，並針對指控肉品業的誇張言論提出精心設計的回應。但進一步逼問他們細節時，他們會非常小心地拿捏答覆。被問到某牌漢堡肉裡包含哪些殘渣時，他們一定會說，那些切除的碎料是來自牛腰、肋排、牛柳等優質部位。理論上，他們這樣說當然是沒錯。

但究竟是那些部位的什麼地方呢？「牛腰」和「肋排」及「大分切」聽起來都很好，但我們此處指的大多是脂肪，比較可能接觸到空氣的外部邊緣、沾到糞便的獸皮、其他動物，以及潛在的污染物。或許比較好的問法是：請告訴我，這些殘渣中，哪些是你幾年前不會用的；還有你需要怎麼處理它們，才讓你覺得它們是可以「安全」食用的？

另外，還有一個絞肉業的異常現象也相當驚人。很多大型屠宰場販售產品時，開出的條件是：絞肉商必須答應，在混合其他廠商供應的肉品到絞肉機內一起攪拌以前，不先檢驗該屠宰廠的產品是否有大腸桿菌的污染。

這表示，把所有垃圾都攪在一起的公司（把東西賣給學校之前）往往在混入向其他屠宰場（有時多達三、四家）採購的肉品後，才能進行檢測。這是一種「裝傻」策略，這些屠宰場根本不想知道真相，因為萬一他們發現有問題，可能必須回應，例如為捅出的婁子負責、回收已販售的所有產品。

這就像你要求約會對象在和你上床以前，先和四、五個男人發生不安全的性行為，以免日後她感染淋病時把矛頭直接指向你。但我是覺得，你的伴侶會希望你在滑入花花公子豪宅（Playboy mansion）的熱水浴缸以前就先檢查，而不是之後才檢查。

我想，我應該聲明，麥當勞和多數的速食業者，應該都比賣食材給他們的業者更常檢測他們的成品，也比學校體系檢查得更嚴格。這點雖然值得讚揚（或至少他們還很明智），但似乎有點不太對勁。

肉品業的廣告指出，他們回收的產品或有問題產品的比例極小，但美國人吃的牛肉量很大，比例再怎麼小，漢堡的數量還是他媽的多。

我不想讓自己聽起來像《速食共和國：速食黑暗面》的作者艾瑞克・西洛瑟（Eric Schlosser）一樣，我也不是要主張更好、更清潔、更健康或更人性的食物。但你知道嗎？嘉吉公司是全美最大的私人企業，年營收高達一千一百六十億美元，他們竟然會為了幫平價的漢堡節省幾分美元的成本，而採購氨水加工過的垃圾，購買原本該刮除、篩除或精煉後才能加入肉餅混合物裡的東西。把從世界各地買來加工合成的神祕肉品，全放進攪拌機裡攪和，那簡直就像跟一群陌生人在潮濕的被單上大雜交一樣。

我認為，身為美國人，我應該要能走進美國的任何餐廳，點他媽的五分熟漢堡（最美國化的食物）。我覺得我的漢堡不該附帶「必須全熟才能殺死潛在污染物或細菌」的警訊。

我認為，主管機關不應該還建議我在做完漢堡餐後，必須馬上徹底地清潔雙手。

我認為，我應該要能把漢堡當成一般食物看待，而不是像看到具傳染性的醫療廢棄物那樣。

我認為，「肉」和「以氨水處理」這些字眼永遠不該出現在同一個段落裡，更別說在同一句話裡，除非你談的是暗中處理屍體。

現在不是麥可・波倫（Michael Pollan）[1]或西洛瑟在對你說這些，他們兩人對這項議題的熱中，已有許多相關紀錄佐證。我對美國其他常見食物的看法，不見得有一樣的感受，例如熱狗。大家總是以默許的態度來看待熱狗，因為我們一向都知道（或認為），那裡面可能包含任何東西；從一〇〇%符合猶太戒律的牛肉，到死掉的動物園動物，或消失的黑手黨甘比諾家族（Gambino）的肢體都有可能。說到熱狗，尤其是紐約知名的「污水熱狗」，大家都有個心照不宣的默契——後果自行負責。反正那些熱狗都是預先煮好的，能糟到什麼程度？

但漢堡就不同了，那是一種比較親密的關係。不像預煮的德國進口熱狗，美國人把漢堡或牛絞肉視為一種國家身分的象徵。戶外烤肉、老媽自製的肉餅都是美國的傳統，是一種人人必經的儀式。

我們應該要有不帶恐懼地烹煮與享用漢堡的基本權利，難道這個要求太過分了嗎？驕傲地站在自家後院（如果我有後院的話），為孩子烤個五分熟漢堡，不必擔心我可能是在餵他吃垃圾，難道不行嗎？萬一我媽貿然為我的孩子做個肉餅，我也不需要盤問她細節，這要求過分嗎？

我其實不應該問這些，或要求這些，甚至談論這些的。

他媽的，那應該是我身為美國人與生俱有的權利。我認為，任何人只要亂搞我的漢堡，背叛大家預期漢堡廠商應該要尊重的這種悠久關係，害大家無法確定自己吃的東西的確是「牛肉」（不見得是最好的牛肉，但至少在絞碎前，要能看出那大致上是紅的、有合理的新鮮

1 譯註：《紐約時報雜誌》長期撰稿人，著有《雜食者的兩難》（The Omnivore's Dilemma）一書。

度、應該出自食用牛或乳牛，是一般杜賓狗看了會覺得有吸引力的東西），連這麼簡單的標準都無法達到的人，就是真真切切最不愛國、最不美國的表現。

如果你真的讓美國的孩子吃下這種狗屎，或故意推動某項計畫，讓你最終可以供應這種垃圾（例如那是你的商業模式），我會舉雙手贊成讓人把你的下體和汽車電池通電，餵你吃猴子籠子底下清掃出來的排泄物。事實上，我還願意負責用湯匙餵你。

在這方面，我和善待動物組織（PETA）的人及素食者有了共通點，我們的興趣有了重疊之處：他們不希望我們吃任何肉品，我則是在經歷最近的事件後，開始覺得我們應該減少肉類的攝取。

PETA不希望動物被殘忍地關在擁擠的籠子裡，陷在自己的糞便中，因為他們不希望任何動物死亡，或基本上覺得假以時日，雞應該也要有投票權之類的。我也不希望動物受到壓迫或擠迫，或被殘忍、不人道地對待，因為已有證據顯示，那會讓牠們變得比較不好吃，吃起來通常也比較不安全。

很多人會告訴你，美國和「食物金字塔」（一種食物階層，最頂端是肉類）的關係扭曲，才會陷入慢性自殺。在機場和大馬路上，隨處可見愈來愈肥、走路愈來愈慢的胖子，氣喘吁吁地邁向死亡；很多人也會告訴你，我們的健保成本節節攀升，其中飲食習慣及食量已變成比香菸甚至毒品更有可能導致成本爆炸的原因。我覺得這無所謂，畢竟那是個人的選擇，就像吸海洛因一樣，你選擇沾染那些東西，表示你願意付出代價。

我喜歡把自己想成偏自由主義派，每次政府說它必須介入，為大家做最基本的決定時（我們該吃什麼，或不該吃什麼），我就感到很不自在。在完美的世界裡，只要不影響鄰居，每個人都應該可以自由選擇要吸多少海洛因，或攝取多少反式脂肪。

我們對便宜肉品的無盡慾望其實害了自己。我們對日常飲食的扭曲期待，以各種方式破壞社會的基本根基。一位比我聰明的人說得沒錯，我們變成一個「只想賣起司漢堡給彼此」的國家，就連我們之中最有特權的人，也只想放款給賣漢堡的人。

工廠化養殖場的殘忍和黑暗面，以及對環境的影響，當然都令明理人反感。但我們一再堅持享用便宜的漢堡，這也連帶導致標準的普遍降低，不管那東西來自何方，也不管吃起來有多糟。當我們明知吃下的東西頂多像是紙板和酸洋蔥的混合物，卻集體視若無睹時，那才是真正傷害了我們。

不過，美國有些地方沒有必要買賣便宜的絞肉。在這些地方，有件事情正發生在我心愛的漢堡上，對此我感到憂喜參半。「精品漢堡」或所謂的「名人漢堡」，正緩緩地發揮影響力。

幾年前（很久以前的事了，很少人還記得），多數美國人對於咖啡，也有類似對漢堡的傳統期許。那時大家覺得喝一杯用紙杯或厚重瓷杯裝的便宜、像樣咖啡（但不見得是好的），也是一種與生俱有的權利。一般認為一杯咖啡應該只要五十美分到一美元，通常可以無限續杯。後來出現了星巴克，它特別聰明的地方，不是宣傳「拿鐵」、「咖啡因減半」、「瑪奇朵」之類的概念，或為杯子大小設計「venti」（超大杯）之類的新用語，更不在於提供優質的咖啡。

星巴克真正絕妙之處，在於它發現美國人其實想花更多錢買咖啡。如果能花五美元買一杯咖啡，而不是買影集《六人行》（Friends）裡所說的，只有穿家居服的肥胖白人（或真的為生計打拚的人）在拖車停車場、毒品製造所，或那類人聚集之處喝的便宜咖啡，他們的自我感覺會更加良好。

美國人也想在類似星巴克的地方喝咖啡（或者，更具體地說，是在那裡逗留）。那裡有年輕的帥哥美女（像《六人行》裡的主角一樣）啜飲著咖啡，消磨時間，一邊吃蔓越莓馬芬，一邊聊天打屁，背景音樂是娜坦莉．莫森特（Natalie Merchant）那種淡淡的曲風，一杯咖啡要價五美元。

以前櫃檯後面的傢伙（他肯定不叫「咖啡師」）要是一杯咖啡敢收你五美元，不管是什麼咖啡，客人一定會哇哇叫。現在呢？你可能覺得沒什麼，咖啡的整個評價方式在不知不覺中改變了。

我猜這種現象也已經發生在漢堡上，而且會持續下去。時尚業老早就想通這番道理，很少人買得起Gucci的西裝，但大家肯定都買得起印著Gucci商標的T恤。五年後的今天，那些吃不起Craft餐廳的人，肯定買得起打著名廚柯里奇歐[2]之名號所賣的漢堡。我也猜，那漢堡不像是只掛著名牌商標的中國製T恤那樣，而是真正美味的漢堡。

照這樣發展下去，這些「美味」的漢堡、「名人漢堡」是你會放心讓孩子吃下肚的東西，也是你希望朋友看到你吃的東西。只不過，一個要價二十四美元。

你可能以為各大肉品商老早就看出這個趨勢，知道他們不該為了幫一磅肉品節省三十美分的成本而賣一些垃圾。但他們要等到幾年後，面臨失去市場的危機時才會覺悟。速食店或學校裡再多爆發幾次大腸桿菌疫情，你可能就會看到他們的市場逐漸流失。很少家長會讓自己的孩子吃CNN上成天報導的問題食品——報導旁邊還掛著病死兒童和動物的照片。在結合成功的妖魔化宣導、對健康的正視及改變飲食習慣下，美國人遲早都會開始減少對那些可疑食物的攝取。

如果最近的歷史有教會我們什麼，那應該是食品集團在市調方面遠遠超越我們，萬一美國人對普通漢堡完全喪失興趣時，他們很可能會在另一端張開手臂歡迎我們。就像紀錄片《美味代價》（Food Inc.）裡精闢指出的，極大比例所謂的「新食品」、「健康食品」和「有機食品」其實是同一家母公司的產品，是他們製造恐慌讓我們改選有機食物。沒有什麼比「他們把你玩弄在股掌之間」更貼切的說法了，就好像你為了賣某人枴杖，就先把他的腿打斷一樣，「當你厭倦或害怕我們的其他產品時，沒關係，我們隨時為你服務。當然，其他東

2 譯註：Craft餐廳的老闆。

西是貴了點，但你應該早料到會是如此了吧。」

或許最早的預警訊號、態度的大轉變，並非基於健康的考量或意識抬頭，或《速食共和國》、《雜食者的兩難》之類暢銷書的熱賣，而是看不下去的叛逆廚師第一次提出「神戶漢堡」（Kobe burger）的概念。

他之所以會這樣做，其實也不能怪他。這種創舉剛好發生在時機成熟的時刻，當時紐約市的餐廳還充滿大嗓門、穿條紋襯衫、尚未被起訴的凱子避險基金經理人，他們很愛刻意花上百美元吃一個漢堡。神戶牛肉畢竟是世界上「最好」的牛肉，是出自那些在日本喝啤酒、享福的牛，「我聽說他們還幫牠打手槍！」

總之，當時故事是這樣流傳的，那些來自如今已倒閉的投資銀行或券商、自以為了不起的交易員，都對這種「有史以來最棒的漢堡」趨之若鶩。當然，這些神戶漢堡的「神戶牛肉」很可能根本不是來自日本，頂多只是神戶牛的遠親。即使這種漢堡裡使用的是細心呵護的肥美澳洲和牛，那也是毫無意義、極端浪費，甚至令人反感的做法。

澳洲和牛之所以深受喜愛，是因為牠的肉有驚人的大理石油花分布，比例通常高達五〇%，因此吃起來口感綿密，味道隱約而不明確（再強調一次，是「隱約」）。但是在絞碎漢堡肉時，你可以任意添加油脂，加多少都無所謂，只要從油桶裡舀出油脂，加入攪拌機就行了，所以沒理由為了吃個漢堡花上百美元。漢堡本來就應該像肉塊一樣軟嫩，況且真的澳洲和牛味道隱約，如果你還把它夾在兩片麵包中間，塗上厚厚的番茄醬，那牛味早就消失了。

一客六盎司的澳洲和牛（tataki），烤得外熟內生，切成薄片，大概是你一次想吃或能吃的分量，它就是那麼油，油到讓你的腦門似乎瞬間湧入大量油脂，很快你就達到邊際效益遞減的點。即使是以真正的澳洲和牛做成的八盎司「神戶漢堡」，那也很無謂，令人反感。

但偏偏大城市凱子中的凱子對這道食物趨之若鶩，吃完後還到處炫耀。廚師和餐廳業者很快就明白，這種昂貴的漢堡有龐大的商機尚未開發，顯然某個所得階級的客人很願意、甚至渴望，為了吃這道食物而付出更多鈔票。你只需要在「漢堡」這個字眼旁邊冠上「品牌」名稱，就可以增添價值。那品牌可以是名廚的大名（很多大廚都很精明，紛紛開始採用這個概念），或某個精品生產者的名稱（例如像「神戶」那樣意味著特殊飼養、達人飼養、人道飼養、有機或性滿足的牛隻）。名廚就像鵝肝、松露、紅酒燴牛尾、來自各地的異國起司一樣，讓產品瞬間升級。

餐廳業者傑弗瑞．喬德羅（Jeffrey Chodorow）在紐約開了一家餐廳，名為神戶俱樂部（Kobe Club），就是把這概念發揮到極致。此名稱意味著那是不同凡俗的紳士聚集、和內行人交流、與志同道合的大人物共享肉食經驗的地方。

不過，喬德羅加入這股風潮的時機有點晚了，那時紐約人已對這概念失去了興趣。紐約的美食家直覺上開始對名人漢堡產生懷疑，也不習慣神戶俱樂部那整個概念的庸俗感。他們開始往其他地方尋找高級的肉餅。神戶漢堡褪流行，也可能是因為和喬德羅扯上關係之故，他一向是美食作家忍不住想攻擊的目標。每次他開任何新餐廳，美食部落客幾乎都會拿來挖苦譏笑一番，甚至還沒開張就被攻擊。食評家譏笑喬德羅，就像剛出頭的影評人愛拿導演布萊特．瑞納（Brett Ratner）開刀一樣，彷彿評論一出，就確立了自己是認真的觀察家似的。（喬德羅和瑞納一樣，似乎都很樂於配合演出。他開過好幾家荒謬、豪華的餐廳，例如以真人實境秀為背景的Rocco's，接著又開了有點巴西風味的Caviar and Banana餐廳，然後是English is Italian餐廳（他又不是義大利人）；還有最近投入大手筆，試圖跨越亞洲混搭風、壽司、居酒屋市場的鉅作。每次他一有動作，連資深食評家也會忍不住想批評他，他本身就喜歡淪為大家的笑柄。）

在神戶概念退燒後，紐約需要新的方法讓大家為漢堡付出更多錢，光在上面抹鵝肝醬或添加特製佐料是不夠的。這時大家開始流行反璞歸真的概念，就連正統派的人士也加入探討。漢堡愛好者主張，優質的漢堡是採用「原始」配方，講究「根源」，完全不摻雜任何「外來」或現代的風味，是以耐人尋味的肉質魅力取勝。那種漢堡應該是混合有優良品種證明的頂級牛隻最佳部位，而且必須煮得「恰到好處」（不管那意味著什麼）。

於是紐約出現了Minetta Tavern餐廳，獨家的「黑牌漢堡」是由派特．拉斐達（Pat LaFrieda）精心混合草食、天然放牧、有機飼養的溪石農場（Creekstone Farms）牛肉而成。直接用平底鍋煎煮（我們確定那是老天希望我們烹煮漢堡肉的地方），然後夾在麵包裡，配上一點蜜汁洋蔥、一片番茄、一片生菜，就是一道復古風味的新料理，只不過現在一個要價二十六美元。

這的確是他媽的正港漢堡，在「專家」盲測時，其他漢堡難出其右。如果你吃得起這東西，它的確物有所值。坦白講，如果你真的有錢到Minetta Tavern用餐，你應該吃得起才對。

不過，羅弘．杜朗鐸（Laurent Tourondel）、丹尼爾．布呂（Daniel Boulud）、柯里奇歐、修伯．凱勒（Hubert Keller）、巴比．富雷（Bobby Flay）等有遠見的頂級名廚，甚至連艾莫利，都以迅雷不及掩耳的速度拓展新的「漢堡概念」。在此我不得不說，他們的確都提供非常棒的漢堡。那已經是爆紅趨勢，而且很可能持續走紅好一陣子，現在才剛開始而已。

這趨勢完全符合時代的需求，又是景氣不好時大家比較負擔得起的精緻料理，而且緊扣著所有美國人的心弦——對撫慰人心、安心食用的渴望，對聽起來「花俏」、「荒謬」、「裝腔作勢」的食物所產生的反抗，對傳統食物供給的日益不安，還有對只愛爭論什麼是經典「正統」家常美味的美食精英而生的不屑。

但是漢堡會如何傳承下去呢？那些還算安全（反正我們覺得安全）的平價漢堡，從底部麵包流出乾淨油脂，搭配未熟的番茄片、乾巴巴的洋蔥片、沒人想吃的透明包心菜葉、一小塊軟趴趴的醃黃瓜、一片半融化又凝結在漢堡頂部斜角的卡夫起司，那種漢堡該何去何從呢？它會像豪生餐廳（Howard Johnson）菜單上那些鮮豔繽紛的美國餐點一樣消失嗎？會像數十年前流行的火腿排（表面有棋盤狀的烤架痕，搭配鳳梨圈）以及厚殼雞肉派餅那樣消失嗎？

在賣給未來的消費者稍貴的肉餅以前，廠商需要提出更多的保證，消費者才肯買單嗎？「現在供應我們的是『樸實貴格農場』（Chaste Quaker Farms）出品，由穀物餵養的安格斯牛混合而成的肉品，只含極微量抗生素。只有在宰殺前的最後幾天，待在充滿屎尿的黑暗牛棚裡稍微不舒服而已。」

還是目前常見的劣質漢堡（經典的「神祕肉片」）會繼續存在，不知蓬勃發展到何年何月？只不過比以前貴了約二美元？

當然，對於路邊簡餐店裡，以一貫方式用煎鍋煎同一種冷凍肉餅的希臘夫妻來說，他們只知道，某種原因讓路上的傻瓜願意付十八美元吃一個漢堡，所以我們乘機把漢堡調漲一、兩美元應該無所謂吧。

或許這整個漢堡演變，其實是更大演變的一部分——所有美國的日常食品正逐一緩慢地改變、升級、改造，最後是調漲價格。

看看周遭。以前動物的蹄膀、口鼻、腿肉、內臟是窮人不得不吃的東西，但如今在紐約、舊金山、芝加哥等地最熱門的餐廳裡，反而是有錢人排隊搶著付高價享用這些食物。

現在你必須去找名廚馬里奧．巴塔利（Mario Batali），付二十美元才能點到豬腸。你在紐約哈林區找老半天，也不會找到豬腳，但名廚布呂的菜單上就有這道菜。

一般的比薩可能有消失之虞，因為手工窯烤比薩已經排擠了平價比薩的生存空間。就連杯子蛋糕也開始走精品路線……不起眼的香腸現在是紐約市最熱門的單品。如今如果你在波特蘭、舊金山或任何地方點海尼根啤酒，就等著被在地啤酒的死忠支持者取笑吧，他們都很樂於告訴你，他們在附近的地窖裡用啤酒花、麥芽精釀的啤酒，有草莓和廣藿香的芬芳香氣。當然，除非你刻意走懷舊路線，你點PBR啤酒除了必須加付服務費以外，還可以帶給你一種令人窒息的新潮感。

張戴維以十六盎司的瓶子裝「燕麥奶」，一瓶要價五美元。據我所知，那是混合燕麥片中促進新陳代謝的成分，或許添加了船長脆莓麥片（Captain Crunch with Crunchberries）的香精，就得出淡粉紅色的甜牛奶，喝起來類似你平常漫不經心吃完麥片後所剩的牛奶，或許這是上述現象的極致表現，但也可能不是。

如果好人贏了（在讓消費者對食物的供給感到不安，迷信昂貴的材料，利用中產階級的希望、渴望和不安全感以後），我們會不會只是付更高的價錢吃同樣的垃圾？這點比較重要吧？

我是不是又順手扼殺了我喜愛的事物？

10 幼兒教育 LOWER EDUCATION

我和妻子確定女兒假裝睡了，故意在她臥室的門外壓低音量對話。

「噓！她會聽見我們說話。」我太太說。彷彿演戲一般，語氣中帶著幾分陰謀。

「她睡了啦。」我噓聲回應，故意講得有點大聲，類似演員對觀眾的高聲耳語。

我們又談到了麥當勞叔叔，這次是說他可能涉及另一樁孩童失蹤案。

「又一個失蹤了？」我太太倒抽一口氣，裝出難以置信的口吻。

「恐怕是。」我語帶擔憂地說，「那孩子進去裡面，想吃薯條和快樂兒童餐，之後就不見蹤影了……」

「他們有去找他嗎？」

「喔，有啊……他們找遍了整個林子……查了漢堡神偷的地方，不過當然，他們這次還是鎖定麥當勞叔叔。」

「為什麼要鎖定他？」

「上次嗎？他們終於找到上一個小朋友的時候，他叫什麼名字來著……小……提米嗎？

警察發現證據，他們在身體上發現……蝨子。」

這只是一場馬拉松戲碼中的一幕，一場大型心理戰的一小部分，目標是誰？一個兩歲半的小女孩。

這場戲碼的賭注很高，在我看來，這一切都是為了我心愛獨生女的身心靈及身體健康著想。我下定決心，絕對不讓邪惡帝國綁架她，為此，我已經做好「無所不用其極」的準備。

麥當勞對孩子向來很有一套，不管你對麥當勞叔叔和他那群朋友有什麼看法，他們真的很了解市場，也知道誰驅動市場。他們對於鎖定幼童這事毫不避諱，事實上，他們的龐大促銷預算似乎就是專門用來鎖定幼兒的。他們知道，當車內坐著兩個疲累不堪、壓力太大的家長，有個小孩坐在汽車後座狂哭時，那孩子通常是餐廳的決定者。他們知道何時及如何以鮮豔的小丑和附贈的玩具，開始建立品牌的知名度和忠誠度。他們知道只要小心和耐心，讓小提米適度接觸鮮豔的物體，小提米長大後就會習慣消費大麥克。這是為什麼世界各地認得麥當勞叔叔的孩童，比認識米老鼠或耶穌的孩童還多。

對我來說，我不在乎女兒是否認得另外那兩個傢伙，但我的確很在意她和麥當勞叔叔的關係。我希望她對美國速食文化的看法和我一樣，都把它當成敵人看待。

麥當勞從資助貧困學區到精心設置遊樂場，從來不避諱以各種可以想到的方式，污染孩子幼小的心靈。他們很聰明，我不會剝奪他們宣傳、廣告或做任何事的權利。如果讓迪士尼潛入世界各地孩童的生活是大家容許的事，麥當勞叔叔想怎樣應該也無所謂。我沒必要去法院攻擊他們，再怎麼說，他們的勢力都太強大了。

你是在街上挑戰麥當勞叔叔、漢堡王、肯德基上校。更確切地說，你是在易受影響的幼小心靈裡挑戰他們，而他們已經成功污染那地方很久了。

我的目的是馬上反擊。

其實那異常地簡單。

西洛瑟以《速食共和國》一書號召大家群起反抗，他可能有事實佐證，但要叫三歲小孩戒除快樂兒童餐是不可能的，更別說是引起他們的關注了。麥當勞叔叔、漢堡王、肯德基上校，以及他們那些色彩繽紛的高果糖朋友是強大的敵人。如果歷史上的衝突有教會我們什麼，那就是直接對抗勁敵鮮少成功。這不是靠事實就能獲勝的辯論，小孩子才不管速食的卡路里有多高，或工廠化的養殖場，或美國對便宜絞肉的無盡慾望，對環境或社會健康有什麼影響。

但他們知道什麼是蝨子。

對小孩來說，最可怕的東西是什麼？在學校被排擠，被別人取笑，被人欺負。每個孩子都怕這些事情怕得要死，那是一種原始的本能——歸屬感。麥當勞肯定想通了這點，他們也知道什麼顏色可以吸引小孩，什麼口感、電影或電視節目可能吸引他們吃漢堡肉。他們對於操弄小孩的恐懼和無法言傳的渴望，完全不會感到良心不安，所以我也沒必要感到內疚。

每次麥當勞叔叔一出現在電視上或在車窗外，我就說：「麥當勞叔叔有蝨子。」接著我會壓低聲音說：「而且他聞起來臭臭的，有點像……便便！」（我應該說，每次我這樣講時，都會小心使用「據說」這個字眼，以免我對兩歲小孩的急切耳語可能被誤解成毀謗。）

「去抱麥當勞叔叔……會不會有蝨子？」女兒瞪大眼睛，一臉驚恐地問我。

「有人說……會。」我答。我不想說謊，以免哪天她在小朋友的生日派對上遇到他。這是一種類似律師的答法，但是很有效。「也有人提到他的味道……我的意思不是說，妳要是太靠近他，那味道會留在妳身上，不過……」我刻意停頓，營造懸疑感。

「噁！！！」女兒說。

她心裡想著這件事時，我們一起靜靜地坐著，接著她問：「聽說去麥當勞吃漢堡會變笨，真的嗎？」

我聽了開懷大笑，給她一個大大的擁抱，親吻她的額頭安慰她，「哈哈哈，我不知道妳是從哪裡聽來的！」

那小傳聞可能是我幾週前偷偷散播的也說不定，我假裝講手機，故意讓她芭蕾舞課的朋友蒂芙妮「偷聽」到。我一直在追蹤這則謠言在兒童圈裡流傳的情況，就像醫生追蹤鋇餐造影[1]一樣，等著它傳到這頭來。現在終於出現了，賓果！

1 譯註：在消化道做X光攝影前，為使內臟影像更清晰而先喝下的無臭無味白色細粉溶液。

中情局（CIA）稱這類事為「抹黑宣傳」。我想，面對具有絕對優勢的惡勢力，這也是一種經濟實惠的聰明對策。

我仍清楚記得小時候有謠言指出Chunky糖裡有鼠毛，那謠言傳遍了全美校園。那是個還沒有網路的年代，我還記得那謠言對該公司的銷售造成嚴重的衝擊。我也不知道那謠言打哪兒來的，後來證實根本沒那回事。

我不是要建議任何人做那麼喪心病狂的事，那無疑是非法的。

我只是說說而已。

根據《紐約時報》最近的報導，列出卡路里的資訊並沒有效果，美國人的大腿還是愈來愈粗，罹患第二型糖尿病的兒童多得驚人。

原則上，我討厭「立法禁止速食」這項建議。如果我們全國幼稚到需要政府介入，從我們手中奪走漢堡王的華堡，我想那已經逾越了某種可怕的界線。那實在很可怕，可能也無可避免。當我們無法打造一支身強體壯的精英部隊，或發生胖子堵住火場出口的駭人事件，而造成公共安全的議題時，政府的確應該介入。

「肥胖稅」可能也快開徵了，就像菸酒稅一樣。

他們先是對香菸課稅，課到一個殘酷的境界；接著再把吸菸者趕出工作場所、餐廳和酒吧，甚至有些人連在家裡都無法吸菸。在受到懲罰、妖魔化、邊緣化，像動物一樣被趕盡殺絕後，很多人像我一樣，終於把菸戒了。

我不希望女兒受到那樣的對待。

何必等到將來才導正孩子的觀念？

這個世界把厭食症女演員和紙片人模特兒，當成理想的美女典範，我覺得在這種世界裡養育小女孩是不對也不恰當的，沒人該承受符合那種形象的壓力。

但我也覺得，病態超重並不是一件「無所謂」的事。如果你連下車都需要幫忙，那不是什麼「另類生活選擇」或「身體形象的選擇」。

我常在想，如何在不帶壓力下「幫」我女兒選擇食物。「妳看麥莉．希拉（Miley Cyrus）[2]多瘦、多好看」這種話不會出自我嘴裡，因為那種觀念可能讓小女孩飲食失調、交上壞男友，最後踏上吸毒的不歸路。

我最近看到一份研究指出，把豬肝、菠菜、花椰菜之類的「難吃」食物，和其他「對你好」、但難以說服孩子下嚥的食物，包在麥當勞的鮮明包裝中，孩子比較願意進食。我原本看了很震驚，後來……我靈機一動。

我不是利用麥當勞叔叔對小孩子的威力，來達到讓我女兒偶爾吃菠菜的短期正面目的，而是反向操作。利用麥當勞可怕又詭異的威力來做好事，而不是做壞事！

我打算把一些令人作嘔的東西，裹上誘人的巧克力外層，然後以麥當勞的包裝紙小心地

2 譯註：美國青少年偶像。

包好。放心，那不是什麼危險的東西，只是兩歲半的小孩看到會覺得「噁！」或反感至極的東西。也許是浸泡過醋的海綿、一綹頭髮、芭比娃娃的頭之類的。我會把這些東西放進小孩子熟悉的紙盒內，假裝遺忘在我女兒找得到的地方。我可能還會事先警告她，「如果妳看到和那個壞壞的麥當勞叔叔有關的東西……千萬別吃喔！」然後放著讓她自己去找，「爸爸很笨，買了一些巧克力……結果不見了……」我可能會自言自語讓她聽到，然後走進洗衣間。

及早接受和麥當勞叔叔有關的震撼教育，對她來說只有好處，沒有壞處。

11 我跳舞

I'M DANCING

我不想在酒吧裡吸毒，
不想在車裡狂歡，
不想讓富家女對我獻媚，
只想要一個我在乎的女孩，
不然我誰也不想要……

——強納生．瑞奇曼（Jonathan Richman），〈Someone I Care About〉

我在跳舞。

其實是在扭動，或很像在扭動。雖然在眾人面前跳舞，讓我想到就覺得很窘，不過這裡不止我一個。我周圍還有九或十個菲籍保母，他們照顧的孩子也搖著屁股，穿著褲襪，跟著音樂擺動。我的舞伴是個穿著粉紅色緊身衣和芭蕾舞短裙的兩歲女孩，我猜，現在殘留在我指甲下的紅色東西是培樂多黏土（Play-Doh）。

我很清楚這一點也不酷，這離男人的酷勁十萬八千里，但我一點也不在意，我老早就不在意了，反倒自我感覺良好。在這個新團體裡，有種沾沾自喜、自以為是的感覺。畢竟，在這美好的週二下午，在這群旋轉的保母和小蘇菲雅、小凡妮莎、小茱莉雅、小艾瑪、小伊莎貝爾之中，我是現場唯一的家長。

我女兒笑嘻嘻地在離我三呎的下方又跳又扭，她很高興我也在這裡。「沒錯，我愛妳的程度，的確比其他媽媽愛她們的孩子更多。這就是為什麼爸爸在這，她們卻不在。她們去做指甲、外遇、上彼拉提斯，或者去做壞家長會做的事了……寶貝，我是為妳而來的……掏心掏肺，我這輩子永遠不會為任何人做這種事，只為妳而做，我是個好爸爸，好棒的爸爸！」

等會兒，如果她很乖，我們會去吃冰淇淋，我會讓她顯眼地坐在我旁邊，穿著她的名牌連衣裙，面對大街，暗自希望路人會注意到她有多美、我們在一起有多可愛、我是個多棒的爸爸。我會握著她的小手，或把她舉在我肩上，一臉得意，飄飄然走回家。

我已經過了耍酷的年紀，或者，更明確地說，我已經不再想讓任何人覺得我可能散發出什麼酷勁。任何有責任感的父親都心知肚明，當你第一眼看到自己的第一個骨肉出世時，身上所剩無幾的酷勁早已散到九霄雲外。你一貼近他，看到寶貝的頭第一次轉過來看你時……你知道應該把珍愛的黑色摩托車皮衣直接扔進最近的垃圾桶，耳邊也響起時鐘的滴答聲，不知怎地，那些東西一點都不酷了。

作家諾曼．梅勒（Norman Mailer）提到，想耍酷的慾望是「鼓勵內心的變態，覺得安全很無聊，所以有病，想要探索危險，只活在龐然的當下，毫無過去或未來，也無記憶或打算。」

我這輩子大部分的時間，都在鼓勵我內心那個變態。事實上，這樣形容我過去的所作所為還太優雅了，不過我的確耗了很多時間在上面。

要酷的本質，基本上就是毫不在乎。

坦白講，我現在在乎得很，我在乎極了，其他一切都顯得相形失色。現在想要裝出不在乎，不管是言語上或是行為上，都是彌天大謊。以後不會再有任何Dead Boys樂團的T恤了，我是想騙誰啊？他們那種虛無主義的世界觀根本和我不一樣，要是史蒂夫・巴特斯（Stiv Bators）[1]還活著，他敢把髒手伸近我寶貝女兒，我當場就把他的脖子折斷，接著再用嬰兒濕紙巾徹底把現場清乾淨。

趕時髦沒什麼前途。

就像友人A・A・吉爾（A. A. Gill）說的，等你女兒到了某個年紀（例如五歲），她能想到最尷尬痛苦的事，就是看到老爸還想搞搖滾。你的唱片收藏可能永遠比你女兒的收藏還酷，但這些成就現在已經毫無意義了，她又不在乎，沒有人會在乎。如果你運氣好，或許你

1 譯註：The Dead Boys樂團的主唱。

死後多年，孫子會發現你收藏的《Fun House》唱片。但到時你老早就不在人世了，無法沉浸在過往酷炫的榮耀中。

「曾經很酷」根本一點也不酷。

我覺得年輕人不甩你酷不酷，都是正確、恰當的，太尊重長輩向來都不是什麼好事。我希望女兒愛我，但我不見得希望她跟我一樣喜歡愛爾蘭啤酒或大麻。

當你在《音樂背後》（Behind the Music）[2]之類的節目上，看到那些永遠很酷的人，他們的孩子總是顯得侷促不安、有點絕望，談著他們還在業界搖滾的老爸，彷彿他們很不情願看守這些頑劣的老頑童似的。孩子可能年紀還不夠大，不知道什麼叫酷；不過他們判斷什麼不酷的能力倒是挺準的。

沒有孩子真的想要很酷的父母。我自己還小時，所謂「很酷」的父母，是指讓孩子在家抽大麻，或者讓女兒的男友來家裡過夜的父母。照這定義來看，共和黨副總統候選人莎拉・裴琳（Sarah Palin）就滿酷的。但我記得，我們都覺得那樣的父母有點恐怖。有那樣的父母當然很方便，但他們覺得我們很有趣，究竟是哪裡有問題？他們難道沒朋友嗎？暗地裡，我們都討厭那樣的父母。

滿三十歲時，對我來說是個殘酷的意外，我根本沒想過會活那麼久。我對我那年代的格言一直深信不疑：「千萬別相信年過三十的人」、「早死快活」，所以當我發現自己竟然活那麼久時，真的很震驚。我竭盡所能地想要得到相反的結果，但我還是活到了三十歲，毫無備援計畫。餐飲業給我一種穩定感，因為總是有人期待我早上起床到某處上工，海洛因也讓我的日常勞動有了目的。我三十出頭時，大致上知道我每天該做什麼——取得海洛因。

至於我的第一次婚姻，我只能說，我在看葛斯．范桑（Gus Van Sant）執導的《追陽光的少年》（Drugstore Cowboy）[3]時，對劇中麥特．迪倫（Matt Dillon）飾演的鮑伯和凱莉．林區（Kelly Lynch）飾演的黛安之間的關係，感到特別的柔弱與感傷。這讓人想起，即使是最糟的時候，也可能是快樂時光，直到再也快樂不起來為止。

到了坐三望四的年紀，我發現自己還在瞎混，感到失望、困惑，甚至覺得自己很失敗。我記得當時心想：「我現在該怎麼辦？」一戒了海洛因和美沙酮，最後，終於我也戒了糾纏大半輩子的古柯鹼。我這樣自我勒戒，得到了什麼？不是應該感覺良好嗎？要說戒毒真的帶給我什麼，那不過是指出我生命中的空虛和不滿罷了，過去二十五年的大多數時候，我設法以各種藥物填補了那空洞。

到了四十四歲，在我寫了《廚房機密檔案》不久後，我發現自己突然有了全新的人生。上一分鐘，我還站在煎鍋邊炒著青椒牛肉；下一分鐘，我坐在沙丘上，看著夕陽沒入撒哈拉

2 譯註：介紹一些歌手與樂團的成名經過。
3 譯註：鮑伯是一幫毒販的老大，帶著女友與另一對副手，靠著販賣自藥房與醫院竊取而來的藥物為生。後來他想通這其實是一場不會贏的遊戲，決定戒毒，卻引起小毒販的不滿，而被毆打成重傷。

沙漠。我在柬埔寨的馬德望（Battambang）橫跨路障，在暹粒（Siem Reap）讓小腳踩在我背上按摩，我還到頂級的El Bulli餐廳用餐。

在我第一次婚姻破裂前不久，我在公寓裡展開大工程：裝上新書架、家具、地毯、電器等等——所有「正常」和「幸福」人生的裝飾——我從小就沒有真正擁有或用過這些東西。我也在那時候寫了一部偵探小說，書中的主角渴望過著寫意的生活，那種渴望比我寫過的任何非小說，更真實地反映我內心的寫照。不久之後，我就卯起來摧毀了之前的人生。

後來經過了一段……重新調適。

我還記得我決定我想要——我將來要——當爸爸的那個確切時點。

想要一個孩子很簡單，我一直很懷念以前我爸把我放在肩上，帶著我從澤西海岸（Jersey Shore）走入海浪中的情況（即使是在惡劣的日子裡，那還是很令人懷念），他說：「大浪來了！」我還記得當時五歲的我又怕又樂地尖叫，希望將來也可以和孩子這樣玩，看孩子的臉龐出現那樣的表情。但我也知道，我是那種不該、也不能當老爸的人。孩子雖然喜歡我（例如我的姪女和姪子），不過要讓孩子喜歡你很簡單，尤其你又喜歡縱容孩子時更是容易。

我生活的環境從來不適合養孩子，我也從來不覺得自己的身體夠健康。我偶爾會想想為人父親是什麼樣子，看著鏡中的自己，心想：「那傢伙可能想要孩子，但他根本不夠格。」

而且，我這輩子大多數的時間都太自以為是，對任何人都沒什麼幫助，這點在《廚房機密檔案》出版後又變得更糟了。

我不確定那改變是什麼時候出現的，但我猜，那發生在我犯了各種錯誤，用各種可能搞砸人生的方式把自己搞得一塌糊塗、意識到自己已經吸夠了古柯鹼，再多古柯鹼都無法讓我更快樂，抹上油的光溜溜名模或任何跑車送上門，都無法改善我的人生以後——在這一切之後的某個時點。

確切的頓悟時點，是發生在我那狹小的四樓無電梯的公寓裡，那公寓位於第九大道，樓下是Manganaro's Heroboy餐廳，隔壁是Esposito豬肉店，我和當時的女友躺在床上（我想比較婉轉的說法是，我們在「親熱中」），那時我心想：「我可以跟這女人生個孩子，我想和這女人生個孩子。媽的，我不僅很樂意和這女人生個孩子，我想……我很確定……我真的可以做得很好。」

我們討論了這件事，歐塔維雅（那是她的名字）也覺得這主意不錯，不過她對於我迅速播種這件事並沒有那麼樂觀。

「寶貝，」她帶著迷人的義大利腔、以忙碌的餐廳經理慣有的音調和口吻對我說，「你老了，精子掛了。」

我們覺得這會是一個長期行動，決定下次我出完外景回來後馬上進行。那次外景是去貝魯特。

關於貝魯特那集，我在其他地方[4]寫過了，長話短說就是：攝影團隊和我剛好碰上當地開戰，我們整整一週躲在旅館內，看著與聽著外頭的轟炸，從地板的震動感受到轟炸的慘烈。經過一番動盪後，美國海軍和陸戰隊以登陸艇幫我們從海灘撤離當地，先載我們到地中海上的貨輪，然後到賽普勒斯。

我們的電視公司很大方地派出私人飛機，把我和攝影團隊從當地接回家，我們以前都沒搭過私人飛機，在飛機上睡飽、玩牌，享用空服員準備的煎蛋；最後在一個灰濛濛的雨天早上，飛抵紐澤西州的蒂特波羅（Teterboro）機場，我們走過停機坪，到一個小型的私人航站，電視公司的總裁派特・楊（Pat Younge）和歐塔維雅，以及攝影團隊的太太和家人都到場迎接我們。那是個相當感人的返鄉場面，每個人都相擁而泣。

我帶著歐塔維雅回我那寒酸的公寓，做了一個孩子，我想，沒有什麼比那八天的恐懼和絕望更能夠集中信念了。幾週後，我們搭車從洛杉磯機場前往洛杉磯市區，我正要去《頂尖主廚大對決》當評審，這時我們接到歐塔維雅的醫生打來的電話。我也拍了一些照片，坐在馬蒙堡飯店（Chateau Marmont）的床上，手裡拿著五個牌子的驗孕棒——五個都顯示已懷孕——我一臉傻笑。怪的是，我一點也不感到恐懼，那時或後來也完全沒有猶豫過，腦中從來沒閃過「這下會變成怎樣？」的想法。

我在拉梅茲課程上可是明星學員呢！萬一妳在超市裡，羊水破了，我又在附近？沒關係，有我在！我知道該怎麼做。

我回顧過去荒誕不羈的歲月，沒有多大的遺憾。結婚生子的責任的確需要做某些行為上的調整，不過這個時間點對我來說再好不過了。這時路上愈來愈熱鬧，連沒幾個人認得的同業也開始走紅，我發現自己走在路上逐漸受到關注。Twitter的邪惡，以及美食與名廚相關網站和部落格的崛起，完全改變了有電視節目的人，我也不例外。這年頭你不需要很有名，你的模糊照片也可能登上專放名人醜態的網站。你不希望女兒的同學在網路上看到她老爸，凌晨兩點在一家廚師愛去的酒吧裡說醉話，和衣不蔽體的粗壯雞尾酒女侍一起拍露肚照。在路人可用手機輕易偷拍到你腋下夾著《威龍闖天肛2》（Anal Rampage 2）和《辣媽剋星》（Milf Busters）雜誌溜出色情書刊店，即時貼上網路的年代，或許這正好是收起皮衣、改穿棉質衣物的最好時機。[4]

有句俗話是這麼說的：「沒人愛髒老頭或白淨小子。」偏偏我小時候就是太過乾淨，因為我家有潔癖。現在我應該努力避免自己變成髒老頭，以彌補過去那幾年的損失。即使我沒當老爸，這轉變的時間點對我來說還是剛剛好。

現在小女孩變成了一切重心，我很清楚她的渺小（我怎麼可能沒注意到），現在還是一張白紙，她的大腦表面依舊柔軟平順，等著接收每個聲音、錯誤、意外時刻所烙印的印象。她又是女孩子，需要我特別用心。老爸可能這輩子有很多時候都是豬，但老爸的確不想再看

4 譯註：見《波登不設限》一書。

起來像豬了，這點很重要。身為家中兩男中的長子，我甚至無法想像，小女孩看到老爸對另一個女性眉來眼去時是什麼感覺。這個小孩很快就會長大成亭亭玉立的少女，這是我每天都在思考的事。

我想，我會先溺愛這個孩子一段時間，等她四歲就馬上送她去學跆拳道。萬一她上小學二年級的第一天，座位後方的小提米拉她的頭髮，她可以讓他的胸部馬上吃一記肘擊。我的小女兒可能長大後會有很多問題：嬌生慣養；對世界有不切實際的期待；或許還有點文化認同的混亂（幼年太常走訪各地的結果）；從她接觸的食物看來，她肯定嘴巴會很挑；她十六歲時，老爸已經年老，可能還體弱。不過，她不會有任何自尊低落的問題。

至少，她不需要找混帳傢伙來肯定自己，她可以（也肯定會）和很多混帳混在一起，我相信這是所有老爸都無法掌控的。我只希望她和那些混帳混在一起時有她的理由，她是真的覺得那些混帳很有趣，而不是因為需要他們來讓自我感覺更良好。

希望如此。

美國總統甘迺迪講過一句很可怕的話，保證會讓每個家長聽了為之冷感：「生個孩子有如綁架命運。」

我實在很希望我沒看過那句話，我只希望她快樂，即使是又怪又快樂，我也覺得沒關係。她會覺得受到關愛，享有食物和庇護，擁有一個融合義大利和薩丁尼亞島的大家族，還有一個比較小的美國家族。她六歲時，會看過世界上大部分的地方，也會看到這世上不是每個人都過得像她一樣。希望她有時間和越南鄉下漁民或農民的孩子赤著腳玩耍和奔跑，在每個大洋中游過泳，知道如何使用筷子，什麼是真正的乳酪。她現在會講的義大利文已經比我多了。

除此之外，我不知道我還能做什麼。

12 「去問華特斯」
"GO ASK ALICE"

對他來說，市場就像零售階級的胃，一般人的胃，膨脹，歡樂，在陽光下閃閃發亮，宣稱一切都是最好的。

——艾米爾．左拉（Emile Zola），《巴黎之胃》（Le Ventre de Paris）

愛莉絲．華特斯（Alice Waters）想幫忙。歐巴馬當選美國總統後不久，這位「慢食之母」就上書給新總統，建議他首要之務：「歐巴馬運動的純淨與健全，必須搭配食物方面的努力，在美國最顯眼、最具象徵意義的地方——白宮——同時落實。」

她提醒總統，她們之前幫他籌募了競選經費，提議總統馬上任命她和她的朋友（《美食》雜誌的編輯露絲．雷克爾〔Ruth Reichl〕和餐廳業者丹尼．梅爾〔Danny Meyer〕），「共組『諮詢小組』——可說是『御廚內閣』——幫忙挑選白宮御廚，挑一位正直，致力於環保、健康與保育理想的人選……」

華特斯女士似乎沒想到，白宮本來就有一個正直與致力投入的御廚，也沒想到這位御廚已經採購與提供有機、在地、永續的食材多年，或是白宮本來就有菜園。華特斯在觀察（或至少聽聞）白宮的前任入住者時，犯了從客人判斷廚房人員的錯誤，難怪會做出最壞的打算。不過，我懷疑她真有認真地想過，或許她連上Google粗略地搜尋都沒做。

不過，最終而言，一如既往，反正就是華特斯說了算。

「我忘不了我從一九九三年就懷抱的夢想。」她熱情地說，「那時我就希望白宮的草坪上有個美麗的菜園，向全國和全世界展現我們對善待土地的重視——一個真正的家庭菜園[1]！」

結果她如願有了一個菜園，不過歐巴馬還是忍住，沒任命她擔負任何公職。

華特斯的做法顯然混合了自身利益和真正的善意，雖然手法拙劣，不過要是她在過去四十四年能出門投票，或許她的理念比較能讓人接受。不管你的政治立場是什麼，你不得不承認布希和高爾[2]以及布希和凱瑞[3]，在理念和實務上都差異很大。那兩次總統大選都是競爭激烈的選戰，不管你選哪一邊，你的選票都有相當的左右權。選民只需要看報紙的頭版，就可以知道你選誰會出現什麼結果，以及後續幾年會有什麼影響。所以華特斯或任何人主張

---

1 譯註：victory garden，戰爭或糧食短缺期間，為了增加糧食供應而種植的菜園。
2 譯註：二〇〇〇年美國總統大選。
3 譯註：二〇〇〇年美國總統大選。

「各位，不會有什麼差別，反正一樣都是軍事工業複合體[4]。」實在毫無道理。坦白講，我對這點很不以為然，我無法接受。華特斯的主張就是讓我無法認同。

華特斯自誇她從一九六六年以後就再也沒投票了，現在卻反過來建議總統該怎麼做……這似乎有點魯莽。更何況歐巴馬入主白宮時，正好面臨全球金融體系的崩解，失業率節節攀升，還有兩場戰爭（兩場的狀況都不太妙）。美國失業人數屢創新高，偏偏這時華特斯還跳出來主張，我們應該花更多錢在食物上。

不過，話又說回來，語氣和時機向來不是華特斯在意的重點。

總的來說，我也希望這世界有一天可以像華特斯想要的那樣，有一個（或數個）山丘之城，周邊圍繞著綿延不盡的鄉野美景。家族經營的小型農場蓬勃發展，種植適合當地生長的有機、季節性、永續的蔬果。健康、快樂、無抗生素的動物自由地啃食牧草，把牠們完全無味又有機的排泄物送回食物鏈中，讓其他美好的東西可以繼續成長……都心低收入區裡的學童每天都可以吃到由快樂、實現自我又開朗的員工所烹煮的健康、均衡、有機午餐。邪惡的律師、股票經紀人、布魯克海默[5]製作公司的開發副總裁等都會離開他們的本行，大舉返回這個新的農業仙境耕種，在過程中改邪歸正。

在這個新的啟蒙時代，速食的黑暗勢力將會萎縮滅亡，因為低收入的勞動者都會放棄速食，在工作的空檔趕回家為孩子煮野生蕁麻燉飯，那些食物都很乾淨、安全，沒有人會受傷，一切看起來……有點像柏克萊[6]一樣。

或是像義大利，但是請注意，不是真的義大利，而是葡萄酒界的義大利，浪漫週末喜劇裡的義大利，裡面有風流年輕的雜工尬上寂寞難耐的失婚婦女，男的脖子綁著領巾，講話帶著迷人的腔調。或是影集《我愛露西》裡的義大利，裡面有義大利的農民親自採收和踩踏葡萄酒。

不過如果你去過真正的義大利，就會發現義大利人已經不太自己採收葡萄了，更不會自己踩踏葡萄。他們也不採收番茄或橄欖，不幫羊隻剪毛。他們的番茄和橄欖大多是非洲和東歐人採收的，這些外勞是季節性的雇傭，工資低廉，一年的其他時節常淪為義大利人抱怨與嫌棄的對象。（倒是淡季時這些外勞賣淫就沒人抱怨了，現在連最小的義大利社群郊外，都可輕易看到這類賣淫的女子。）義大利大肆吹噓的土地，就像廣告中所說的那樣，視你是誰及住在哪裡而定。如果你住在那不勒斯附近，很可能你的耕地是北方有毒工業廢料的傾倒場。在這裡，真正的土地守護者不是廚師，不是老祖母，也不是慢食推動者，而是那布勒斯當地的黑手黨組織「卡莫拉」（Camorra）。在奇安地（Chianti）的自家後院栽種橄欖的老

4　譯註：指一國的軍隊、私有產業因相關的政經利益而緊密結合，形成共生關係。
5　譯註：Bruckheimer Productions，好萊塢有史以來營收最高的王牌製作人。
6　譯註：華特斯餐廳的所在地。

人，可能也不是靠賣橄欖油為生，而是把房子租給德國人收取租金。

所以，誰會負責耕種華特斯所想像的樂土呢？肯定不是她的鄰居，那些鄰居的平均年收入目前約八萬五千美元，除非拿槍頂著他們的頭才有可能。況且，華特斯很愛用「純淨」和「有益身心」之類的流行語，感覺有幾分軍事壓迫的意味，不是嗎？那是種確定，也具有缺乏自我懷疑的危險，那種說話方式在歷史上常導致大家為了「共同利益」而採取行動。或許我把華特斯比喻成「穿夏威夷長衫的波布」[7]有點誇大，不過波布曾信奉佛教，後來就讀法國的索邦大學，即使在他那扭曲的大屠殺行動裡（「回歸大地」運動），他可能一度也是出於善意。

誰會耕種這些土地？

真的，應該有人盡快回答這個問題。

如果，我們設法打敗孟山都[8]之類的邪惡農業企業，釋出龐大的可耕地，做小規模的季節性、永續農耕，這些農工要從哪裡來？在我看來，我們面臨兩種情境：要不是有許多從來沒做過農務的人，突然間想要清晨五點起床餵雞，接著整天耕田；就是另一種比較可能的情境：回歸傳統方法，從海外引進大量赤貧的外勞，來為生活舒適的白人栽種美味、青脆的蔬菜。所以，雖然未來的動物可能不會再受到虐待（讓有錢吃得起這些動物的人覺得比較心安），但對那些必須在牲畜棚內清除糞便的人來說，他們的生活又是如何呢？

好吧，假設，整個美國的經濟突然以不可預知的美好方式扭轉過來，美國人突然變得很愛吃新鮮蔬菜，就像現在熱愛炸雞那般狂熱；孟山都、嘉吉、康尼格拉（Con-Agra）、泰森（Tyson）、史密斯菲德（Smithfield）等大企業的董事和管理高層，都因為刑事行為而遭到起訴、定罪、入獄服刑（順道一提，這是我非常想看的情境）。對懷抱理想主義的美國新生代來說，農耕突然變成一種職業選擇，很棒啊，我知道我也很贊成這種情況。

我不諱言我是個偽君子，我只餵兩歲半的女兒吃有機食品。我太太是義大利人，我們家都很樂意等到明年再吃當季的新鮮番茄。我們喜歡季節的變化，以及周遭哈德遜河谷的豐饒物資。當然還有西班牙和義大利的豐饒物資，那些在我們住家附近（紐約上東區）美妙卻貴得要死的Agata & Valentina義大利超市裡，就可以輕鬆地取得。打著名廚的頭銜開節目，薪水還算不錯。

但密西根州的上半島（Upper Peninsula）或底特律的邊緣地帶又是如何呢？如果我是失業的汽車工人，靠著失業救助或打零工維生，那會是什麼情況？至少我有時間開個家庭菜園吧？如果我不是住在灣區，田裡淹滿科羅拉多河分流水域的水，華特斯會建議我怎麼做？

沒問題！

「你必須思考不同類型的菜單。」華特斯會這麼說，「你可以吃乾果和堅果，以罐裝番

7 譯註：柬埔寨共黨的殺人魔頭。

8 譯註：Monsanto，基因改造農業的領導者。

茄製作義大利麵醬……吃不同的穀物——雙穗小麥搭配根莖類蔬菜。所有的根莖類蔬菜，再加上傳統蔬菜，你就有豐富的冬季食材……各種顏色和形狀的蘿蔔！胡蘿蔔有白的、紅的、橙的、粉紅的！需要長時間才能煮熟的肉類有多種不同的料理方式……還有白菜！」

基本上，她的說法就是你可以吃得像他媽的俄國農民一樣。我不確定住在密西根州上半島或水牛城的人會想聽到這些話。

還有……華特斯說我們應該採買健康、純淨、健全、有機的食品。那我該怎麼做，尤其我又有小孩？假設我的收入普通，和警務人員或中階管理者差不多，一般牛奶一加侖約四美元，有機牛奶的價格約是這價格的兩倍。超市的葡萄約四美元一串，有機葡萄則要價六美元。更重要的是，如果我是廣大的低收入勞動者，在服務業裡勉強度日，我該怎麼做？我要怎麼做才能買得起那些東西？

有人直接問華特斯這個問題時，她輕鬆地建議：「只要不用手機，或不買第三雙Nike球鞋就能做到了。」

這樣一講，就講到大家的痛處，我覺得也算是一針見血。你也知道，那些窮人，總是穿著Nike球鞋、拿著手機，他們要是乖乖聽華特斯的建議，她肯定能帶領他們到應許之地。

我們還應該做什麼？華特斯說，我們應該馬上動用二百七十億美元，以確保美國的每位學童都能吃到健康、有機的營養午餐。最近，她除了提議這個數字以外，還說每個飯廳的桌上都放鮮花也是不錯的點子。

畢竟，這「比街頭犯罪還重要，這不是我們平常說的國安議題，這其實就是終極的國家安全，比其他任何事情還重要。」

華特斯講到這裡，我就真的不懂了。因為對我這個紐約人來說，不管國家安全的概念有多奇怪，那依舊是指如何避免自殺型的殺人魔開飛機衝撞我們的建築。對你來講，有機的營養午餐可能比柏克萊街頭的犯罪還重要，但是在經費不足的西巴爾的摩（West Baltimore）學校體系裡，我猜他們不是這樣想的。有健康的營養午餐當然很好，但如果小提米在上學途中就被槍殺了，那有什麼用啊。事實上，對提米來說，二百七十億美元的有機食品似乎一點也不重要，因為我們連教會他閱讀都做不好。一個營養好的孩子，如果連清楚表達夢想的工具都沒有，他還能實現怎樣的夢想？如果他不知道如何要求（更別說是取得）他想要及需要的東西，他如何為自己打造一個世界？如果提米可以獲得還算均衡的新鮮肉品，不需要有機，配上冷凍花椰菜，再加上閱讀能力及未來的機會，我就覺得很滿意了。一旦識字，博覽群書，擁有在這世上自食其力的工具，他更有可能吃得起Chez Panisse餐廳[9]。

我在撰寫本書之際，離柏克萊不遠之處、就在過了橋的舊金山米慎區（Mission District），大家每週二在大力水手炸雞店（Popeye's Fried Chicken）外排隊買一．九九美元的特餐，他們在街上排四十五分鐘到一個小時，不是因為這裡的雞肉特別健康，或者是有機

9 譯註：華特斯在柏克萊開的餐廳。

雞肉，或這是人道養殖的雞肉，或甚至是優良雞肉。他們之所以排隊，只因為三大塊炸雞只要一．九九美元。華特斯，除非我們正視那樣的現實狀況，否則我們根本沒搞清楚狀況。

我記得很清楚，我十一、十二歲時，大家在反越戰，父親和我會去華府參加活動，後來朋友和我也在紐約參加遊行。那些經驗在我內心留下了一個強烈的印象，這教訓值得我謹記在心：建築工人、警察和消防員有多痛恨我們，他們的家庭才是最有可能受到戰爭影響的人。我們想要傳達的訊息都消失了，在他們的眼中，我們只是一群吃飽太閒的好命大學生，有家長幫忙付大學的學費，他們沒有能力給孩子那樣的教育。在他們的眼裡，我們是大聲嚷嚷、自以為是的理論家，看起來和他們那個世界的人完全不一樣，生活也不一樣，卻常抓住機會，從哥倫比亞大學的階梯上數落他們「勞動階級」的問題。我們數落的這些「勞動階級」，他們每晚上床就寢和隔天起床時，都知道什麼是工作。反倒是這些看似沒工作、披頭散髮、抽大麻的怪胎，帶著他們百依百順的女友大談生產方式，他們究竟是誰？什麼鬼生產？這些混帳根本不事生產！

原本好端端的訊息，就因為傳訊者的問題，而在過程中消失了。

同理，請華特斯為你的論點背書，就好像叫亞歷．鮑德溫或芭芭拉．史翠珊為你的候選人站台一樣（我太了解那種感覺了）。你可能認同他們所講的一切，但是你希望他們趕快閉嘴。當一個對共和黨不抱希望的獨立選民在經濟上捉襟見肘時，他怎麼可能會想聽某個住在好萊塢豪宅裡、不知民間疾苦的有錢「藝人」告訴他，該做什麼或該投票給誰。

華特斯最近上《六十分鐘》節目，可說是反效宣傳的最佳例子。懶得要命又容易上當的主持人萊斯利．斯塔爾（Leslie Stahl）以「慢食之母」來稱呼華特斯（只要上Google搜尋三十秒，就可以證明這稱呼的虛假）。節目中把這位來自柏克萊的聖人華特斯，描述得猶如飄浮在世俗的塵務上，穿過高級的蔬果市場，侃侃而談享用在地農產品以及支持永續與良心飲食的喜樂。

接著，她決定在她的柏克萊住家，利用木材生起的熊熊大火，為萊斯利煮一顆蛋。我不知道各位是怎麼想的，但是在我看來，為了煮一顆他媽的蛋而燒幾根木材，一點也不環保。我相信柏克萊那一帶對燒柴的限制應該特別嚴格才對。我知道我在曼哈頓，要是沒準備特別昂貴的隔板、觸媒轉化器、過濾器、排氣裝置，以及拿到安裝這些用具的許可，我沒辦法這樣烹煮東西。柏克萊當地對這種事情更是敏感，因為全世界有一半的碳排放量據說就是來自林火。如果華特斯每天早上都是這樣煮雞蛋，搭配麥片和鮮榨柳橙汁，她的鄰居就像在吸一包二手煙的量一樣。

那節目後來把鏡頭轉往Chez Panisse餐廳，華特斯繼續盲目地推崇「在地」農產品，沾沾自喜地提到從「千野農場」送來的蔬菜色彩相當繽紛。這裡，她的論點有點自打嘴巴，因為我上次查過，千野農場是在聖地牙哥，要開近十二小時的車才能到Chez Panisse，空運也要一小時左右，那是有多「在地」多「環保」？

不過，話又說回來，這都是意料中事。華特斯認可的東西和你認可的東西本來就不一樣，那的確是《六十分鐘》的觀眾不會錯過的訊息（除了萊斯利以外）。

我們再來看華特斯在華盛頓特區，為了慶祝歐巴馬當選所舉辦的連串晚宴。媒體宣稱那是宣揚其永續發展、在地飲食價值觀的「小型」活動典範。結果那活動迅速演變成一盤五百美元的胡搞派對。雖然華府特區原本就有許多優秀的廚師，華特斯還請名廚和他們的工作夥伴飛到華府，他們需要的許多食材想必也從全國各地運送到當地。永遠不會有人知道，把這些外來客送到現場（這意味著，外來客顯然比當地的鄉巴佬優秀），在大氣裡釋放了多少碳氫化合物。不過大家想也知道，要在當地直接找廚師並不是什麼難事。

接下來我要講的，或許大家會覺得不公平及吹毛求疵，但是我實在忍不住想講某次華特斯和名廚柯里奇歐及食譜作家瓊恩．納森（Joan Nathan）一起做菜時發生的一件異事。納森吃了一口食物後突然嗆到，華特斯的反應是立刻衝出飯廳詢問：「誰會哈姆立克急救法？」Chez Panisse從一九七一年就開業了，是美國歷史最悠久的餐廳之一，就我所知，華特斯的頭銜是「行政總廚」，那意味著你應該有不少時間，接觸每個專業廚房裡隨處可見的「哽塞症狀圖」；並且依法規定，廚房裡一定要有。美國每一位主廚的腦海中，都深深地烙印著那張圖，華特斯除外。

柯里奇歐是電視節目的常客，他當然知道該怎麼做，他一個箭步上前，把拳頭放在恰當的地方，移出阻塞物，救了納森女士一命。

這不禁讓人想問：華特斯算是主廚嗎？以主廚這個詞的傳統定義來看，她當過主廚嗎？

我讀了所有與華特斯有關的職業生涯，以及Chez Panisse歷史的正式與非正式敘述後，完全找不到任何資料可以證明她當過主廚。然而，年復一年，很多明知實情的人還是以崇拜的口吻這樣稱呼她。

如果她不是主廚……那麼，她是什麼？為什麼她可以讓我覺得不勝其擾？為什麼我要聽她的？為什麼我要在乎？

又來了，那個小小的悅耳聲音在我腦中再度響起，它告訴我：「華特斯是對的。」

華特斯……說什麼……都是對的……

好吧，同樣的聲音也曾迫使我一再去演奏廳，在瀰漫著劣質墨西哥大麻味的空氣裡，一坐就是好幾個小時，欣賞熱鮪魚合唱團（Hot Tuna）的表演。事實上，如果那聲音聽起來像某個人，應該是大衛．克羅斯比（David Crosby）唱〈Almost Cut My Hair〉的聲音（我在某個祕密地點聽那首歌，還是會不禁感傷起來）。那個聲音持續地告訴我：「老兄，去他媽的現實，擁抱夢想，展現你最真實的一面……」

正因為有反主流的文化，有「革命」，所以六〇年代的希望和夢想都是腐敗的，最後都在「體制」的壓倒性重量與難以滲透下幻滅，就像我們早該知道的結局那樣。但這並不意味著就沒有美好之事存在——至少在某些時候——對吧？總有什麼因為那一切革命而變得更好吧？我現在無法想出確切的什麼東西變好了，但我肯定，儘管有那麼多胡扯和自我放縱、儘管後來的結局是那樣，這世界在某方面還是改善了。

迷幻藥肯定讓我的意識提高了一些，它無疑是讓我從永遠不會想到的角度來思考世界。第一次聽〈Purple Haze〉、〈Court of the Crimson King〉[10]的開頭幾個小節，我很確定我得到了一點啟蒙。那些音樂和一些唱片是我從六〇年代得到的東西。所以，或許以迷幻藥來比喻華特斯很貼切，我現在可能不需要，但是我樂見她的存在，或許嘗試一下她的主張也會讓我稍微好一點也說不定。

我在腦中常和華特斯爭辯，那是一種持續的對話／爭論，每次都是她獲勝，就像在現實生活中一樣。不久前，我和她參加一場小組座談，我為此做了萬全的準備，重讀她的傳記、查閱當代的報導、追蹤她說過的每句蠢話，做足了重點摘要，打算和她一決高下。

但是，她來了，一個慈祥和藹的老太太，抱著滿手的農產品，表情一派祥和……她飄然地穿過房間，用雙手緊緊握住我的手，綻放出熱情的微笑，當下我就知道我沒辦法對她下手。

或許華特斯的夢想才是重點所在，或許那夢想是否能領導我們跨出目前的狀態、達到任何境界，或甚至最終到達不好的境界，那都不重要，都難以否定她原始想法的美好。

所以，或許最大的贏家，最後能從華特斯的彩虹下挖到黃金的人，其實是有五十多個結帳櫃檯及不計代價偽善至極的天食超市（Whole Foods）。結局總是壞人勝出，不是嗎？她當初不可能料到結果會是如此。

如果我用這種方式來看華特斯，就比較沒那麼痛苦了。

現在誰在乎Chez Panisse有多棒？或華特斯是否曾符合傳統定義的「主廚」？回顧柏克萊那個黃金年代，究竟是誰掀起那場革命或多大規模，其實並不重要。創造出如今我們所知的加州美食、新美國美食或季節區域美食（Seasonal Regional）、從此永遠改變我們的菜單和用餐習慣的天才，究竟是華特斯、耶利米．托爾（Jeremiah Tower）[11]，還是幾年後的喬．包恩（Joe Baum），那都不．重．要。

我們確實知道的是，不管發生什麼事，那些事情都發生了，的確流行了起來，最後還蔓延到華特斯的餐廳之外。她創造了一個空間，讓真正重要的東西聚在一起，拉進一些非常有才華、創意的人才。那些人在其他情況下，可能不會那樣大費周章地群聚一堂。她的地盤是孕育革命的搖籃，從整體趨勢發展來看，這點無庸置疑。

另一點可以確定的是，當時很少有人像華特斯那樣了解法國食物，以及法國食物之於我們的意義，她以美國人從未想過的方式運用那股熱情。在那夢想剛萌芽、Chez Panisse剛開張時，那裡是民主、包容、異常、可敬、無利可圖的。換成有生意頭腦的人來做華特斯以前所做的事情，是做不起來的，那肯定是非常難能可貴的事。

10 譯註：迷幻搖滾名曲。
11 譯註：一般認為他和華特斯都算是加州菜的始祖，曾任Chez Panisse主廚，後來和華特斯不合而另起爐灶。

華特斯認為我們吃的東西很重要，我也這麼認為。她覺得那是全世界最重要的事情，但我不覺得。不過我很肯定，我們都為了該吃什麼，在生活中做出重要的決定，因此獲得和失去朋友。

華特斯認為農民應該賺更多錢，栽種好吃又對我們有益的東西，這點誰能反駁？我喜歡農場，但我不喜歡在農場工作，我也懷疑華特斯會喜歡在農場工作，所以我們這方面算是有共通點。

她認為，我們應該要知道自家後院有什麼好東西，並多吃、多種那些東西，以給予支持，我也認同這點，只不過我家沒有後院。

令人驚訝的是，她一向是肉食者，她對鵝肝的立場無庸置疑。數十年來，她在柏克萊積極主張以動物肉作為食物，而不像衛道人士一樣，彷彿動物哪天也該有投票權似的。[12]就這方面來說，完全與外在的現實狀況脫節，反而對她來說是件好事。

事實上，華特斯的偽善掩蓋了她真正的美德，因為她最棒的地方在於她是感官主義者。當你看到華特斯積極主張你該吃在地的食物，她自己卻吃著北海道的海膽或加斯康尼的鵝肝時，至少你知道她是真的懂得享用美味。在戶外生火為萊斯利煮一顆剛產下的有機蛋，可能看起來有點愚蠢不當，也不利於她的主張，但我相信那顆蛋嚐起來肯定美味極了！

華特斯之所以會那麼引人注目，是因為她追逐樂趣的熱情充滿吸引力。她讓慾望、貪婪、飢渴、自我滿足、戀物都顯得美好。當她讓你看一堆蘿蔔時，你還真想把那些蘿蔔都占為己有。我怎麼都沒見過那麼棒的蘿蔔？我需要那樣的蘿蔔！

誰在乎她懂不懂哈姆立克急救法？甘地懂哈姆立克急救法嗎？波諾[13]懂嗎？

我翻閱近期的一本傳記時，看到一件大家常指控的事：華特斯把別人的成果當成自己的功勞，而打造出一番事業。

關於這點，我實在很想反問：哪個廚師不是多多少少如此？一個瘋狂嬉皮的小妞，怎麼可能真的一手在美食界打造出如此重要的年代？況且，有那麼多男性廚師還不是踩著下屬與同業的頭往上爬，也沒人找過碴。這問題一直都在，我猜也伴隨著一些敵意，因為華特斯不僅生存下來，還蓬勃發展；但當年很多和她一樣的嬉皮同業都已經銷聲匿跡。她有膽識，讓她最後終於獲利，了解或至少接受那夢想不能在公社中成長，更別說是生存了。

如果你還在找「這整件事情背後的真正天才」，例如檢視Chez Panisse的老菜單、比較托爾前及托爾後的菜單，那就像在檢查甘迺迪遇刺地點的模糊照片一樣。有人主張甘迺迪遇刺事件中還有第二個殺手，[14]但是花太多時間去查那些東西，最後只會完全錯失重點。

華特斯仍在美食界活躍，托爾已經退場。

12 譯註：第九章提過「PETA不希望受迫的動物被殘酷地關在擁擠的籠子裡，身陷在自己的糞便之中，因為他們不希望任何動物死亡，或基本上覺得假以時日，雞也應該要有投票權之類的。」

13 譯註：Bono，愛爾蘭搖滾樂團U2的主唱，擅用歌詞表達對政治、時局、社會的看法。

14 譯註：當時大家認為「很可能」有第二個殺手，躲在廣場西北邊的碧丘（grassy knoll）對總統開槍，但沒射中。

華特斯可能永遠會以「慢食之母」的稱號廣為眾人所知，托爾則是讓自己變成歷史上無足輕重的註腳。

所謂「勝者為王」，歷史永遠都是由贏家寫的。

13 英雄與壞蛋 HEROES AND VILLAINS

名廚弗格斯・亨德森（Fergus Henderson）是英雄。

以英雄傳統來看，他應該很怕聽到這種話。原因之一，他是英國人，對於所有恭維都覺得很不好意思。他的 St. John 餐廳也一樣低調，純樸的白色空間，由燻肉室改建而成，幾個志同道合的英國人可以在那裡吃到傳統的英國料理，享用法國的葡萄酒。他的著作《從頭吃到尾》（Nose to Tail Eating，美國書名是《*The Whole Beast*》）集結了食譜和相關的烹飪想法，我很確定他對那本書的期待更是有限。

不過，《從頭吃到尾》已經被列為經典食譜，是收藏家的珍藏，更是世界各地想獲得同業信賴的廚師所必備的寶典，愈來愈多「內臟幫」[1]把它當成聖經，那也是改變美食界發展（動作雖慢，但仍持續進行）的第一槍。St. John 餐廳是一家樸實無華的白色餐廳，供應幾乎毫無裝飾的英國鄉村料理，持續大受好評（有時甚至有點誇張）；經常被評選為「全球最佳

1 譯註：指愛吃內臟者。

餐廳之一」，超越一些理論上更值得獲得該項殊榮的頂級美食殿堂。我相信亨德森還因為曾服務英國王室而獲得女王嘉許。你想想，對一個當過建築師，中途轉業改煮下酒菜，不久後專做老祖母拿手鄉村料理的人來說，這一切是不是很誇張。

不過，他的確是英雄，我把他視為英雄是有據可查的。自從我第一次在St. John用餐，吃完跪在廚房裡，語無倫次但衷心地大喊「你太神了」一類的話之後（那晚亨德森甚至不在現場），每次一有機會，我都會厚著臉皮大肆幫他宣傳沾光。對於亨德森的一切，我都無條件支持、跟隨、擁護，我是真正的信徒。

我認為，亨德森以一種其他廚師少有的方式，為整體社會帶來正面效益。因為他的影響力遍及從未去過St. John餐廳、沒吃過他的料理、沒讀過他的書，甚至完全不知道亨德森是何許人也的人們。他在不知不覺中，允許世世代代的廚師順著自己的理想做菜，那是幾年前大家無法想像的境界。他就只是做他想做的料理，卻因為他的率先嘗試，而激勵他人把原本沒想過的食材也列入菜單中。在口耳相傳下，想法和菜單逐漸改變，甚至沒人知道這一切是從哪裡開始的。

巴塔利、克里斯．卡森提諾（Chris Cosentino）、馬丁．皮卡德（Martin Picard）、艾波兒．布隆菲爾（April Bloomfield）、嘉碧爾．漢彌頓（Gabrielle Hamilton）等名廚都是因亨德森首開先例，而覺得在料理上獲得解放的明顯例子。我說「明顯」，是因為他們會是第一個這樣告訴你的人。不過早在亨德森出現在美食界之前，美國、英國、澳洲等地就有許許多多孤獨的廚師，渴望類似亨德森這樣的人出現，來啟發他們，給予他們勇氣。

我永遠忘不了那個房間的味道。幾年前，在英國鄉間的小場地，亨德森到勞工階級居多的城市裡辦巡迴簽書會。所有的孩子都來了，身上還帶著油鍋味，他們可能是在炸魚炸薯條小店、普通的酒館、糟糕的小吃店工作。很多人連倫敦都沒去過，但他們都認識亨德森這號人物以及他的來歷。他們臉上都充滿抱負和希望，令人振奮。

我最難忘的亨德森記憶，也是讓我最感動的事蹟，就是他陪我回母校美國廚藝學院的那次經歷。

我很焦慮，我知道那個容納三百人的禮堂會塞滿我的粉絲，畢竟那是我的學校，是地主隊。這群二十歲的廚藝男校生才剛刺上「下廚不自由，寧死也不就」的刺青，他們對我來說不是太難搞定的聽眾，但我擔心他們會對亨德森太冷淡。他是英國人，講起話來帶著上流社會的風格，有種地方仕紳的英國味。他的聲音微弱，有明顯的口吃，他病了，病得很嚴重，尚未接受減輕帕金森氏症症狀的實驗手術，身體有時會猛然抽動，像機器人那樣，手臂突然揮出去。在最佳情況下，他看起來有點滑稽，大家常形容他戴著圓框眼鏡的樣子很像貓頭鷹。

我心想，這些年輕的呆瓜知道他是誰嗎？更重要的是，他們會注意聆聽他的演講嗎？他們會給他應有的尊重嗎？還是聽沒幾分鐘就開始發呆，偷偷溜出場？

我講完連串的實戰經歷和黃色笑話後，把場子交給亨德森。

他開始用微弱的聲音演講，漲紅著臉，晃著手臂……

禮堂裡的每個孩子都傾身向前，屏息聆聽。

整整四十五分鐘，沒人吭一聲，他們專心地聆聽，全神貫注，聽得入神。他們都知道他是誰，表現得太好了，他媽的讚！演講到最後，他們開始發問，問題也相當有深度、犀利和熱情。我靜靜地站在禮堂後方，努力忍住以免像嬰兒般嚎啕大哭，那感覺就像《洋基之光》（Pride of the Yankees）的結尾（那部片我的確看到最後就哭了）。

我這輩子從來沒見過那麼……鼓舞人心的場面。

☆　☆

這也是為什麼我會把食評家蓋兒．格林（Gael Greene）列入我的壞蛋清單中。我這樣做不是因為她寫那些東西應該受到批評，她寫的食評曾經很重要，現在大多時候也還寫得不錯（只要不是寫她和貓王有一腿的經歷，[2]都還不錯）。要不是她先寫一些有的沒的，首開先例，我可能也沒辦法像現在這樣為所欲為。

我把她列為壞蛋，也不是因為她那衣不驚人死不休的詭異裝扮，讓廚師喜歡戲稱她是胡椒軍曹（Sgt. Pepper）[3]。畢竟換個時光背景，她可能是英雄也說不定。

但她不是。她之所以名列我的該死清單，是因為不久前，她在紐約市第九十二街的基督教青年會裡主持一場座談會，有幸邀請到亨德森參加，卻幾乎沒給予他該有的肯定。她一直唸錯他的名字，只會一直瞎扯她自己喜愛的話題（亦即她自己），把近十年來影響最深遠的廚師冷落在一角。她因為濫用那次機會、對我的朋友不夠尊重、不把這位偉人當偉人看待，光是這點，她就應該被打入該死的壞蛋清單。

☆ ☆

《洛杉磯周刊》（LA Weekly）的食評家喬納森．高德（Jonathan Gold）是英雄。

我肯定不是第一個注意到這點的人。他因為率先致力報導洛杉磯地區沒人注意的地方，而榮獲普立茲獎肯定，也是第一位獲得普立茲獎的食評家。他尊重他報導的對象，重視商店街裡獨立經營的小麵店，給予他們從未享有的尊重。他也為泰國菜、越南菜、平價的墨西哥菜，以及比較不為人知的地方小吃做翔實的報導與分析，讓它們能和精緻美食相提並論，進而引進一種反向的勢利，以及對精緻美食的懷疑態度。長期而言，這是件好事，有利於美食界的發展。

而且，這老兄還真是他媽的能寫，寫得棒極了。在暢談食物時，原創而優美的句子原本就少見，但高德在這方面幾乎是所向無敵。身為一位作家、一股良善的勢力、一個敢寫食物或純粹的老饕，他是真英雄。他藉由撰寫食評，改變大家的飲食方式和用餐地點。即使是一

2 譯註：她在著作中大書特書她和貓王的關係。
3 譯註：源自披頭四的專輯《胡椒軍曹寂寞芳心俱樂部》，封面是近百位近代名人的肖像湊在一起。

個近乎無人探索的平凡之地，這人也能把他在乎的東西或地方，描繪成你也應該好好關注的地方。

☆ ☆

既然我們談到了洛杉磯，就讓我乘機把名廚沃夫岡．帕克（Wolfgang Puck）列入壞蛋清單。

帕克之所以會登上這個清單，是因為他是近數十年來最知名、最優秀、最重要的廚師之一。至於你對他在機場賣的比薩有什麼看法，那完全不重要。他老早就做了夠多的重要大事，改變世界，足以鞏固他偉大的主廚地位。他是掀起美國食物革命的重要人物，對於改變一般大眾對主廚的既定印象有很大的貢獻（從餐廳領班最大，變成主廚最重要）。

從帕克餐廳出來的廚師非常多，陣容相當堅強，個個都非常優秀，他的徒子徒孫是美國餐飲業裡的一大名門家系。

天曉得帕克王國旗下有多少家餐廳，多少條產品線，事業做得有多大，但大致上可以推測，帕克應該很有錢。他鐵定是大咖，可能還是大咖中的大咖。他是個勢力龐大、充滿影響力、值得敬重的廚師，也是業界最響叮噹的人物。

所以，當他屈服於反鵝肝的惡勢力，宣布從旗下事業的菜單中把鵝肝移除時，我真的很失望，有種被出賣的感覺。

當更弱勢、資本更少、名氣更小的同業站出來堅定立場，一些主廚受到威脅、家人遭到恐嚇時，帕克為什麼要站到另一方？在全美的所有主廚中，他應該是最適合站出來，對著黑暗勢力大喊「去你媽的！」並堅持到底的人選。

我覺得，他是一個有錢、強大又有影響力的人，可以想見，他也有許多有權有勢的朋友。

我猜，他應該是評估局勢後覺得，直接讓那些混蛋得到他們想要的，還比較容易應付一些。當時，我說這叫叛國通敵。不過有人告訴我，真相比那還要複雜，帕克承受的壓力不單是表面上一些抗議者而已，而是來自四面八方，據說帕克王國內外都有反對聲浪。他的合夥人和盟友都被壓迫，進而壓迫帕克。帕克並非帕克國際集團裡的唯一股東，他的合作夥伴顯然對他施加了很大的壓力。

所以，或許說他既是「受害者」也是「壞蛋」比較貼切。後來我也就沒那麼生氣了，只是感到失望。因為不怪他，還能怪誰？

☆　☆

傑米．奧利佛（Jamie Oliver）是英雄。

在你吐出嘴裡的義大利湯糰以前，先翻回本書的封面，確定你沒讀錯書，請容我解釋原因。我也討厭《原味主廚奧利佛》（The Naked Chef），還有那裝腔作勢的口音、他為英國超商桑斯博里（Sainsbury）的代言……那樂團……那摩托車……一切讓奧利佛走紅的垃圾。

但是，我不知道如果我像奧利佛那樣，上網搜尋「I Hate Anthony Bourdain」（我恨波登），結果出現上百萬條搜尋結果時，我會做何反應。我也不知道，如果有天我早上起床，像奧利佛那樣發現有個專門為我做的網站，名字叫做FatTonguedCunt.com（大舌頭討厭鬼），上面有成千上百人拿大半的上班時間，或所有的閒暇時間，用Photoshop軟體改造電影海報和片名，極盡可能地污衊我時，我會做何反應。我很怕踏出家門後會看到有人那麼痛恨我。

不過，我倒是想過，如果我像奧利佛那麼有錢，我可以採取一種不錯的因應方式，那絕對和他目前的因應方式不一樣。

每個人都可以把理想說得天花亂墜，畫一堆大餅，不過奧利佛是真的說到做到。我猜，他對學校營養午餐的重視、教育孩子如何烹飪，甚至如何飲食，都不太受到歡迎。對他來說，那些作為相對於更獲利導向的活動，可能也不是最佳的選擇。

但奧利佛顯然寧可當個煩人的嘮叨者，提醒大家太肥了、不健康，而不是賺更多錢。單就這點來看，就讓人不得不佩服他。當然，他還是賺翻了，但對於這樣一個透過節目來顯示學童的實際飲食狀況，讓英國政府顏面盡失的人，你不得不尊敬他。畢竟那樣的言論只會讓你失去人氣，發揮道德良知對職業生涯通常沒什麼幫助。

經驗告訴我們，電視觀眾最不想聽到或被提醒的，就是情況有多糟、多不健康、前景有多慘，大家最不想知道的就是我們正往懸崖邁進，而且還拖著孩子一起走。（除非伴隨著誇張的陰謀論指控，以及適當的指責對象。）談論那樣危言聳聽的糟糕話題，尤其那又是真相時，對電視節目一點也沒好處。一再以令人放心的口吻（用大聲疾呼的方式更好），告訴大家一切都沒事，問題都會解決，是比較好的做法。孩子可以繼續猛灌汽水，猛吞洋芋片，他們不會有事的，不需要擔心，你很棒！棒極了！這裡還有一份油炸番茄比薩的食譜，你可以參考看看！

奧利佛因為敢做比較困難的事，所以他是英雄，而且他根本沒必要做那些事。大部分我認識的主廚，要是享有奧利佛那樣的盛名，應該會躲在四季飯店的某處，拉起窗簾，看著四個變性妓女吸古柯鹼。

☆　☆

美食頻道的老闆布魯克．強森（Brooke Johnson）是個壞蛋，這原因講起來就輕鬆多了。

不過，她之所以是壞蛋，不是因為她接掌美食頻道後，培養與支持那些冷嘲熱諷、假惺惺、沒營養的垃圾節目，而是因為她是對的。她之所以是壞蛋，是因為顯然她對一切的看法都是對的。

在她的領軍下，該頻道的收視率暴增，廣告商最重視的男性觀眾年年呈倍數成長，美食頻道的觀眾組成開始朝有利的方面轉變，成為其他頻道豔羨的目標：他們每季吸引愈來愈多消費力旺盛的年輕男性觀眾。美食頻道推出的每個胡搞節目，一推出時看來必死無疑，後來卻各締造出前所未有的收視佳績。

就連美食頻道的同名雜誌也變成一番龐大的事業，在其他美食雜誌紛紛收攤的黯淡領域裡，他們顯得一枝獨秀，不僅成長茁壯，還肥肥胖胖，廣告滿檔。

不管別人對你做的事情提出什麼評論，不管他講的有多正確，你只要回他「偏偏就是有效」，你的論點就有了金鐘罩，堅不可摧。

強森不管做什麼，就是行得通。她那百戰百勝的戰績，讓任何抱怨「品質」的人都顯得古怪，甚至神經錯亂，就像好萊塢過氣老明星談作古許久的名導演約翰・福特（John Ford）和恩斯特・劉別謙（Ernst Lubitsch），以及知名製片艾文・索爾伯格（Irving Thalberg）和大衛・賽茲尼克（David Selznick）一樣，沒人知道他在講什麼。

因為以上原因，再加上她根本不在乎自己是不是壞蛋，所以她是個壞蛋。

☆　☆

名廚衛理・杜佛斯尼（Wylie Dufresne）是英雄。

因為他這輩子做的事，剛好和強森所做的完全相反。晚上你通常都可以在他的WD-50餐廳裡看到他的身影，他也不在意你是不是真的懂美食。要是有人討厭他的某道菜，他也不會把那道菜從菜單中移除。即使整體而言多數客人寧可吃牛排，他只要稍微妥協一下，就可以讓工作輕鬆許多、賺更多錢，又可迎合更多的客人，但他還是不在乎。他知道，即使你喜愛他菜單上的每道菜，他的菜也不是那種大家會週週回來享用的菜色。

杜佛斯尼是個了不起的英雄，因為他廚藝絕佳，靜不下來，膽識過人。他決心不惜代價，做辛苦的事，而不是走對他那種名廚來說比較輕鬆、現成的道路。他大可像任何名人一樣，開任一種餐廳，走任一行，但是他選了……這條路。他經常冒著風險實驗，挑戰極限，探索各種可能。在做了所有的努力，投入時間並承擔風險後，他開發出無數的技巧和想法，馬上被世界各地的廚師抄襲，大家常忘了感謝他的原創。

☆　☆

基於同樣的理由，名廚格蘭特・阿卡茲（Grant Achatz）也是個英雄，而且他更了不起。因為他不止把最令人刮目相看的履歷運用在創新、實驗和探索他好奇的事物上，他也為了持續這麼做而賭上性命。[4]說到對技藝的投入，對目標與最高標準的極力執著，從來沒有人像他那樣持之以恆，或願意犧牲那麼多。

4　譯註：他罹患舌癌，後來抗癌成功。

☆　☆

相反地，名廚艾倫．杜卡斯（Alain Ducasse）是壞蛋，因為他那做作到極點的 Alain Ducasse New York 餐廳（或大家熟知的簡稱ＡＤＮＹ）幾乎一手摧毀了美國的精緻美食。雖然精緻美食界有幸劫後餘生，但他嚮往的那種歐式米其林餐廳，在大眾（甚至朋友之間）眼中受到嚴重的打擊，導致那類餐廳開始慢慢虛耗，持續至今。

走進ＡＤＮＹ，我喜歡那竭盡所能走高級料理路線的概念，但我還是無法認同，心中留下懷疑的種子，就像情人內心出現的第一道妒火。而且不止我有這種感覺，很多人都覺得ＡＤＮＹ破壞了豪華餐廳和服務的整體概念，讓那些東西顯得庸俗，幾乎庸俗到必須為那些特色提出解釋或道歉似的，需要以食物來彌補。

講難聽一點，ＡＤＮＹ算是精緻美食已經走到光怪陸離的境界。杜卡斯把油門踩到了極限，放開煞車，卯起來猛衝，但這又不是衝到極點就可以抱得美人歸的比賽。

當杜卡斯以跩個二五八萬的姿態進軍紐約，大言不慚地宣稱他這家新餐廳有多特別、多不歡迎紐約客時（除非他們已經在摩納哥或巴黎認識他了），他只不過是在這原本由其他更精明同胞所占領的圈子裡，投下巨大的屎彈。可想而知大家對他的看法會是如何。

過去你不會聽到這些法國廚師批評自己的同胞，至少不會公開批評。但這次不一樣，這傢伙把大家都搞臭了。

讓女士放包包的小椅子，多種牛排刀讓客人挑選，服務生戴上白手套在桌邊切新鮮的香草，還有他媽的供水車，以及一排萬寶龍的名筆讓客人挑選，好讓客人優雅地簽帳單。昏暗、醜陋、做作的用餐區，這一切都讓原本可能享有的歡樂時光，在沉悶漫長的輓歌中消失殆盡。沒有什麼東西能在這種傲慢的殿堂中生存，美味的食物也難敵這一切負面的力量。最後，周遭的荒謬讓美食更顯普通。

就像觀賞《走夜路的男人》（Bonfire of the Vanities）或《天堂之門》（Heaven's Gate），或其他描述大頭症的電影一樣，這裡有太多大大小小的錯誤認知，讓一切錯誤加起來不僅糟糕，更讓人覺得是種污辱。你離開ＡＤＮＹ時心中充滿憤怒，對於自己竟然被耍，更別說是被這個外行的法國佬當成傻瓜玩弄，而感到憤恨不平。

紐約人不喜歡被當成鄉巴佬看待，那通常會讓他們留下不好的印象。去過ＡＤＮＹ後留下的糟糕印象，會放大成更大的怨恨，讓人懷疑這種豪華料理是否可取，甚至是否道德。紐約熱愛法國美食的美食圈裡，以前鮮少美食家問過那樣的問題，現在他們開始提出質疑了。

後來杜卡斯除了把ＡＤＮＹ關閉之外，並沒有跡象顯示他就此學乖。他後來新推出的「小酒館」概念獲得負評後，他公開表示，那是因為紐約人不熟悉這種食物，美食評論者應該要負責教育大家了解blanquette de veau（白醬燉小牛）和choucroute（酸菜）等異國料理的複雜面。他這番話聽在許多致力投入這事數十年，且備受好評的優秀法國廚師耳裡，肯定覺得莫名其妙。

杜卡斯是個傲慢的白癡，差點拖垮我們的精緻美食，所以他是壞蛋。

☆　☆

泰倫斯・布雷南（Terrance Brennan）是英雄。因為古早時代，他是唯一熱愛乳酪，到了為乳酪賠錢多年也甘願的人。布雷南是紐約市Picholine和Artisanal餐廳的主廚兼老闆，也是美國第一位真正重視法式乳酪特餐的廚師。那時根本沒人點這道菜，也很少美國人熟悉柔軟、黏稠、昂貴的乳酪，喜歡的人更少之又少。即便是今天，說起「臭乳酪」，會正面回應的人也不多。

當然，還是有一些勇敢的乳酪商，例如穆雷乳酪專賣店（Murray's）的羅伯・考菲特（Robert Kaufelt），販售來自全球各地的乳酪多年，生意相當好。但是在餐廳裡供應乳酪，則是全然不同的狀況。

以前乳酪拼盤在某種類型的餐廳裡，頂多只是必備的項目。在法式精緻美食餐廳裡，服務生講話帶著法國腔或義大利腔，水晶玻璃餐具和餐巾都是高檔貨，鮮花是剛插上的，料理是法國菜或「歐陸菜」。你提供乳酪，是因為客人預期會有這樣東西，他們去過歐洲好幾次了，知道吃完主菜後餐廳會提供乳酪，沒人真正單點過這樣東西。即使他們點了，通常也只會看到象徵性的幾個常見種類：沒熟（或過熟）的布里乳酪，或許有卡門貝爾乳酪（通常狀態更糟）、一片不起眼的羊乳酪、看不太出來的硬幫幫瑞士乳酪，以及一塊看起來孤零零沒人愛的藍色乳酪，可能和菜單上其他地方所用的洛克福藍紋起司是同一種。事實上，提供乳酪特餐並避免客人找碴的關鍵，就是確定乳酪拼盤上的一切東西，也用在菜單上的其他地方。

乳酪很貴，非常貴，容易變質，質地細緻。適當的熟成、保存、供應和處理的成本更是高昂。每次你切下一塊完好的乳酪，它的保存期限就開始倒數。每次你從保存乳酪的特殊冷藏室抽出一塊，就是在緩慢地扼殺它。每次你取下一部分，把剩下的放回冷藏，也是在扼殺它。不管是哪個員工為客人提供乳酪，任何不均勻的切割、切一小片或塗抹，都可能讓你的投資報酬率報銷。事實上，要恰當地供應不錯的乳酪——總是在最佳熟成和最適溫度下供應——你幾乎遲早都必須扔掉許多乳酪才行，或想辦法把那些乳酪應用在其他地方。你提供的乳酪種類愈多，愈不可能把剩下的乳酪當成開胃菜來銷售。

即使在最佳狀況下，也很少客人會在甜點前或甜點以外，另外單點乳酪特餐。在多人一起共餐的情況下，桌邊出現乳酪專車時也很尷尬：我們應該先等一下，讓那個混蛋先點（他堅持點幾塊發臭的藍乳酪和一些波特葡萄酒），還是不要理他，直接點甜點？

所以，乳酪其實不算是「帶路貨」——意指昂貴或麻煩的商品——本身沒賺頭，卻可以吸引客人點其他有賺頭的商品。如果客人真的決定點乳酪當餐後點心，他們點熟成剛好的史帝頓乳酪[5]，絕對不會比每個人只點法式焦糖布丁或冰淇淋（製作成本較低），為你帶來更

5 譯註：Stilton，有英國乳酪之王的美譽，與法國的洛克福（Roquefort）、義大利的拱佐諾拉（Gorgonzola）並稱世界三大藍乳酪。

多的利潤。

你必須是一個浪漫主義者，才會投入心力、金錢和時間在乳酪上，那在餐飲業是非常危險的事。「教育顧客」一向是一種強烈的自殺式言論，當你聽到事業夥伴講這種話時，通常想翻白眼請他理性一點都為時已晚。

但布雷南的確「教育」了顧客，持續這麼做，而且還沒事，甚至很成功，不斷地擴張。在Picholine餐廳介紹乳酪的概念後，他又在Artisanal餐廳打造另一個額外的事業，遙遙領先任何人；在多年後的今天，依舊遙遙領先。他不僅勇敢地反抗當時一般普遍的看法，也幫忙改變了普世觀點。原本沒有的市場，他從無到有打造了出來。

用餐的大眾可能不知道有上百種乳酪，他們肯定不知道緬因州、俄勒岡州、甚至紐澤西州以前就有小量生產的乳酪製造商。布雷南冒險投入乳酪這一行，不僅幫忙創造了一個販售乳酪的市場，也促使專門製造乳酪的產業崛起。對所有想要製造乳酪、思考美國是否有可能製造出絕佳本土乳酪的孤獨者來說，市場上有個主廚兼餐廳老闆可能購買、推廣、致力將他們的產品親手販售給大眾。

布雷南是英雄，他冒著一連串極高的風險，扛起整個產業，讓所有人都受惠。

☆　☆

吉姆·哈里森（Jim Harrison）是英雄。

因為從來沒有人像他一樣，他是最後一個真正的美食家，最後一個能寫出類似李伯齡（A. J. Liebling）那樣美食文章的人。他充滿熱情，學識淵博，一點也不勢利。他能滔滔不絕地大讚看起來毫無美感卻極度美味的牛肚鍋，也能侃侃而談在米其林三星餐廳千載難逢的用餐經驗。哈里森寫過許多好書，創作過更多的好詩，和每一位曾經很酷的人做過各種很酷的事。他懂烹飪，對美酒有絕佳的品味，又懂得享用美食。

不久前他在紐約市辦簽書會，在那之前我只見過他一次，我倆其實不太熟。但當天他整晚都陪我站在外頭，菸一根接一根地抽，暢談美食，沒理會屋內等候他的權貴名流。他七十二歲，頂著一頭斑白頭髮，身體有痛風和其他的小毛病，在法國是搖滾明星，走在街上幾乎一定會被團團圍住；他的生活也像搖滾明星那樣精彩，法國人馬上就懂這種人的偉大之處。

不做功課的愚昧者把哈里森比喻為海明威，那根本是胡扯，因為哈里森不僅寫得更好，也是更好的人。

我認識的人中，能稱得上「偉大」的人不多，但哈里森是其一。他抽菸，品酒，常以無傷大雅的風格磨蹭享樂。

☆ ☆

說到老一輩，詹姆斯比爾德餐廳（James Beard House）名列我的壞蛋清單，因為它庇護壞蛋，那是壞蛋的避風港，讓他們有地方可去。它給那些宣稱支持與熱愛餐飲業、但所作所為都對餐飲業毫無貢獻的老傢伙安慰與援助，以及看似了不起的幻覺。那是一群即將淪為失禁老人的老頭私下用餐的會所，就像修士俱樂部（Friars Club）是為從來沒講過笑話，卻愛和搞笑演員混在一起的老頭所設的一樣。

不久前比爾德基金會的總裁因貪污被捕時，應該沒人感到意外吧。多年來，就連一般人也可以看得出來「錢持續投入，卻毫無成果」，但是都沒有人在意。等到貪污的醜聞見報，大家發現這個不知打哪兒來的無名小卒中飽私囊時，眾人才感到震驚！連忙和這個殘局撇清關係，適切地表示「震怒」，但那正是該事業單位存在的目的——提供工作與權力給原本沒人想雇用的無權者。

我永遠忘不了廚師友人麥特．摩蘭（Matt Moran）遇到的經歷。麥特在雪梨是名廚，他的餐廳ＡＲＩＡ是澳洲最好的餐廳之一，他受邀到比爾德餐廳烹飪。他不計代價，帶了最得力的助手、食材和工具飛往紐約。他聽說比爾德餐廳的廚房很難做菜，（一家推崇廚藝的餐廳，為什麼會有那麼難用的廚房？）想盡辦法硬拗他在紐約認識的每個廚師朋友，讓他使用他們繁忙的廚房來做菜。我答應幫他擺盤和上菜。

我們設法做出了料理——一套相當用心、現代化的餐點，包括上等的澳洲海鮮、肉類、乳酪、葡萄酒，後來廚師受邀到餐廳裡鞠躬答禮、獲得應得的讚美並回答問題時，我在一旁觀察。

他走進餐廳，原本預期紐約各大美食媒體的記者，或至少有一些記者在場，但是沒有，這裡向來沒什麼人來。我猜，現場如果有一些紐約市「具影響力」的饕客或美食家，他或許也會接受。但也沒有，現場完全沒有。

只要看一眼餐桌邊那些搞不清楚狀況的呆子一臉不解地看著他，就可以明顯看出他被耍了。這樣大費周章白忙一場，花了他多少錢？把所有的食材和廚師從南半球大老遠運過來，還要所有的食宿，要花多少錢？要不要一萬、一萬五、兩萬美金？費盡了千辛萬苦，現在餐桌邊終於有人提出第一個問題：是，那邊那位先生，看起來像剛從郊區高爾夫球俱樂部吃過大蝦自助餐後趕來的樣子。

那位先生老眼昏花地看著摩蘭，身子往後靠著椅背，拍拍肚腩製造效果，問道：「主廚，聽說您來自澳洲，怎麼菜單上沒有袋鼠或無尾熊之類的？」

我看得出來，摩蘭內心某處有些東西死去了。他現在知道了，知道這一切是怎麼回事了。

☆　☆

比爾德餐廳，邪惡的地方。

艾麗安．戴奎恩（Ariane Daguin）是英雄。

艾麗安原本在一家供應法式熟肉店的製造商任職。二十五或二十六年前，她自己創立一家小事業，專門提供紐約州鵝肝給在地的廚師，也提供當時法國廚師想要、需要、之前無法取得的其他產品和製品。她以一台卡車和一個夢想創立了自己的事業。

二十五年後，她的事業達太安（D'Artagnan）蓬勃發展，不過她也付出了極大的個人與財務代價。她必須時常發起昂貴的戰爭（為了法律及大眾人心），捍衛她銷售這些傳統食物的權利。她不止捍衛自己的利益和事業，付出的心血更是遠遠超越那個目標。她幾乎是單槍匹馬，為那些和反鵝肝人士起衝突的廚師及供應商發聲。芝加哥禁止販售鵝肝後，她是推動反擊的主力。每次有廚師受到恐嚇，或事業淪為有心人士攻擊的目標時，她都會挺身而出，給予支持。她把金錢拿來幫助永遠不會買她產品甚至是不認識她的人。她以孤軍之姿，捍衛遠溯及羅馬時代的美食傳統：定時定量人工餵養鴨鵝的權利，那些鴨和鵝的生活條件比肯德雞採購的雞隻活得還好，直到牠們的肝臟長得豐厚鮮美才宰殺。

她為此議題，比我認識的任何一位主廚，展現出更大的勇氣。

☆ ☆

巴塔利、里佩爾、荷西・安德烈（José Andrés）是英雄，因為他們為慈善活動募款的金額，比身價高出他們五十倍的電影明星及執行長還多，投入的時間也比較多。

安德烈之所以是英雄，也是因為（我很懷疑）他為西班牙外交部一些極機密與極酷的部門擔任密使。他是西班牙、西班牙產品、西班牙廚師的非官方美食大使。你和他交談不到五分鐘，他每次都會不動聲色地悄悄提到西班牙火腿、西班牙乳酪或西班牙橄欖油。安德烈一開口，你從來不知道究竟是誰在說話：是名廚亞德里亞？胡安・瑪伊・阿爾扎克（Juan Mari Arzak）？安東尼・阿杜里斯（Andoni Aduriz）？還是西班牙這個國家？反正就是有人在傳達訊息，只是你從來不確定是誰。你最後唯一確定的是，那傳達的訊息總是相當宜人可口。

☆ ☆

瑞吉娜・徐朗布琳（Regina Schrambling）既是英雄，也是壞蛋，其實她算是我最喜歡的壞蛋。

她是前《紐約時報》和《洛杉磯時報》的美食記者兼部落客，幾乎可以輕而易舉當上「最憤怒的美食寫手」。她每週在gastropoda.com上發表的部落格文章，感覺都在掏心掏肺、一古腦兒地抒發這個一向辜負她期待的世界，所帶給她的一切痛苦、憤怒、藐視和失望。她幾乎看任何東西或任何人都不順眼，即使沒有討厭的東西，她也痛恨自己竟然找不到東西可以討厭。她從來不會輕易放過老問題，或老早之前的小疏忽。她會幫老東家《紐約時報》校對，注意每個細節，任何錯字、品質下滑的證據都逃不過她銳利的法眼，一旦找到紕漏（她肯定會找到），她就火力全開，卯起來取笑和抨擊。

她痛恨華特斯，痛恨布希（即使將來布希掛了許久，她還是會繼續用同樣的火力抨擊他），痛恨《美食》雜誌的編輯雷克爾、名廚巴塔利、食評家法蘭克・布魯尼（Frank Bruni）、馬克・彼特曼（Mark Bittman）……還有敝人在下我。她痛恨她必須在這個完全腐敗、自私自利的環境中遊走，她覺得天天都是折磨，卻又覺得自己非寫不可。她痛恨虛偽、愚蠢、謊言。她的痛恨是一貫的、規律性的。

她也很好笑，而且通常講得都沒錯。即使我有些看法和她完全不同，但是她的文章永遠值得一讀。她幾乎沒犯過最常見的食評罪過——無聊。

不過，她常為批評的對象取綽號，大家明知她在批評誰，她自己卻沒膽明講出來，所以她是壞蛋。如果妳每隔一週就要拿巴塔利出來開刀，那不如直接點名馬里奧．巴塔利（Mario Batali），而不是以「Molto Ego」（非常自我）來暗指他。妳有種就直接站出來告訴我們，為什麼妳討厭巴塔利和他碰過的一切東西。所以我在書中把她列為壞蛋——因為妳要怎麼痛恨巴塔利這個人都無所謂，但否認他旗下企業的所有價值就太虛偽不實了，尤其妳又是一個食評家。

布魯尼的全名是法蘭克．布魯尼，不是她指的可笑綽號「潘奇托」[6]。在布希競選美國總統時，布魯尼對布希一直愛護有加，措辭不夠強硬（這種不可饒恕的錯誤，不止布魯尼犯過）；所以布魯尼在《紐約時報》上的食評對徐朗布琳來說根本毫無價值，甚至是垃圾。

我認為食評家亞倫．瑞奇曼（Alan Richman）是混蛋，所以在這本書裡，特地騰出一章來痛批他，我覺得很爽。我覺得徐朗布琳在寫文批評時，也應該盡量明確，清楚指明她抨擊的對象。

英雄也好，壞蛋也好，對徐朗布琳都無所謂。她對美食界來說是好的，即使是在氣頭上，罵得最凶、最不公平的時候也是好的。她是實用的催吐劑，定期的轟炸機，不時在太擁擠的房間裡大喊「失火了！」你不得不佩服她批評的深度和耐力，我自己就滿佩服她的。

有一種食評家和「美食家」宣稱自己熱愛食物，但暗地裡痛恨實際烹煮食物的廚師。這種食評家原本逐漸消失，可惜徐朗布琳的出現，似乎又讓這種食評家再度出頭。

仔細想想，這可能顯示她是性情中人，但那樣做肯定不討喜。不過，這世上總是要有人經常對我們這些烹煮食物、寫食物或談食物的人大喊「胡說八道」。即使喊得沒道理，還是需要有人經常監督著，那不如就交給徐朗布琳來負責好了。

我等不及想看她部落格的下一篇文章了！

6 譯註：Panchito，這綽號其實是布希幫法蘭克．布魯尼取的。Frank對應的西班牙文是Pancho，Panchito類似Frankie，是一種暱稱。布魯尼除了寫食評外，也曾負責跑美國國會及布希競選總統時的新聞，後來還把當初追蹤報導布希選戰的過程寫成書。

14 亞倫．瑞奇曼是混蛋 ALAN RICHMAN IS A DOUCHEBAG

一直以來，廚師、作家、食評家、公關、記者之間的交集就像一灘渾水，以沒說分明的共識，刻意模糊其中的是非分界，有如一個沒完沒了的低級笑話——我們都上過彼此的姊妹，家裡人人都知道這件事，卻個個心照不宣。

《紐約時報》費盡心力，想自絕於這個充滿驕奢、浮誇、貪婪、饕餮及其他罪惡的縱慾狂歡之外。他們一向的做法，是盡量讓旗下的食評家隱姓埋名，運用假身分、假髮及其他的偽裝術，以免被識破真實身分。當然，這些招數不見得萬無一失。任何嚮往晉升四星級的餐廳裡，肯定都有員工可以從滿座的客人中認出布魯尼或山姆．西夫頓（Sam Sifton）。那樣做究竟有多大效用，倒是值得商榷。我從沒聽過有人對全職的食評家下手，以利益、特殊管道或任何好處，成功左右他們的食評結果，單就這點來看，就不得不稱讚一下《紐約時報》。

據我所知，特別關照這些食評家其實很冒險，不見得有助益。認出《紐約時報》的食評家，頂多只能讓你加倍小心、避免砸鍋，不見得能給你什麼真正的優勢。那些斗膽加送好料給食評家的廚師，都會小心翼翼，一起嘉惠附近幾桌的客人，以做到逢迎卻不著痕跡。隱姓埋名無法完全避免獲得特殊待遇，但至少多了一層防護，多了一級難度。就像防範道德危機的防護衣，避免《紐約時報》的食評家在充滿免費飲食招待、性招待、道德良知腐化的渾水中受到污染。

報導美食和廚師的記者，原本就該寫娛樂性十足又帶勁的文章，最好附帶充滿人情味的故事，並引用一些名言佳句。更重要的是，他們想要、也需要有異於其他美食作家的觀點，如果是網站或美食部落客都還沒徹底報導過的題材，他們最喜歡。但坦白講，這實在很難做到。別的完全不寫、就專寫美食的人，都很清楚用字遣詞上的限制。想要形容一塊慢火燒烤的五花肉，其實就那麼幾個字眼，寫沒多久，你就不得不再用一次「肥美」來形容。想描述沙拉時，就有如小孩子寫《閣樓》（Penthouse）雜誌的讀者投書一樣，你絞盡腦汁，搜索枯腸，但是「清脆」、「爽口」、「辛辣」、「豐富」等字眼，就像poon、cooter、cooz、snatch（這幾個字的意思都是「屄」）這幾個字一樣糟。更慘的是，總編才剛叫你在一週後交出一篇「皇后區民族風味料理」的報導，某個閒閒沒事幹的美食怪咖就已經地毯式吃遍那一區，在部落格上寫了好幾年了。

可憐的廚師也一樣值得同情。在這個美食的美麗新世界裡，他們的新任務之一就是盡可能地拉攏、賄賂、迎合食評家。對想要成名的廚師來說，小心伺候這些無冕王和他們的山寨版分身「美食部落客」，已經變成一種重要的技巧。光是把料理做好、把廚房管好已經不夠了，你還要練就一番識人的本領，認出與評估所有可能傷害你的人，竭盡所能提早化解威脅。只要出現一篇難忘的負評，就可以讓一家餐廳費盡千辛萬苦累積的聲譽毀於一旦，讓一個人的形象就此受損，難以恢復。餐廳成立之初，一個網站的毒舌評論就可能成為阻礙，久而久之就變成致命傷。

如果Grub Street[1]或Eater[2]之類的美食新聞網一再把你描寫成可笑、低俗、沒品味的人，你的人氣魅力也難以回升。關於這點，餐廳業者喬德羅最清楚了。如今，那些毒舌食評家連喬德羅的餐廳都還沒開張，就可以信心滿滿地說他的餐廳肯定很爛。在這個把模糊難測的「人氣」視為盈利關鍵的行業裡，手上有鍵盤的人都可能是你潛在的敵人。

不過，至少傳統上來說，要「左右」記者的報導通常很簡單，只要免費招待他們就行了，事後也無需提醒他們。相信我，他們肯定會記得，那就像是在耶誕節送一隻火雞給貪污收賄的條子一樣，他們可能不會直接幫你，但至少會想辦法罩你。如果你可以和記者或網站的站長成為「好友」，就等於有了強而有力的盟友。他們除了會幫你提早宣傳造勢以外，還可以化做你的分身，在別人質疑你的斤兩時，幫你護航。

每次有新餐廳開張時，餐廳聘請的公關公司都會找主廚和業者坐下來，一起討論一長串常見的名單，以了解哪些人是敵是友。多數餐廳都有一份大同小異的名單，上面的人通常都會想受邀參加餐廳開幕前的試吃活動，這時他們「還」不會馬上評論你的餐廳，可以避免「拿人手軟、吃人嘴軟」的道德問題。

下次新餐廳開幕時，很少人會樂見自己的名字不在公關公司那面帶微笑小姐手中的簽到簿名單上。如果那又是知名業者開的頂級餐廳，或名廚主掌的新作，那就更不能錯過。他們的思維是這樣的：「我是討厭這家餐廳沒錯，但我要是批得太毒，下次新餐廳開幕可能就沒我的份了，搞不好那家偏偏還很棒！」又或者：「我真的很喜歡臨時打通電話，就可以在X（目前超難訂位的精緻美食餐廳）用餐的特權，我不想自討苦吃，白白丟了這樣的好康！」

換作是我，坦白講，我自己也很難脫離這個共犯結構。雖然我不寫餐廳「評論」，也不再幫雜誌寫這些東西了，但我也無法為讀者提供值得信賴的真相或全貌。

我在這個血濃於水的圈子裡打混多年，有許多廚師朋友，有些即使不熟，也是我認同或多少有些敬重的對象，所以無法對讀者或圈外人和盤托出一切。在這行待了那麼久，我還是很同情在廚房裡辛苦工作的人，無法做出值得信賴的評論。我和世上許多廚師即使不認識，大家彼此也是朋友的朋友，我吃過許多免費招待的餐點。假設哪天我走進巴塔利的餐廳，看到廚房裡有什麼不可告人的事，例如以動物犧牲獻祭、邪魔歪道的儀式，或有什麼不衛生或令人反感作嘔的事情，我永遠也不會寫出來。

1 譯註：《紐約》雜誌旗下的美食部落格。
2 譯註：美食新聞網站。

我被打過分數，也打過別人分數。我曾是亟欲和記者或部落客「交心」的廚師，也當過吃人嘴軟的寫手，因為利益與角色的衝突，無法真正讓讀者信賴。

不過，我雖然看過也做過一些糟糕的事情，但我還沒有低級到對飲食作家、食評家和大體而言算是優秀的記者鞠躬哈腰，即使他是正人君子、文筆絕佳、對餐廳有過人的品味、敏銳的味蕾，縱橫業界數十年，我也不幹。

這又扯遠了，回頭談正題吧。

某天，我指名道姓地批評瑞奇曼是個混蛋。

瑞奇曼是備受敬重的食評界元老，得過多次詹姆斯比爾德美食大獎（James Beard Awards），也是《GQ》雜誌的寫手兼評論家。所以，他以食評界「大老」的地位以及經久肯定的文筆專長，回應了我的指控。

他評論了我工作的餐廳。

其實，實情比那還糟糕，他是評論我工作過的餐廳。

雖然他在批鬥文的第二段中坦言，他知道我已經離開Les Halles近十年了，他還是卯起來痛批一切，從室內裝潢到照明、服務和食物無一倖免。他的確提到他覺得某道甜點還不錯，還說那道甜點之所以還像樣，可能是因為沒受到我的污染。總之，他把那裡批評得體無完膚：「骯髒」、「苦澀」、「無味」、「粗魯」、「油膩」、「難吃」等字眼一起出現在某幾個段落裡。

各大媒體向來習慣把有限的食評篇幅拿來報導三種餐廳：一、廣受好評的名廚為大家帶來的新嘗試，二、新廚師初試啼聲即一鳴驚人的罕見佳作，三、備受好評的知名餐廳改頭換面。任憑你有天馬行空的想像力，Les Halles都不符合上述任何條件。瑞奇曼在文中從頭到尾都沒提到，為什麼他要去評論這家開業十六年、沒多大展望的餐廳。Les Halles不管有什麼優點，都不算「熱門」，也和當今趨勢沒有特別相關。那菜單肯定多年沒變了，廚師也一直沒換。

他那篇毒舌評論中也沒提到最中肯的一點：幾週前，我一再罵他是混蛋。事實上，我還在南灘美酒佳餚節上，當著一群喝得半醉、叫囂起鬨的食評家，提名他是「年度混蛋」（我還想說，瑞奇曼得這個獎可說是實至名歸）。

那個獎是在隨便惡搞的儀式上頒發的，頒獎人都穿著短褲和夾腳拖，不過在網路上廣為流傳。我猜，瑞奇曼看了之後心裡很受傷。氣到他換下浴袍、刷除西裝上的貓毛，專程趕到曼哈頓去評論我已經離開多年的Les Halles——一家賣牛排配薯條的餐廳。

請容我問您一個問題：如果我罵你混蛋，你會……？你可能會馬上回罵我混蛋，或者用更狠毒的字眼罵我。你可能罵我，你才是他媽的混蛋。或進一步做人身攻擊：「自以為是，了無新意，靠著一本誇大討厭的書走紅，就橫行許久，你才應該閉上你他媽的嘴。」

大家可能會覺得這樣的批評很公平貼切。我幼稚地咒罵你，你也用同樣的方式回應。你承認那個侮辱，用更犀利的毒舌反擊。

但瑞奇曼不是這樣，他畢竟是一位有頭有臉的記者、評論家、教育家、美食裁判，不需要和辱罵他又沒什麼學術涵養的藝匠一般見識，公開對罵。

他才不會這樣。套句比方，這個心術不正又沒膽的混蛋所做的，就像去找我多年沒見的國中前女友，偷偷地跟蹤她，然後對她展開惡意的攻擊一樣。

這樣就可以教訓我了是吧？

這是「我傷不了你，但我肯定傷得了你愛的人」那種老招。今天不管瑞奇曼是不是真的是混蛋，以他這樣博學多聞，又受過紮實評論訓練的人來說，耍這種手段只是凸顯出他的低級和可悲。他大可直接衝著我來，他只有在一次訪問中，拿我和過氣的武打明星史蒂芬·席格做了精彩又爆笑的比對，那樣才叫正中目標，才有效果。

為了進一步了解瑞奇曼為什麼會以這樣不當又沒品的方式痛批我無辜的前夥伴，各位需要回頭看一下當初是什麼原因，讓我先指控這個美食界的大老是大混蛋，並思考一下那樣的形容是否貼切。那或許只是反映他行為的明顯型態罷了。

紐奧良歷經美國史上最慘烈的天災一年後，依舊狀態虛弱，總計一千八百三十六人死亡，損失一千億美元，成千上萬的居民流離失所，心靈受創，畢生家當、照片、留念的物品就此永久消失。更糟的是，這個美國主要城市的居民這才意識到，真正遇到緊要關頭時，他們的政府根本不管他們死活。那城市仍處於劫後人心惶惶的狀態，整個社群空空蕩蕩、杳無人跡，只有一家醫院完整運作，餐飲業算是災後率先恢復營運的產業，急於留住員工，但業績還是暴跌四成以上。

這時瑞奇曼出現了。他認為此時是再次毒舌評論紐奧良餐飲業的時機，他早就認定紐奧良淪落至此是罪有應得。或許是受到拳王泰森「強暴案」辯護律師團的啟發，他馬上訴諸其論點的核心，聲稱「是那賤貨自找的」：

> 在毫無堤防的海岸線建立低窪城市，本來就不恰當……居民理當運用各種方式因應那樣的誤判，但他們選擇無盡的狂歡……沉溺於嘉年華會[3]、懶散和腐化，正因為他們無法因應，才會釀成這樣的悲劇。

他認為，品行不良和道德鬆散是促成紐奧良悲劇的主因。接著他又說，首先，他們太愛吃了——這話竟然是由數十年來靠著大吃特吃，然後刻意寫文章讓大家覺得應該好好關注食物的人講出來的。況且，我們的確在意食物。所以如今瑞奇曼聲稱我們或許太愛吃了，實在是虛偽到了極點：

3 譯註：紐奧良每年舉辦的Mardi Gras是美國最大的嘉年華會。

文明國家把焦點放在食物上或許無傷大雅，但那是一種極度放縱。你舉一個以美食為重的社會，我可以讓你看到一個胖到無法出兵抵禦外侮的民族。

或許我過度解讀他的文字了。但瑞奇曼在這裡該不會是說「這些死胖子只要少吃點甜食，就可以逃得比水患還快」吧？

他把災難怪罪到災民頭上，說那是他們行為不檢造成的結果，似乎是把卡崔娜颶風和後續的救災無能與人為疏失，都當成某種天譴，是對放蕩行為的一種懲罰。

他還沒講完，接著又質疑當地的食物真的好嗎——紐奧良知名的克里奧料理（或克里奧人[4]本身）真的存在嗎？現在不只是紐奧良不值得一訪，或許它一直以來都很爛！

照理來講，克里奧人應該在紐奧良裡面及附近都可以找到，我卻從來沒看過，我懷疑那只是幻想出來的，像妖精那樣，而不是當地的原住民。如今，所謂道地的克里奧料理也是一種幻想……

他媽的「道地」兩字究竟是什麼意思？克里奧，顧名思義，就是一種料理和文化，從一開始緩慢變化至今，是一種漸進、自然的融合，就像新加坡或馬來西亞的料理和成分，會因為他們和哪些人融合及融合多久而改變一樣。所謂的「道地」（瑞奇曼肯定知道）——無論是在討論印度咖哩或巴西黑豆餐（feijoada）——基本上是毫無意義的。你是指何時的「道地」？誰認定的「道地」？這只不過是聽起來挺內行罷了。

卡崔娜颶風過後，大水幾乎還沒退，Herbsaint餐廳的主廚唐納・林克（Donald Link）便率先折返當地，清除餐廳的殘跡，勇敢排除萬難，開設新餐廳。只要能找到人，他就雇用；他也找志願者幫忙，盡其所能地在街上供應食物，即時傳達出「紐奧良還活著，值得回來」的重要訊息。但瑞奇曼偏偏挑他的餐廳來批評。

我應該聲明，我是在瑞奇曼撰文批評一年後才造訪紐奧良，那時整個城市依舊百廢待舉，仍在努力恢復生息。法國區（French Quarter）原本備受大家喜愛的Antoine's餐廳裡，偌大的用餐區和宴會空間幾乎都是空的，但餐廳仍堅持留住原班人馬，不願開除在那裡工作數十年的老員工。和我聊過的每個人，一談起那場災難，懷念失去的朋友與鄰里，以及被大水沖走的災民，還是不禁潸然淚下。那感覺就像整個紐奧良集體經歷了精神崩潰，先是天災摧毀了他們的心靈，接著又是背叛的感覺撲天蓋地地襲來。一個國家——他們的國家——為什麼會讓這種事情發生，讓他們居然在眾目睽睽下，像牛群一樣挨擠在散發惡臭的體育場內，醃熏腐爛，日復一日？

一般人會覺得，在那種情境、那種特殊情況下，就連最無情的記者也應該會自問：「他們落魄的時候，我真的要這樣補一刀嗎？」畢竟，瑞奇曼又不是在報導水門案，又不是在揭發伊朗的祕密核武計畫，他是在評論餐廳，是在寫一個主要靠服務業維生的餐廳市鎮，而且

4 譯註：美國南部，尤其是路易斯安那州早期法國殖民者的後裔。

是在當地最脆弱、最低迷的時候——緊接在美國史上空前的災難後。況且，他也不是幫《華盛頓郵報》報導，而是幫一個探討領帶及配件、教人如何挑對休閒褲的媒體寫文章。

但是他不管，他覺得真相必須揭露。瑞奇曼知道「道地」的克里奧料理是什麼，他非讓你也知道不可。

光是這點，就足以讓他入圍「年度混蛋」名單。不僅如此，另外還有一個專欄：瑞奇曼的「餐廳戒律」，他在裡頭傲慢地列出他覺得很討厭的事，那些想獲得他青睞的餐廳該留意的事項。美食作家很愛寫這種文章，尤其像瑞奇曼這樣知名的人物，一旦讓那些亟欲討好他的受害者事先知道他們的好惡，平常做起事來肯定也會輕鬆許多。瑞奇曼列出的第十九條戒律是：

讓我們看到主廚：

如果兩人份的晚餐要價二百美元，你絕對有權預期廚師在場工作。名廚哪天晚上要休息應該先貼出公告，類似百老匯的劇院那樣：「今晚我們將由副主廚威利．諾金掌廚，他修過一學期的家政課，不會料理。」

要找一則偷懶、虛假的食評報導，應該沒有比這篇更貼切的了。而這種低俗的報導竟出自瑞奇曼之手，更是令人搖頭，他大可不必墮落至此。天底下如果有任何人知道廚師不在、可能不在，或是短時間內不在，那肯定是瑞奇曼。他又不是在真空的環境中生活和工作，又不是在與世隔絕的地方寫作。他和其他同業一樣，穿梭在寫手、記者、部落客、美食家、白吃白喝者、公關人士之間，他們都可以一眼認出彼此：他們就像一大群不斷遷徙的魚群，和廚師之間維持著一種共生關係。

多年來，他看著慈善機構、基金會、「專業協會」、支持者、雜誌座談會，以及一些同事敲詐這些廚師，他們肯定私底下都向他抱怨過很多次。我相信，瑞奇曼應該已經看過無數次斐濟水（FIJI Water）贊助的廚師大會，每次都是做同樣的鮪魚塔塔醬開胃小點（主辦單位以當時大家關切的議題，硬拗可憐的廚師做出來的），看著廚師盡責地配合做花俏的宣傳活動。他也應該很清楚，餐廳要維持他要求的那種營運方式所需付出的成本。

然而，他卻要求也希望我們認同，顧客在名廚富雷的餐廳裡花了二百美元時，富雷本人就該親自趕來幫他包玉米粉蒸肉[5]；客人享用甜點時，廚師要出來寒暄兩句。根據瑞奇曼的說法，名廚凱勒應該經常搭機在美東美西之間奔波，以服務French Laundry和Per Se兩家餐廳的客人，尤其是瑞奇曼大駕光臨的時候。

那建議完全是以一個該死的謊言為基礎，那其實是一個彌天大謊，是瑞奇曼自己開心地塑造、每天努力維繫的謊言。你瞧……當你讓食物和人產生關係時，寫出來的文章就好看多

5 譯註：是墨西哥人食用的一種粽子，用玉米粉同肉末攪拌後加辣椒，以玉米外皮包好蒸熟。

了。瑞奇曼連同一些同行的善類與敗類，捧紅這些名字，宣傳他們坐鎮廚房烹飪的假象，讓他們變成名人；讓你以為只要走進尚－喬治．馮格里奇頓（Jean-Georges Vongerichten）旗下數十家餐廳中的一家，他都會在廚房裡親自為你烹調比目魚，親手以拇指和食指抓取現切的香草。每次有人寫「巴塔利先生喜歡強烈、充滿主見的風味」（不管真實性有多高）或「尚－喬治特別擅長運用香草」，暗指巴塔利或馮格里奇頓本人親自煮那道菜。這樣做即使沒有忽略餐廳廚房的整個歷史，也是忽視了廚房裡指揮控制及創意流程的現實狀況。雖然這一方面對主廚很有幫助，因為彌天大謊可以培養大家的興趣，有助於品牌塑造，但這也否定了廚師的重要之處：這世上有許多重要的廚師，但重要的主廚沒那麼多。

「主廚」兩字意味著「首領」，他只是領導其他廚師的廚師。那些領導特質——成功指揮、激勵、指派工作給別人的能力——是主廚的本質，瑞奇曼應該也知道這點。但是他先散播謊言，之後再對事實假裝勃然大怒，寫出來的文章會比較有看頭（也比較好寫）。

這讓人不禁懷疑，瑞奇曼的論點背後其實是真的不滿。這些卑劣的小廚師是何許人，竟敢開那麼多家餐廳？他們怎麼可以那麼放肆……離開工作崗位？當然是近乎詩人的寫手和作家，才有資格獲得大量的讚美與財富及暗盤好處，哪輪得到這些粗俗、低級、教育程度低落的人，這些人的名聲還不是他（瑞奇曼）高抬貴手寫出來的。

他那句「副主廚威利．諾金掌廚，修過一學期的家政課，不會料理」由外行人寫來或許有趣，但出自瑞奇曼的筆下就是不可原諒！

精緻美食的整個體系，整個分組系統的設計，從廚神艾斯可菲[6]那年代以來，就是為了讓主廚可以休息。French Laundry和Per Se餐廳——任何頂級餐廳的完整指揮與訓練系統——都是為了達到一致性的理想，讓食物和服務在任何時點都達到一模一樣的水準；不管（有名氣與否的）主廚在不在都一樣。瑞奇曼明明知道，當他的老屁股坐進名廚餐廳，而主廚的名字已知名到寫出來有利可圖時，那主廚現在比較有可能是躺在國泰航空飛往上海的頭等艙裡，而不是在廚房裡。在任何優異的餐廳，不管主廚在不在，料理都要一樣好，否則一開始就不能算是好餐廳。

瑞奇曼的第十九條戒律，對這些年來為他烹調過料理的任何人來說，都是一種過分的侮辱。更糟的是，這個大頭症的混蛋明明知道真相不是那樣。不過，大家放心，他雖然敢藐視那些實際幫他烹調餐點的人，但他一定會繼續給予他宣稱的「名廚」好評。你瞧，他也需要那些人脈。他喜歡參觀廚房，提前一窺下季的菜單，在餐廳尚未開張時以「親朋好友」的身分受邀到場，偶爾獲悉一些刻意走漏的八卦傳聞，免費的餐前小點，禮品包，額外加送的菜色，各種禮遇，以及少數幾位仍願意假裝瑞奇曼寫得擲地有聲的主廚對他的奉承。

6 譯註：當時的廚房沒什麼體制也沒有食譜，所以廚師一旦走人，廚房就容易陷入大亂。一次大戰時，艾斯可菲去當兵，他回來後覺得廚房的狀況不佳，於是發明了分組系統。

其實不止瑞奇曼如此。

利用身為評論家的職務之便來報復私人恩怨，只是讓瑞奇曼和那些利用職務牟取一己私利的同行，同屬於自利的一掛。以《君子》雜誌的評論家約翰・馬里亞尼（John Mariani）為例，他的「個人好惡」（免費招待的旅館裡要有浴帽、美麗的女服務生、專車接送）都會像心電感應一樣，神祕地在他大駕光臨以前，讓廚師事先得知。（這混蛋會在到達時，遞出預先印好的菜單，還會指明他要的雞尾酒「黛克瑞」要怎麼調。）這傢伙已經這樣騙吃騙喝數十年了，多次被抓包，但他的雇主仍持續掩護他。該雜誌編輯不懂的是，他們再怎樣否認，都無法改變餐飲業每個人——我真的是指每個人——所知的一切。大家不會感到不解，或懷疑他是不是手腳不乾淨，反正大家都知道他的底細。

簡單講就是，這基本上是提供一個管道，讓克利夫蘭或芝加哥一些比較精明的餐廳，可以「買」好評及全國曝光的機會，只要不要洩密就好（芝加哥名廚何馬若・坎圖〔Homaro Cantu〕發現這勾當後相當不滿），否則每個人都會遭殃。坎圖公開抱怨馬里亞尼對待他的方式，提到他抵達前會先給傳說中的希望菜單；而《君子》雜誌的編輯保證，那清單絕對不是馬里亞尼自己列的，卻避重就輕不願承認那清單肯定是和他有關的人發出來的。（或許是公關公司吧？）而且他們還會用巧妙的字眼，形容馬里亞尼總是自掏腰包去吃他評論的餐點，卻沒講清楚其他的餐飲、交通、食宿、浴帽究竟是誰買單。

餐飲業每個人都知道，財經雜誌《克雷》（Crane's）的長期評論者鮑勃・雷普（Bob

Lape）是「海綿寶寶」。這可不是什麼討喜的暱稱，而是他無恥硬拗「好心」主廚為他的婚禮提供食物，因此博得的惡名。至於那位被大家戲稱為「胡椒軍曹」（Sgt. Pepper）的食評家，我這裡就不談了，放她一馬。她像瑞奇曼一樣，做了很多親善工作，或許那有助於買她男友的照片吧，[7]或許傑瑞·奎池邁（Jerry Kretchmer）的每家餐廳真的都那麼棒吧，她總是充滿熱情，這點倒是值得肯定。

瑞奇曼和很多同業所不同的是，他大體上都知道自己在講什麼。身為作家，他具備所有的優點：經驗、對議題的了解、詞彙，以及用有趣犀利的方式，把想法訴諸於文字。美食界裡大多是招搖撞騙、白吃白喝、沒什麼料的評論家，瑞奇曼和他們不同，他是真的對吃很有一套。但因為你和主廚有個人恩怨（過去、現在或其他）就痛批一家餐廳，這樣對嗎？媽的，換作是《紐約時報》，應該會為此把你開除吧（或至少把你調去負責不重要的版面吧）。

在電影《性感野獸》（Sexy Beast）中，班·金斯利（Ben Kingsley）飾演幾可亂真的英國黑道，把英國街頭巷尾常聽到的一個髒話字眼掛在嘴邊，美國人通常是以「C字」（c-word）委婉代稱。英國人和愛爾蘭人交談時，常動不動就提到這個字眼，因為那字眼在當地的用法和情境下，並非惡指某個女性器官，反而是一種直率指涉男性的名詞（有時甚至

7 譯註：此處是指蓋兒·格林，她在書中宣稱她和貓王有一腿。

是一種暱稱），通常會搭配形容詞「傻」（silly）一起使用。
這意指某人比傻蛋稍微可惡一些，也比笨蛋年長且具體些，但還不至於到混蛋的程度。
所以或許我搞錯了。
瑞奇曼不是混蛋。
他是王八蛋[8]。

8 譯註：cunt，本意是女性陰戶，延伸意思是王八蛋。

15 「我在《頂尖主廚大對決》上輸了」
"I LOST ON TOP CHEF"

艾瑞克．哈芬葛（Erik Hopfinger）現年三十八歲，入行二十年，站在出菜口的前面，右手握著一疊點菜單，快速發給他手下的廚師。這是週日早上舊金山的碼頭區，Circa 餐廳裡滿是來用早午餐的客人。吧台區也擠滿了人，大家猛吸喝到飽的香檳桔子汁。

哈芬葛發現，他把「班尼迪克蛋組合」放進菜單是個錯誤的決定，雖然這方案大受客人歡迎，也成功打開了知名度，但很快就變成他的頭號大敵。客人可從六種蛋中任選兩種，如此一來，各種荷包蛋的變形再加上可互換的組合，就有二十幾種不同選項。結果可想而知，單純四人座點的菜，很容易就變成一份落落長的清單。當四人座裡的第一位客人點「北歐風班尼迪克蛋」搭配「墨西哥風班尼迪克蛋」，把搭配柏尼爾沾醬的牛腰肉改成西班牙辣肉腸，把班尼迪克蛋一般常用的荷蘭醬換成番紅花醬，並要求蛋要全熟時；他斜對面坐在第三個位子的笨蛋也跟著這樣點，只不過搭配的不一樣。這樣一桌乘以四，然後把整個一樓和二樓的用餐區都算一遍，這就是忙完週六晚班後，喝下好幾杯費奈特酒（Fernet）混薑汁汽水的廚師，恨到骨子裡又怕得要死的週日早班情況。

在早午餐的菜單上，其餘是一些微調過的經典選項，基本上就是拿一般熟悉的選擇，做些精明但沒多大創意的變動。根據經驗，想讓餐廳在週日早上和下午滿座，那些是你絕對需要放進菜單裡的選擇。除了必備的蛋類以外，還有火雞酪梨總匯三明治，以及同樣不可或缺的「素食總匯三明治」，番茄乳酪串，法國吐司，烤牛肉配馬鈴薯，墨西哥鄉村蛋餅早餐，迷你漢堡（不過是搭配黑松露和布里乳酪）。另外還有炸魷魚圈、龍蝦起司通心粉、水果拼盤，以及死也躲不掉的「經典」凱撒沙拉。當然，雞肉凱撒沙拉是另一種選項。

當你把雞肉凱撒沙拉也放上菜單時——可以從這點看出一個人——你已經越線了，你自己也知道，那是自甘墮落。如果你是在職業生涯的中後期做這件事，以後幾乎就甭想成名了。

但哈芬葛早就是名廚了。

他那魁梧的身材、鋼彈型的禿頭、穿環刺青的造型，叉著雙臂，站在一群身形較小、看起來沒那麼兇狠的廚師正前方，從各地巴士的車身廣告、路邊的廣告看板、雜誌內頁的廣告瞪眼看著你。在收視率最高的廚藝競賽節目《頂尖主廚大對決》裡，他是第四季的主角，顯然是所有競爭者中的狠角色。

他年紀較大、經驗較豐富（多了幾年），再加上那相貌，即使沒令人倍感威脅，也氣勢懾人。大家都預期他在節目上會有不同凡響的表現，從節目為他拍攝的海報就可以看出端倪——他就像樂團的主唱，或首屈一指的專業摔角手一樣（其實這兩種特質，哈芬葛都帶有一點）。我想製作人也預期哈芬葛可以為這場漫長激烈的比賽帶來許多高潮。

可惜，大夥兒都大失所望，他差點在第一集就被淘汰了。我之所以知道這些，是因為我是那集的裁判。第三集時，他正式出局，鎩羽而歸。但如今他依舊有名，起碼在朋友之間是如此。

橢圓的大型吧台區有幾對打扮時髦的男女，其間摻雜了幾位身上有明顯刺青的年輕人，三五成群地喝著酒，那些人是這家餐廳的廚師。光從飲料就可以區分一般人與廚師，一般人是喝免費的香檳桔子汁，廚師愛喝費奈特酒（Fernet）[1]。哈芬葛的女友和母親也在用餐區的某處，哈芬葛在這一週上五天班，薪水很好（幾乎是業界前所未聞的條件），而且這裡的晚餐很早就結束，只供應到十點，以便讓Circa餐廳的主業「夜店」登場。

哈芬葛在對街的酒吧，手握一杯啤酒，看著午後陽光下，啤酒桶開關上飄浮的微塵，說道：「我進不了汽車修理科系。」所以才改念職業烹飪科系。

或許我們該來描述一下他的樣子。一個高大魁梧的傢伙，兩耳戴著銀圈耳環，手戴多只戒指，留著山羊鬍，身上有刺青，光頭海盜的模樣。但你從照片中看不出他的可愛，他的聲

1 譯註：以四十多種草本植物和香料為原料釀製而成的蒸餾利口酒，是十九世紀義大利人布蘭卡研發的。初期在市面上以藥效為銷售重點，強調可以治療經痛、緩和宿醉、促進消化和預防衰老，卻意外成為熱賣產品。在移民潮時由義大利移民帶到加州，在舊金山成為熱門飲品。目前舊金山仍是全球飲用費奈特酒的大宗，占全球三十五％的銷售量。

音和外形完全搭不起來，他講話時眼神不敢直視你，似乎……很害羞。在那魁梧的體型和嚇人的外表下（半海盜、半黑道的模樣），躲著一位好像受到驚嚇和傷害的小男孩，隨時都可能哭出來似的。我的意思是說，他是個非常討人喜歡的傢伙，你和他見面不久，就會想要擁抱他。

十七歲時，他應徵當地社群免費廣告上刊登的職務，開始在紐約州布賴爾克利夫（Briarcliff）的大陸城堡（Chateau Continental）裡洗碗。

「那廚房裡有兩個人，」他說，「兩個醜陋的阿爾巴尼亞人。」他們一晚大概做四十份無趣的套餐，混搭假想的歐美菜色，例如希臘沙拉、紅酒燉牛肉、牛小排。他則負責洗碗盤、刷鍋子、削馬鈴薯皮，在那裡做了一年半單調的工作，才轉往柏油村（Tarrytown）的T.G.I. Friday's餐廳做比較好、社會地位也較高的工作。

他說：「我到了Friday's以後，開始有了比較多采多姿的性生活。」他的時薪是十一美元，負責燒烤區，在餐廳裡可以免費暢飲。十八歲時，因為擅長煎漢堡而升任類似「副廚」和「廚房經理」的工作。

大約在這時候，他認識了同行的朋友兼曲棍球球友史考特。

史考特在約克鎮的Huckleberry's工作，日子過得挺舒服；相較之下，在Friday's耽於奢侈逸樂顯得微不足道。

哈芬葛回憶，史考特有「酷炫的車子和火辣的馬子」，他因此放棄Friday's的工作，轉往朋友工作的廚房任職。哈芬葛樂於在Huckleberry's負責油炸各種炸物，這工作雖然比較沒有地位，但成就感比較高。我問他記得當時有哪些菜色，他對雞肉餡餅、馬鈴薯牛肉派、天婦羅隱約還有印象。他記得比較清楚的是在那一年半間，他被那家餐廳開除了兩次，因為「全部員工他都上過」。

那時的哈芬葛二十歲，檢視他的履歷可能會發現一些神祕的模糊點——這是他和我那個年代的廚師常見的現象。在Huckleberry's暢飲與縱慾之後，接下來他到康乃狄克州格林威治市的Thataway餐廳工作，但這中間他其實休息了一年去當園藝師，但這個經歷在履歷表上完全不見蹤影。只要把離開Huckleberry's的時間往後挪一點，在Thataway餐廳開始工作的時間往前拉一點，就可以像我一樣，讓整年的空檔就此消失，使年輕歲月變成平順銜接的穩定就業。或者，你也可以因應面試官的不同，將履歷由Friday's或Thataway餐廳的工作經驗修改為「到法國旅遊」。

不過，如果你像哈芬葛一樣，在Thataway待了三年，「喝酒和吸毒」，做漢堡、雞肉三明治、腹腩牛排等毫無挑戰性的食物，那就另當別論了。

在九〇年代初期的某個時點（確切時間還是很模糊），哈芬葛應徵一則廣告上的職缺，到曼哈頓第一大道上的Eros餐廳，負責食品儲藏室和燒烤站。他說，那是他第一次在好餐廳工作，主廚曾待過Quilted Giraffe（至今仍是一家重要的餐廳），他們自己做醃肉，烤帶骨全魚，烤新鮮的沙丁魚。這些都是小事，但在當時大家會覺得那是比較先進的想法，對哈芬葛來說更是大開眼界。近二十多年後，他放下手中的啤酒，眼神凝視遠方，回憶著這些事。這似乎是我們開始對談以來，他第一次真正興致勃勃地談論食物。

「Eros當時很新，我從來沒在城市裡工作過，所以受到很大的震撼。面對著那些香料、鹵水、屠宰，以及令人眼花撩亂的城市，我卯足全力接受挑戰。我第一次認真值班，下午兩點上班，工作到凌晨兩點，這輩子從來沒問過那麼多問題。」

「但之後沒多久，你又閃到他媽的加州。」我質疑他，「你在學東西，才剛開始變難，這輩子第一次煮出好吃的東西。好吧，你可能還不是舉足輕重的大師……但至少你已經踩上了往上爬的階梯，你就這樣閃人？放棄大好機會轉往加州？為什麼？」

「因為史考特。」他回答，好像那樣說就回答了一切。

「雖然我去舊金山時覺得自己有點孬，但我已經決心當主廚，也以為我待過紐約的身分，會比懶散的加州人多一點優勢。」我覺得他補充的說法沒什麼說服力。比較可能的說法應該是，他這個最要好的夥伴在舊金山，告訴他應該要來，那裡很多樂子，所以他就去了。

不過，根據可靠的紀錄，哈芬葛一九九六年抵達舊金山，在City Tavern擔任副廚。他說，沒多久，主廚突然某一個週五晚上沒來，就變成他當家了。

兩年後，他在田德隆區的時髦酒吧Backflip當主廚，Backflip在一家復古有型的汽車旅館裡，他在那裡開始嶄露頭角。《舊金山紀事報》報導那裡有最棒的酒吧餐點，從此以後，他開始在知名的地方工作，那些地方大多兼具酒吧（或夜店）和餐廳的功能。我自己毫無根據地猜測，那也是他開始學習如何行銷、因應預期、運用媒體、開始塑造公開形象的地方。

後來出現大膽嘗試亞洲混搭菜色的Butterfly餐廳，那裡以大型酒吧著稱，同時也是我第一次遇到他的地方。我曾在《名廚吃四方》中以匿名的方式提過這段經歷。

我記得他二〇〇一年時還有頭髮，我想是金髮。那時他請我和攝影夥伴用餐，然後邀我進他的廚房，對我透露一些他當時面臨的人事問題，我記得當時我建議他開除他的副廚，那該不會是史考特吧？我記得他當時認同我的建議，之後還掏出白粉，問我要不要。

大約一年後，我再次碰到他，在House of Prime Rib餐廳，我們喝個大醉，吃了很多牛肉。

他離開Butterfly餐廳後，沉潛了一段時間——暗指他在墨西哥監獄待了一下（「史考特」三字又出現在這段日子裡）——然後他去Cozmo's Corner Grill餐廳……最後才來到Circa餐廳。

直到《頂尖主廚大對決》的製作人打電話來找我以前，我一直沒再碰過他或聽到他的消息。由於我偶爾會上《頂尖主廚大對決》當客座評審，他們想知道我對哈芬葛的了解有多少，因為我可能在下一季當評審時碰到他。他們想知道，我能不能在不受個人因素的影響下，公正地行使裁判權。

我向他們保證，我可以。

根據哈芬葛的說法，他是在百貨公司舉辦的「廚師之戰」活動中，引起《頂尖主廚大對決》製作單位的關注。餐廳的公關人員很愛搞這種宣傳活動，因為這讓他們看起來似乎真的有在做事。廚師卯足全力送出很多免費食物，以期大眾注意到他的廚藝，呼朋引伴到他的餐廳用餐。通常這類活動只會吸引一群白吃白喝的無賴，這種人專門在百貨公司裡走動，吃免費的東西；要不就是閒閒沒事幹。他們鮮少和朋友一起去餐廳，大開葡萄酒。不過，哈芬葛說，那次活動吸引了兩位電視製作人。「其中一個傢伙有點怪，另一個是金髮辣妹，那是他們第一次喝費奈特酒。」

怪的是，他從來不需要煮東西讓他們品嚐。

他們只想知道：

「你對柯里奇歐[2]有什麼看法？」（標準答案是：「我覺得他是廚神再世。」）

「你的興趣是什麼？」（標準答案是：「烹飪！以及當個有故事題材的『人物』，容易和其他的競爭對手產生戲劇化的對立效果！」）

製作單位告訴他獲選參賽後，他去Horseshoe酒吧暢飲，喝得酩酊大醉，夢想未來能聲名大噪。

沒多久，哈芬葛和其他十五位參賽者一起住進芝加哥一個管制森嚴的祕密地點，裡面沒有電視、網路，電話一律錄音監聽，還要簽署嚴苛的保密協議，嚴密的程度連美國國安局都自嘆弗如。

我還沒細讀過我拿到的保密協議內容，但我記得裡面提過「百萬」和「美元」之類的字眼，以及誓言絕對保密。我猜，我和哈芬葛依舊還受到限制，不得透露具體細節、錄影現場出現任何禁藥的事例、哪個裁判可能比較好或比較爛、裁判桌下有無平底無腳酒杯等等，沒有證據就臆測那些事情是不負責任的做法。

不過，我可以毫不猶豫或毫不保留地向你保證，我見證或參與的五次裁判經驗都是真真切切的。也就是說，不管製作單位多麼希望那個背景故事最扣人心弦（或胸部最賞心悅目）的參賽者，留下來繼續參加下週的比賽，當週最糟糕的廚師一定會被淘汰。在《頂尖主廚大對決》裡，只要柯里奇歐是首席評審，當週做出最美味食物的人就是贏家，做得最難吃的人就回家。裁判的評審標準一概是「讓我看看你這週又做了什麼好東西」，由於客座評審沒辦法看到參賽者之前的努力，過去的成績完全不納入最後的評判。有時我也為製作單位感到遺憾，想像他們聽到柯里奇歐無奈地決定，淘汰那個比較多才多藝、有明星氣勢，又深受觀眾喜愛，卻偏偏這次搞砸的參賽者時，內心無聲的吶喊。

又一位觀眾喜愛的參賽者被淘汰時，他們會在副控室裡無力地做出以下嘴形：「不不不不！不要淘汰崔伊！不要！」

常駐評審和客座評審都對判決相當重視，我曾經和柯里奇歐、帕德瑪（Padma）以及其

2 譯註：《頂尖主廚大對決》的首席評審。

他客座評審，為了誰輸誰贏爭論了好幾個小時，那是個需要深思熟慮的過程。

在此必須強調的是，《頂尖主廚大對決》對參賽者的要求真的、真的很難。他們和陌生人一起被關在一個祕密基地，和家人及朋友隔離，還必須在短時間內，在不看食譜的情況下，完成連串的烹飪挑戰，例如「用這台販賣機販售的東西製造甜點」、「用不熟悉的材料製作傳統的夏威夷菜」、「為名廚里佩爾開發一份四道菜的高檔菜單」，而且是在雨中，用攜帶式火爐做。節目中那些不可預測、高壓、偶爾瘋狂，又兼具置入性行銷（例如「最後一道菜一定要用X牌的冷凍義大利麵晚餐」）的挑戰非常嚴苛，對任何經驗老到的專業廚師來說都很吃力。

我可以坦白告訴各位，如果我是參賽者——幸運的話，而且是在具備多年的經驗、技巧、謀略下——我或許可以撐過幾週的比賽，但沒辦法進入決賽。

對專業人士來說，這節目引人入勝的地方在於，看其他優秀的專業廚師如何挑戰自我極限。你真的可以看到他們達到個人極限、措手不及、無法突破的狀態，以及確切的原因：缺乏想像力、欠缺技巧或戰略、不夠成熟或經驗不足等。但你也常看到參賽者超越個人顛峰，他們絞盡腦汁，突發奇想，突破極限，這自然而然就變成讓美食愛好者入迷的戲劇性發展。「最好」的廚師，或是最多才多藝的優秀人才，不見得會贏。廚藝最好或最有創意的廚師，往往會弄巧成拙，表現失常，做出莫名其妙的誤判，就像現實生活一樣，那正是該節目值得關注的原因（至少對我來說是如此）。最後留下的優勝者，代表著真實世界中你希望廚師具備的特質——兼具創意、廚藝、領導、靈活、成熟、抗壓、幽默、堅韌和耐力。

哈芬葛一開始差點就馬上出局了。

那次我和洛托・狄斯皮瑞托（Rocco DiSpirito）擔任客座評審，連同常駐評審帕德瑪和柯里奇歐一起裁判。挑戰是改造中級餐廳的老套經典菜單，例如奶油蒜味蝦、義式千層麵、法式黑胡椒牛排、血橙鴨胸。參賽者以抽刀子的方式決定誰做哪一道菜，結果哈芬葛抽到舒芙蕾。

舒芙蕾即使是在最佳狀態下也很難拿捏，多數廚師在學校裡學過這道甜點，但除非他們後來當糕點師傅，否則很少會再碰到這道料理。由於舒芙蕾不是那麼容易拿捏，還有時間考量，再加上不是那麼流行，所以現在鮮少餐廳提供舒芙蕾。這表示，廚師在沒有食譜的情況下，突然被要求製作舒芙蕾時，很少人能做出及格的東西。即使有食譜，我猜，絕大多數廚師也沒辦法做出像樣的舒芙蕾。

那我呢？或許可以，但那是因為我年輕時曾經在Rainbow Room，整整六個月，啥都不做，就只做舒芙蕾（而且是那種看起來毫不顯眼、由類似水泥的調味醬、便宜的調味料和蛋白霜做成的）。即使你把舒芙蕾放進烤箱前，一切都拿捏得恰到好處，還是有很多種可能搞砸的方式：太早取出烤箱，上桌時已經漏氣塌陷。太晚取出烤箱呢？烤焦又凹陷。烤箱門關得太用力？忘了在烤模上塗油灑糖？溫度調節器壞了？烤箱裡加熱不均？重新架設攝影機或幫評審補粉時，成品擱在桌上太久？製作舒芙蕾，處處都是風險。在《頂尖主廚大對決》那樣競爭激烈又壓力強大的情況下，即使是做你最拿手的東西，也可能讓你突然心生恐懼，失誤連連。

抽到舒芙蕾，跟抽到死刑沒什麼兩樣。

我坐在還算舒服的評審椅上，手邊有一杯剛倒好的琴酒，看到哈芬葛抽到舒芙蕾，我知道這個可憐的傢伙完了，他看起來像還沒開始比賽，肚子就先吃了一拳一樣。

如今回顧當時的情況，他說：「坐在沙發上抽著大麻時，看《頂尖主廚大對決》會覺得簡單很多。」

他做出來的舒芙蕾，只能用全世界最廣義的定義才稱得上是舒芙蕾。那的確是裝在舒芙蕾的模子裡，我猜那只能算是比較蓬鬆的玉米麵包或玉米布丁。不過，就像狗兒會努力用樹葉或沙土掩飾自己的狗屎一樣，哈芬葛幾乎用上了偽墨西哥食譜裡的各種伎倆。那盤甜點看起來就像在Chili's連鎖餐廳裡，拍多人顏射A片的最後一幕。盤子上噴了某種可怕的酪梨醬，還有一些用其他擠壓瓶擠出來的鬼東西……最糟的是，「舒芙蕾」是埋在一個油炸的裝飾物底下，把舒芙蕾壓扁，或根本就是在掩飾原本就沒膨起的事實。我難過地看著他放在我眼前的東西，那就像菜鳥連續殺人犯幹出來的好事，匆忙地把受害者的屍體埋在樹枝和灌木叢底下，連路過的遛狗人都可以看出異狀。

那週救了他一命的，是另一位參賽者做的奶油蒜味蝦。哈芬葛雖然把艱難的任務完全搞砸了，但另一個參賽者則是在做超簡單的任務時，犯下不可原諒的錯誤。奶油蒜味蝦只牽涉到三個非常基本、簡單的要素，但是她三項都弄得一塌糊塗。蝦子煮過頭，搭配的「餡派」凝結成噁心的污垢狀，而且整盤鹹死了。

這節目裡偶爾會看到有人失敗得一塌糊塗，卻因為另一人失敗得更慘而得救。兩週後，換哈芬葛被淘汰。他因為美式炸熱狗做得太濕軟而被迫打道回府。

「你從一開始就覺得自己適合上那個節目嗎？」我問他。

「不，我一直知道自己不適合。」他被淘汰之後，就再也沒看過那個節目。

他曾經感到害怕嗎？

他說：「我怕的是長大，生兒育女。我怕死養小孩這件事了，可能是因為我自己就是個大孩子。」他喝光他的啤酒，若有所思地看著空杯子，然後說：「不過，那可能會讓我成為一個好父親，我很愛迪士尼樂園，還有海盜之類的東西。我很愛迪士尼樂園，那原因會讓我想要生孩子。」

至於他上《頂尖主廚大對決》的經驗，他沒有怨言。「他們並沒有改變我原來的樣子。」至於他的人生和職業生涯呢？好的、壞的呢？

「我對我做過的事情、目前的狀態很滿意，我覺得這條路不錯，生活品質也不錯，可以和朋友混在一起，吃好料。」

他說：「我熱愛烹飪，不想挑戰任何的廚藝極限，我知道這點，有幾個像我們一樣的傢伙原本就注定這樣過。」

16 「不是你的問題，是我的問題」
"IT'S NOT YOU, IT'S ME"

前陣子，我參與一場公開的討論會，和我在廚藝界的偶像馬可・皮耶・懷特（Marco Pierre White）對談。那次經驗雖然令我感到不安，但發人深省。

那是一個專業論壇，在紐約的體育館舉行——就是那種廚師「大拜拜」的地方，一些熟面孔每年都會聚在一起，在大廳前發送乳酪樣品、超小杯的水果味啤酒、厄瓜多來的葡萄酒等等。

知名飲食作家邁可・魯爾曼（Michael Ruhlman）想好好主持這場人人皆可參加的大會——這份工作沒人豔羨，因為想要「掌控」馬可，就像直接槓上六百磅的大猩猩一樣：他老子想坐哪就坐哪，想坐的時候就坐下，看你不爽就當場讓你難堪。

馬可算是西方世界第一位足以媲美搖滾巨星的名廚，是所有名廚都想效法的榜樣，也是英國第一位獲得米其林三星肯定的廚師，更是少數年紀輕輕就獲得這項殊榮的大師。我這一代的廚師，都希望以後能像馬可那樣。

馬可從小喪母，有閱讀障礙，父親是利茲一家平價旅館的廚師，他在那個廚師還會被扁的年代踏進廚界。幾年前，他在事業顛峰期退回米其林的星星，[1] 轟動一時。如今他賺的錢多到他不知道該如何運用，想跟什麼女人在一起都易如反掌，而且就像他自己說的，如今他只要全天候「扮演好馬可這個角色」就好了，對此他感到相當滿意。

他可能大部分的時間，都帶著價值七萬美元的獵槍，在英國的鄉間打獵，思考自然界的神祕，一副半鄉紳半流氓的模樣，但這些都是他辛苦大半輩子掙來的。當你直來直往發問時，他會直接告訴你他怎麼想。

當天在台上，我傻傻地問他，對好幾道菜所組成的龐大精選套餐有何看法——我們是不是已經到了效益遞減的地步。我知道他最近才在名廚阿卡茲開的知名餐廳 Alinea 裡用過餐，很多人都覺得 Alinea 是全美「最棒」的餐廳，但我知道他不是吃得很開心，所以覺得這是個值得探討的話題。

阿卡茲是大家普遍公認美國廚界最創新、最有實驗精神、最具前瞻性思維的主廚，他深受亞德里亞等人的廚藝所啟發。我覺得我的問題雖然尖銳，但還算合宜，尤其馬可本身也是以創新聞名，他擅長設計精緻、正式、非常法國的高級菜單。他最近似乎對精選套餐的看法

---

1 譯註：馬可當了十七年的廚師，努力精益求精；但最後發現，雖然功成名就、名利雙收，可是職業生涯並未讓他享有多少私人生活。所以一九九九年他索性退休，退回米其林星星，好好過自己想要的生活。

有些改觀（可能對高級料理的整體看法都變了），不久前他才對我說，如今他只想要恰當的「主菜和一點布丁」就好。

但我沒料到馬可會當場發飆（可憐的魯爾曼就更沒料到了），他說他恨死、恨死、恨死他在Alinea用餐的經驗了。他根本連主廚的名字或餐廳的名字都懶得記，但是他未指明的那家餐廳，無疑就是Alinea。他痛批Alinea的那種狠勁，彷彿阿卡茲開槍斃了他的愛犬，然後把熱騰騰的狗頭端給他吃一樣。

馬可卯起來批評阿卡茲，貶抑他所有的實驗料理和創新的烹飪技巧，並搭配上鄙夷的揮舞手勢，整個過程充滿了敵意。他對著觀眾講得口沫橫飛，火力全開，我們都傻傻地沒發現，阿卡茲本人——這位備受美食界喜愛與推崇的人物——當時就坐在前排。

隔天，有人覺得很受傷，相互指責。魯爾曼曾和阿卡茲合寫過書，對阿卡茲其人和他的料理可說是崇拜得五體投地；隔天，阿卡茲的粉絲和助手都指責魯爾曼背叛，責怪他「放任」這種公然藐視的行徑發生。但以馬可那種令人望而生畏的名氣、高傲的自尊，很難想像魯爾曼或任何人要怎麼阻止當時的狀況發生，更何況馬可的塊頭又那麼嚇人。偏偏阿卡茲最近才勇敢戰勝舌癌，面臨可能永遠喪失味覺的危機，這讓整起事件變得更加尷尬。這件事也讓魯爾曼非常不安。（對魯爾曼和我來說，這其實是遲早會碰到的事。我常害他騎虎難下，上次是害他丟了美食頻道剛開不久的節目。）

隔天，在同一場會議上，阿卡茲直接反擊。他站起來，為自己的料理提出熱情與合理的辯護，貼切地把自己和其他分子料理的先驅連結在一起。原則上，我完全同意他的論點。他提到，不做實驗、不願提問和嘗新，我們肯定會停滯不前，一再重複，了無新意。面對在場所有的廚師，他幾乎不需要解釋他為什麼在這方面的廚藝精湛過人。

我之前提過阿卡茲可能是天才嗎？我說過他是全美數一數二的主廚嗎？我說過他的廚房就像馬可以前的廚房一樣，裡面都是最頂尖的人才，都是最上進、最認真的廚師，是真正熱愛料理的信徒、特種部隊、精英中的精英嗎？

我說過當初阿卡茲在French Laundry餐廳，和名廚湯瑪斯・凱勒合作做出我這輩子吃過最棒的一餐嗎？

問題是，我也討厭Alinea餐廳。事實上，我鄙視它。

別把這句話當成地雷警告。如果我在一家餐廳吃得「不」開心，會讓你更想去吃吃看，那肯定就是這家。Alinea是一家認真的餐廳，有認真的廚師認真地烹飪料理，做著重要的事情。

然而，我在那裡用餐的經驗，卻是我這輩子吃過拖得最久、最不愉快的一餐。

我進去二十分鐘，看著小小的菜單，數著整個套餐有幾道菜（非常多），慢慢倒數我還要捱幾小時幾分又幾秒才能重獲自由。我覺得那過程拘謹得要命，常顯得毫無意義、無聊、惱人，毫無樂趣可言。對我來說，從頭到尾都很痛苦。

當時，我正好在辦巡迴簽書會，過程相當煩雜，才剛跑了一半。好不容易晚上有一位有趣又細心的記者陪我出去用餐。本來我以為我們應該可以好好聊聊，選在這個全美最熱門的新餐廳裡，似乎再完美不過了。

才怪。

在Alinea，每二十分鐘左右（我說二十分鐘可能還太快了，但總之一點也不夠快），身邊就會出現一位服務生端著一盤令人分心的菜色（一條可能戳瞎眼的軟管讓人細咬；一盤狀似放屁坐墊的東西慢慢地洩氣縮扁，逐漸釋放出迷迭香的煙霧；一大塊豬腩毫無意義地垂掛在玩具晾衣繩上），每道菜都會伴隨冗長的解說，需要我們專心聆聽。

每上一道菜，服務生就像剛被洗腦的統一教教徒一樣，興沖沖地在桌邊等候我們停止交談，然後開始長篇大論地描述我們接下來要吃什麼，以及確切的吃法。他講到一半，我已經把東西塞入嘴裡；等他講完，食物都已經吞下肚了。

我坐在那裡，偷瞄右手邊的那份小小菜單，在心裡默默刪除吃過的東西，其中有一道菜——我記得是龍蝦——好得沒話說，不過那和其他的菜色相比，反而顯得中規中矩。我離開時心想，阿卡茲這傢伙以那樣的廚藝和創意，總有一天會統治世界；當他不再沉迷菜單上那些「形式重於內涵」的東西時，他比任何人更適合當廚界大老、次世代的大師、下一個湯瑪斯・凱勒。

但我對Alinea的評價屬於極少數，很多我相當敬重的人都覺得Alinea是家很棒的餐廳。

事實上，我太太平常比我還挑剔，但她很愛那地方。她讀完本章的初稿後，對我的批評非常好奇，還自己搭機去芝加哥，獨自一人到Alinea用餐。結果她的體會正好和我完全相反，我記得她是以「美妙」、「美味」、「隨時充滿樂趣」等詞彙來形容那一餐，她回來後還厲聲對我說：「那是我這輩子吃過最棒的一餐。」

所以……我得自問。該不會是我太惡毒，好料吃太多，舌頭都已經麻痺了吧？還是Alinea真的很假掰？或是有什麼第三種方法，能以比較有建設性的方式來解讀我的反應？

坦白講，到了我這個年紀，我已經變成我以前鄙視的那種「美食家」，吃遍了各種好料，舌頭已經麻痺。就是那種吃遍全球米其林餐廳、次數多到懶得提的討厭傢伙，走在路上還會一本正經地抱怨「太多鵝肝醬」或「怎麼又是松露？」的人。

總之，我逐漸變得在暗地裡很怕那種拖得又臭又長的精選套餐。一直以來，我都否認自己是那種人，但以後我不會再否認了。事實上，我認識比我還要痛恨這種精選套餐的人，正是供應這類套餐的主廚。

這時你可能會問：「那你不是混蛋嗎？既然你痛恨這種東西，那麼討厭又臭又長的精選套餐，又何必去Alinea？何必去Per Se？何必吃遍這類餐廳？」

這問題問得好，其實我也沒有答案。

我抱著戒慎恐懼的心情走進Per Se的大門，那種感覺的確和多年前我在French Laundry的天真敬畏感截然不同。[2]在French Laundry吃到的二十道菜感覺都很新奇。我猜，我是浪漫主義派，我想相信愛可以征服一切。

各位要知道，凱勒是我心目中最優秀的美國主廚。我認為他在各方面都算是美國「最棒」的主廚。我這輩子吃過最美味的高級料理，就是在他開的French Laundry裡。

我很確定，你絕對不可能再找到比French Laundry的科瑞．李（Corey Lee）或Per Se的強納森．班諾（Jonathan Benno）（或任何接下他們主廚職位的人）還要技術純熟、天賦異稟、認真努力的主廚了。

我想凱勒老早就達到高級料理的極樂境界，不管某天他在不在某家餐廳裡，那家餐廳的食物或服務品質都完全不受影響，對此，我也為他感到高興。這充分證明了他的卓越、堅定不移的標準，以及他創造的團隊與體制的優異。

紐約市的Per Se餐廳榮獲《紐約時報》四星評價及米其林三星的殊榮，這些都是實至名歸的肯定，你很難在美國找到比它「更好」的餐廳了。

所以我不禁自問，昨晚我在Per Se用完餐後，為什麼會莫名地失望？為什麼後續的幾小時，心頭都籠罩著一種難以言喻的悲傷，感覺有朵烏雲跟著我回家，一個邪惡的小鬼在我耳邊悄悄說著壞話？就像我腰際那圈肥肉，有時我就是不想承認它的存在。

或許，如果我緩緩地接近這東西——這個在我體內蠕動、打擊我心靈、威脅我喜樂、讓我變成壞人的小蟲——或許，如果我能拿雞尾酒叉捅它，運氣好的話，我可以把這混蛋揪出來，回歸以前的我。

為什麼我的腦中會有聲音，要我提出問題？

例如下面這題：「總而言之，『吃得開心』算是評估一餐的實用標準嗎？」

也就是說：吃了好幾道菜以後，搭計程車回家的路上，你問自己或晚餐的同伴「吃得愉快嗎？」答案究竟是「嗯！真的太棒了！」還是在家坐在沙發上看一齣好電影配比薩反而比較有趣？

或許，因為吃頓飯那麼貴又講究，再加上你大概還得為那個場合打扮一番，比較合理的問法可能是：「那真的比口交還爽嗎？」既然那就是你大費周章規劃好幾晚活動的目的，你還沒從沙發起身就已經達陣，那你還會特地出門去吃那一餐嗎？

好吧，這兩件事畢竟截然不同，無從比較，要看情況而定，我那樣問可能不太合理。那就好像在問你，你比較想現在就來一節按摩，還是要一個從沒見過塞尚或雷諾瓦畫作的人生一樣。

不然我換個方式來問。同樣的情境，你吃完精選套餐後，搭計程車回家，在路上你自問一個更簡單的問題：「我覺得如何？」

這樣問還合理吧？

你覺得好嗎？

2 譯註：Per Se和French Laundry都是凱勒開的餐廳。

你的胃感覺如何？

運用想像力形容你剛剛吃的那餐——假設你是去約會——那算是一次「浪漫」的經驗嗎？請老實說。我知道你花了很多錢，但是你看看坐你對面的女人，你真的覺得她現在迫不及待想跟你回家翻雲覆雨嗎？還是你覺得她比較可能（像你一樣）在倒數，還要多久才能私下放輕鬆，從容地放一、兩個屁？或者她現在比較想做的不是和你上床大搞一場，而是在床上痛苦地打滾，祈禱她不會吐出這些價值四百美元的美食和美酒。

至於你，吃完這些，你真的還能上床大展雄風嗎？乳酪盤還沒上，所有性慾可能都已經煙消雲散了吧。

我這樣問還合理吧？至少你有個正統的標準可以拿來評估一餐。

為了設個先例，我們就拿亞德里亞的 El Bulli 餐廳為例好了，那或許是最長也是最知名的精選套餐。在那完整吃過一餐後——大概吃吃喝喝五個小時之久——我覺得感覺很好。餐後我又多待了兩個小時，享用琴湯尼；我也覺得之後應該還能享受一場不錯的性愛，然後開心地出去吃個點心。

紐約的 Le Bernardin 餐廳也供應「主廚精選套餐」，我吃完後總是覺得很好。這兩家餐廳的用餐經驗都拿捏得恰到好處。羅宏・葛拉斯（Laurent Gras）在芝加哥開的 L2O 餐廳和安東尼・阿杜里斯（Andoni Aduriz）在聖賽巴斯汀開的 Mugaritz 餐廳，都是以合理恰當的方式，挑逗客人食慾的極限。

我前面提過，有些主廚也怕精選套餐。

你想想亞德里亞的詛咒，這裡指的不是開餐廳的那個創意主廚亞德里亞，而是單純以「食客」身分出現的亞德里亞，那個經常搭機到處飛來飛去的亞德里亞。他注定走到哪都得吃那些自以為是的精選套餐，各種胡搞的「分子廚藝」（他已經不用這個詞了）。不管去哪個國家、哪個城市，都有崇拜他的廚師，準備數不盡的善意餐點請他品嚐。想像你是亞德里亞，那些美食美酒節、主廚大會、簽書會、座談會。不管去到哪，他都躲不掉——他要嘛就是被當地主辦單位拖去見志同道合之士，不然就是勉為其難地去向當地以崇拜他出名的大人物致意（例如在墨爾本或密爾瓦基市等地）。想在不得罪人的情況下，無聲無息地進出一個城市是不可能的，他非得出席這些場合不可。

他就這樣嚐了一套又一套的精選套餐，每套動不動就是二、三十道菜，各個認真但半調子的模仿者，端出燙舌的液態氮，模仿拙劣的泡沫（亞德里亞老早就捨棄不用了），以及胡亂仿製的加泰隆尼亞傳統料理（他們可能從沒吃過道地的加泰隆尼亞美食也說不定）。

但是亞德里亞其實只想吃個他媽的漢堡。

亞德里亞上餐館……這聽起來像個笑話吧？只不過我猜，對他來說，這已經不是笑話了，因為他走進餐館，店家一定會送上六、七道他永遠不希望出現在他面前的免費料理，偏偏他只是想吃個漢堡而已。

凱勒肯定知道這種痛苦。如果報導屬實的話，據說他出門用餐時，助理都會事先打電話到餐廳，特別交代餐廳絕對不要附贈額外料理，不要任何店家主動贈送的開胃小菜，他也不想看到你詮釋他的招牌菜「生蠔魚子醬佐西米露」。他來這裡用餐，就是要吃你做的雞腿，那應該很好吃，不然他不會特地跑來，所以麻煩你，照著他點的東西上菜就好，不要煩他。

你心想，喔，可憐的傢伙，全世界的優秀主廚不是都愛吃上等好料嗎？但是拜託……你想想，日復一日，長途飛行，旅館一家一家換，疲勞眼花，精疲力竭，心裡渴望的不過是老媽的家常菜，肉餅和簡單的烤雞之類的，但偏偏端出來的又是三小時的冗長盛宴，而且通常比你平常賴以謀生的版本還要遜色。那感覺就像工作過量的A片男星，你下了班還有人緊抓著你的下體，想和你速速來一發。

我坐在這裡，反覆思索昨晚我在Per Se用餐的反應。我再次回想，搜尋當初在French Laundry吃到這輩子最美味一餐的細節，那時有我、里佩爾、史考特．布萊恩（Scott Bryan）和魯爾曼。我們吃了二十二道左右的菜，都覺得每道菜很不一樣，天曉得我們那時喝了多少酒。我們就這樣開心地在美酒國度裡吃吃喝喝了五個小時，其間，餐廳還貼心地讓我們上了幾次洗手間，每個人都覺得那是好到不可多得的一餐，每道菜感覺都很新鮮與新奇——不止是食材，背後的概念也是如此。那是個神奇的夜晚，充滿了許多神奇的時刻，首先回想起的是以下的經驗：

名菜「韃靼生鮭魚甜筒」上桌時，每個人的臉上都露出了驚豔的表情。我們驚喜地看到那道菜的呈現方式，充分地發揮了它該有的效果，連在座的兩位名廚，以及曾和凱勒合著食譜的魯爾曼，都覺得非常新奇。

令人驚喜的「萬寶路菸味咖啡凍，搭配煎鵝肝」是專門為我設計的，當時的我還是一天抽三包菸的老菸槍。那道菜的上桌，顯示他們知道我那時可能菸癮又來了。

終於品嚐到之前只能在食譜上垂涎的「生蠔魚子醬佐西米露」時，我相當興奮，而且一點也沒讓我失望，甚至超越了預期。服務生在我們的義大利麵上削著超大的黑松露，他的手稍微顫抖搖晃了一下，失手掉了黑松露，我們彼此對看了一眼，都同意不講出去。

我們四人在享用甜點之前的休息空檔，來到French Laundry的後花園，醉醺醺地像萬聖節的孩子一樣低語，同時悄悄地湊近廚房的窗邊，羨慕地窺探著凱勒和他的工作人員。

用餐完後，我們在花園裡和主廚一起喝酒，這時天色已暗，時候也不早了，餐廳已開始打烊。凱勒講話的音調，比我認識的其他主廚更緩慢深沉，他看起來很開心，但是仍閒不下來，他坐在那裡，周邊環繞著愈來愈蓬勃發展的事業，那是他一手打造出來的。我問這位以工作狂著稱的主廚，有沒有想過休息一下，例如一個月什麼都不做之類的。他的反應好像我剛剛是以巴基斯坦的烏爾都語問他一樣，他偏著頭，努力想了解我那句話是什麼意思。我記得後來我們搭著租來的加長型可笑大禮車離開，心裡覺得我吃了這輩子最棒的一餐。

但是，我現在又想起另一個細節。之前我一直刻意不去想它，免得麻煩，因為那和我為自己描繪的美好記憶（那五小時在如詩如幻的美酒國度裡，享用我崇拜的主廚創造的永恆饗宴）有點格格不入。

我逼自己回想後來的事情──我們搭著可笑的加長白色大禮車離開之後的事。在車內，大家並沒有多歡樂，我記得有呻吟和沉重的呼吸聲，一種努力想要忍住的感覺。

我們放縱地吃喝了太多的東西──這點顯而易見，不過我認為，這也是你在French Laundry或Per Se點精選套餐時，早就該預期的事。你理性的話，早該事先準備好才來吃這餐，例如節食一天之類的。一早起床先喝水止飢，等晚上再來大快朵頤。隔天也需要好好規劃，因為你會有（肯定會有）一段恢復期。

一頓企圖心和規模如此龐大的餐點，它在本質或道德上，有什麼錯誤的地方嗎？除了「非洲有人挨餓」、「美國光是上個月就有二十五萬人失業」這類論點以外，另外就是他們必須捨棄八〇％的魚肉或禽肉，才能做出盤子上那些完美的珍饈。另外，我們也可以明顯看出，那些食物和酒量完全超出了一般人體所能承受的極限。即使是在最美好的時光，享受了最完美的佳餚，之後你也會癱倒在床上，胃裡不斷地翻攪，腦中開始出現痛苦的宿醉感，像中世紀的修道士一樣不斷地放屁打飽嗝。

這是天才之作的適切結尾、必然的結果嗎？是美好經驗無可避免的遺憾嗎？

這一切非得這樣結束嗎？

應該這樣結束嗎？努力忍著，以免把沾滿松露片的東西吐到馬桶裡？

沒人預期這是任何人常吃的東西，甚至每個月都吃也不太可能，但是即使一年才吃一次……餐後的感覺難道不該列入考量嗎？

這裡我應該要聲明，的確有恰到好處的「九道菜套餐」可選，是我們自己貪吃，選了二十幾道。但是當你有幸到Per Se或French Laundry用餐時，誰想錯過任何好料，你當然會卯起來吃到撐死為止，反正我就是這樣。

昨晚，在我挑剔的眼裡，傍晚的Per Se看起來不太妙，這實在不是開始用餐的好兆頭。餐廳就像一個舞台，是個精心設計的幻象，是魔術師表演絕技的地方。Per Se的用餐區可說是紐約最精雕細琢、最美輪美奐的餐廳。從用餐區可以眺望哥倫布圓環和中央公園。廚房和用餐區之間也隔著未使用的「通風廊」，那寬敞空間的設計，是為了營造一個平和、安靜的過渡區，讓服務人員有多一點的時間，從廚房的現實狀況轉進用餐區的氛圍。

如果專業烹飪講究的是掌控局面，享用美食講究的就是心領臣服，讓客人毫不思索地全盤接受餐廳想要分享的夢想。在最佳情境下，你不該在享用的當下解析你在吃什麼，你應該不會注意到任何東西，也不會注意到用餐區和上菜區裡服務生的一舉一動，只會隱約注意到時間的流逝。上菜就拍照，甚至寫下簡要的描述，以便事後上部落格發文，那完全是本末倒置。你根本不該被迫去想任何東西，只需要去感受。

但是，我注意到有些事情不對勁，這實在不太妙。夜幕低垂後，一切顯得朦朧，服務人員的制服顯得有點寒酸，閃著若有似無的斑點，有點老舊，他們看起來像……侍者，而不是我以前眼中的「廚藝聖殿的親善大使」。服務區的壁掛式桌子稍微下垂，和地面呈非平行的狀態。家具的木飾有著細微但依舊清晰可見的斑駁。桌上的玫瑰看起來有點久，花瓣邊緣開始走樣。對於這樣一家在美國數一數二的完美餐廳來說，這著實令人震驚。我感到難過與失望，也為自己注意到這些細節而深深感到尷尬。

或許我也察覺到服務生的語氣裡透露出些許哀傷，行政主廚班諾在幾週前宣布了他要離職。也許是我自己多心了，但今晚似乎感受不到我在French Laundry以及前幾次在Per Se用餐時，所感覺到的蓬勃氣氛、那種傲視全球的自豪和自信。取而代之的，是別的東西。

這次有炸魚柳，兩小塊乳酪酥。還有名菜「韃靼生鮭魚甜筒」，跟以前一樣美味可口，賞心悅目；只不過現在感覺像是見到了前女友，驚豔感沒了，如今沒什麼字眼比「韃靼」兩字還要落伍。我也想到，班諾主廚不知道對這種東西有什麼看法。以前就連見過許多世面的我，都對這道菜驚豔不已。現在班諾會不會覺得這道菜就像枷鎖一樣——因為太多人喜愛、太出名、太多人對它抱著殷殷期盼，任何主廚都無法把它從菜單中移除，或改換別道菜。

我點的夏季西班牙番茄蔬菜冷湯非常平淡，不過，我太太點的甜蘿蔔高湯則是透亮清爽，帶點龍蒿和茴香的香氣。

我點了French Laundry的招牌菜「生蠔魚子醬佐西米露」，那也是凱勒最享譽盛名、最受推崇的創意：生蠔與魚子醬搭配西米露沙巴雍醬[3]。服務生在桌邊添加魚子醬時，可以說是卯起來加，如果一盤菜會出現太多魚子醬，那就是這盤了。那感覺就像過度裝扮一名熟女那樣不敬，坦白講，我看到這道菜放在面前時，真的有種不堪回首的感覺。那時才開始用餐不久，雖然還很早，但我已經有一種難以言喻的心情，覺得以後再也看不到她了。這是一道真正現代的美國經典名菜，也是我個人的最愛，只是我真的很感傷。我覺得，我和她曾有一段共同的記憶——就是那種你希望客人用完餐後對食物留下的美好感覺。但服務生卯起來加魚子醬的樣子，讓我相當沮喪，那好像是在說：「我們已經不放心就這樣把這女人送上舞台表演，還需要幫她多上點唇膏才行。」我為她感到生氣。

生干貝搭配椰菜花、甜蘿蔔和豌豆芽，完美無瑕，無可挑剔，現在也有很多人在做這道菜或類似的東西。

醃大西洋烏賊，搭配節瓜花天婦羅及節瓜花香蒜醬，口感新鮮，充滿活力，很快就讓人覺得，能夠恢復生機，感覺真好。

摻入白松露油的卡士達醬，搭配加了冬季黑松露的蔬菜燉肉，有點好得過頭，這是把凱勒食譜的經典菜色做了討喜的調整，令人驚豔而不唐突。感覺很豐富，帶有冬味，香氣撲鼻。我太太點的水波蛋配焦香奶油及烤法國奶油吐司更棒，味道更豐美，簡直太好了，好到無以復加。

不過，這一餐第一次真正讓人入口即感動不已的時刻，是下一道菜：我的是自製的義式肉腸搭配蕪菁菜、紫朝鮮薊和芥末，我太太的是袙帕火腿[4]和義大利培根醃肉，搭配小黃瓜

3 譯註：由蛋黃、糖和甜酒做成的醬汁。

4 譯註：義大利袙帕火腿是用豬的肩頸部位的肉製成。

和酸辣調味汁。這些都是精緻、但保有原始風味的日常義大利鄉村主食，口味比較粗獷前衛，吃起來就像今天首度嚐到醃製品一樣。我滿心希望剩下的菜色都能往這個方向發展，我覺得這道菜很棒，棒極了。

服務人員把煙霧繚繞的玻璃圓盅推近我們的桌邊時，馬上又把我狠狠地拉回現實。原本美味的醃牛舌和一大塊五花肉，被完全沒必要的煙霧裝飾給毀了。最近很多主廚似乎都人手一把煙霧槍，把煙霧打進手工特製的玻璃容器中，其實根本沒必要這樣畫蛇添足。還好牛舌沒受到煙霧多大影響，但五花肉全毀了。我很火大，這是十足的噱頭。

接著有雪酪，然後是鵪鶉、長島條紋石鮨的「後半段」。我吃了傳說中的奶油龍蝦，我太太吃了軟殼蟹，這些都是美味又賞心悅目的好菜。

義大利麵上來了，一邊是義大利寬麵，另一邊是菠菜圓管麵。服務人員同樣是卯起來加松露，我還是很想問他：「他媽的，你在幹麼？放太多了！」不過，我默不作聲，看著那盤精心調味的義大利麵逐漸消失在厚厚一層的松露片下，我還是覺得有點受傷，這次是為自己感到不值，感覺自己像個醉漢，對著脫衣舞孃灑錢，誤以為她會因此更愛我一樣。

接著是肉質完美無瑕、採購來源無可挑剔的小牛肉，以及難能可貴的再次感動。一大道肯定非凱勒風格的菜餚（不是四小碟相互堆疊出來的東西），蓋著切片精美的祖傳番茄（heirloom tomato）[5]，中間放著一球令人驚豔的普蘭達乳酪，灑上特級橄欖油。這是一道你能想像最簡單、最單純的菜色，尤其對我太太來說更是如此，因為她幾年前才剛從義大利移居美國。那是我萬萬沒想到會出現在French Laundry或Per Se的菜色，卻也是這一餐中最棒、最討喜的一道菜，相對於前面的佳餚，這道菜猶如一記喚醒靈魂的晨鐘與解藥。

後來上了很多甜點，這也是我第一次可以輕鬆地嚐遍每一種。這裡值得一提的是，在這種供應精選套餐的餐廳裡，甜點師傅永遠是被大家忽略的一位，因為甜點還沒上以前，客人老早就吃到撐死了，輪不到甜點好好表演一番。

至於我對這一切的感想呢？吃完的隔天，包括直到現在，我都還在問自己，不太能確定那究竟是種什麼感覺。我在腦中回憶整個用餐的經驗，想要釐清到底有多少比例的感覺，是因為我愛唱反調的機車個性，又有多少比例是「合理」或「有意義」的批評。

或許，我應該把凱勒當成名導演奧森．威爾斯（Orson Welles），現在發生什麼事情，或他做了什麼，或是我對他後來的作品有什麼看法，都不重要。拜託，這個人執導過經典名片《大國民》，他這輩子的地位已經屹立不搖，無可取代，他是最卓越的，永遠都是，就像拳王阿里那樣，何必雞蛋裡挑骨頭？

問題是，我很愛凱勒更平易近人的餐廳概念，Bouchon餐廳就是一例。我喜歡看他擴大餐飲業的版圖，成功地轉往其他的方向創新，放鬆對旗下事業的掌控。我想，這對全世界都有好處，我也希望這對他自己來說是有益的。

5 譯註：非基因改造的有機原生番茄。

我愈是思考昨晚的經驗，就愈常想起那道義式肉腸和袧帕火腿，以及那盤令人滿心歡喜的番茄和乳酪。而且我告訴你，那乳酪真是天殺的美味，那番茄好吃得要命。

就像所有美好的用餐經驗都該有的那樣，美好的時光總是過得特別快（我在French Laundry用餐的最初幾小時也是如此），似乎有人在告訴我，他們的事情、他們的過去、他們熱愛與懷念的東西。

或許，這次經驗是班諾在告訴我（無論是有意或無意的）：「這就是我離開這裡以後，接下來要做的事。」（值得一提的是，我吃完那頓飯不久，班諾的確宣布他的下一個新事業是跨入頂級義大利料理）。

又或者，是我自己太傻、太遲鈍了，不明白究竟發生了什麼事。

這次的用餐經驗是什麼預兆嗎？是一種啟示錄嗎？蘊含著任何意義嗎？我不知道。

我唯一確定的是，這是他們免費招待我的饗宴，我覺得自己是恩將仇報。

如果我無法喜愛我在Per Se的用餐經驗，如果我不懂阿卡茲在做什麼，那是否意味著什麼？

於是，這讓我想起張戴維，這位最近在廚藝界崛起的新星，我很肯定他的迅速竄紅一定蘊含了很多的意義。

17 幹勁

THE FURY

創建，你就有自己的世界。

——愛默生（Ralph Waldo Emerson）

「我之所以投入烹飪界，是因為這行有些東西是真的假不了。」張戴維說。

在廚房裡，你不可能矇騙過關，那裡也沒有神仙能幫你，你要嘛就是會做蛋捲，要嘛就是不會；要嘛就是會切洋蔥、拋鍋、跟得上其他的廚師、一再完美地複製出該做的菜色，要嘛就是不會。再多的資格憑證、再多的鬼扯、再多的言語或求情，都無法改變這個根本的事實。廚房是真正憑實力取勝的最後一個地方，凡事講究絕對，每個人都確切知道自己表現得如何。「好」與「壞」都可以馬上辨識出來，所謂的「好」，就是準時上工、說到做到的廚師。所謂的「壞」，就是只會鬼扯，或是號稱自己會做什麼，卻不做或不會的廚師。所謂的「好」，就是餐廳生意興隆，客人吃得開心，每個人都賺錢。所謂的「壞」，就是餐廳生意清淡，廚師回家覺得鬱悶慚愧。

沒人質疑過繁忙的廚房裡有沒有神仙，或是否拜對了神仙。大概只有張戴維除外。

「我是靠著恨意和怒氣堅持下去。」張戴維說，「那是讓我撐得最久的動力來源。」

一如往常，每次我見到他，他都是一副充滿迷惘的模樣，彷彿他搞不懂剛剛發生了什麼事，或接下來可能發生什麼似的。他給人的感覺是，不管可能發生什麼事、不管什麼力量朝著他來，他都覺得那大概都不是什麼好事。

他說：「老兄，我剛做了脊椎矯正！」

兩天前，他起床時頭痛得要命，整顆頭不斷傳來陣陣劇痛，痛到他馬上衝到醫院，以為自己腦出血了。結果完全沒檢查出任何東西，他莫名地失望。

一提起「張戴維」這名字，其他名廚通常表情會有些扭曲，即使是那些喜歡他的餐廳、喜歡他的名廚，你也可以看到他們眉宇之間稍稍皺了一下。

他們可能是因為看到這位年僅三十二歲的主廚兼餐廳老闆，獲得空前的讚賞、佳評如潮，迅速獲得米其林星等的肯定及各項大獎（《美饌醇酒》雜誌的最佳新廚、《GQ》雜誌的年度主廚、《好胃口》雜誌的年度主廚、三屆詹姆斯比爾德美食大獎），而感到惱怒。

他們既羨慕又驚訝地看著他輕鬆地席捲部落格圈，把媒體迷得如癡如醉。法國和西班牙的名廚（不止是卓越的主廚，也包括那些很有個性的主廚），都會特地去他的餐廳，開心地坐在吧台前吃東西。《美食》雜誌的編輯雷克爾把他當兒子看待，名廚華特斯也把他當兒子看待，瑪莎．史都華愛死他了；《紐約客》給他最高級的禮遇，為他做了詳盡的深度報導，那種報導的規格通常只會出現在經濟學家或政治家身上。查理．羅斯（Charlie Rose）邀他上節目，把他當成重要人物訪問。

他在晉升廚神的過程中，一直公開地咒罵，猶如無法控制自己的妥瑞症水手，瘋狗似地怒斥對手，面對一向習慣獲得特殊待遇的美食評論家，他也不願提供特別的禮遇，還侮辱每個幫他打造傳奇的美食部落客，言行舉止就像某天醒來突然發現自己中了樂透頭彩的小子一樣囂張。如果有任何T恤上面印著張戴維的口頭禪，那句話肯定是：「他媽的，我哪知道！」這是他對當下發生之事提出的最佳解釋。他持續吸引可讓他一夕之間身價多出數百萬美元的合作案，但他都一一回絕了。他開的十二人座餐廳Momofuku Ko是全美最搶手、最難訂位的餐廳。他可說是不折不扣的明星。

一位非常非常有名的主廚毫無緣由地說：「他其實不是那麼了不起的主廚。」一般人聽了這句話，可能會覺得他是有感於張戴維的威脅，但張戴維在廚界還沒久到讓這位名廚把他放在眼裡。這位名廚在廚界的頂尖地位，是靠他多年的努力辛苦掙來的，在他眼裡，張戴維付出的心血還不夠多。

另一位名廚則說：「他甚至還稱不上是好廚師。」

這兩種說法都完全忽略了重點。

他看起來平步青雲，但其實他一直過得很慘。「我一直覺得我很混亂、毫無頭緒，這一切何時才會結束？」

不管你喜不喜歡這傢伙，不管你覺得他名過於實或實至名歸；重點是，張戴維是當今美國最重要的主廚，這是不容忽視的地位。他不是卓越的主廚（他自己可能會第一個承認這件事），甚至不是經驗特別老到的主廚，紐約市有許多比他更好、更有天分、廚藝更精湛的廚師。但他是重要的主廚，在極短時間內顛覆了餐飲界的版圖，創造出一種全新的頂級餐廳模式，一而再，再而三地抓準了許多人一直摸不透的現代人口味（甚至還推出自有品牌的燕麥奶）。那正是他異軍突起、與眾不同的原因，也是他把某些主廚逼瘋的原因。以「主廚」一詞來形容張戴維，對他自己和「主廚」這字眼來說都是幫倒忙，他其實是全然不同的。

在冷酷無情的餐飲界裡，有創新點子是一回事，要真正落實點子則困難許多。如果你有足夠的技巧，又很幸運能落實想法，接下來的挑戰是讓它持續發展下去，甚至加以擴張；最重要的是，在過程中不要把一切搞砸。

張戴維旗下的餐飲王國逐漸壯大，這其中最了不起之處，或許是他真的搞砸過，而且還搞砸了兩次，但那兩次失敗都變成他後來成功的關鍵。他的第一家餐廳Momofuku Noodle Bar，本來就只是一家賣拉麵的餐廳。第二家餐廳Momofuku Ssäm是比較無厘頭的概念，賣的是韓國春捲。張戴維和他的工作團隊是在兩家店都快經營不下去的情況下，死馬當活馬醫，整個豁出去大喊「媽的……我們就卯足全力硬幹，痛快大玩一場」時，才兩度闖進流行文化的主流。Momofuku Noodle Bar靠著拉麵以外的一切食物出名；在Momofuku Ssäm裡，也沒人點韓式春捲。

餐廳的事物和周遭的狂熱占據了他所有時間，你看他上電視的樣子，就好像剛經歷槍林彈雨還沒回神一樣，他那聳肩的動作，以及疑惑不解又內疚的笑臉，（好像是在說「你是指誰，我嗎？」）更讓人覺得他似乎也搞不清楚狀況。

不過，有人吹捧他，也有人痛批他，他受到嚴厲的批評。第一次看到他上節目的人，批評他「很嚇人」、「近乎恍神」、「紅得莫名其妙」。這些事情常讓張戴維在廚房裡搥牆，搥出洞來，洞多到他旗下的廚師都開玩笑說那是店內設計。他常出現頭痛欲裂、突發的肌肉痲痺現象、帶狀皰疹，以及多種壓力相關症狀。

他很清楚自己是在一群刻苦向上的廚藝高手面前走鋼索，而且很多人（甚至是多數人）可能都很樂見他栽進糞坑裡。某些美食界的精英私底下會偷偷希望他們最愛的地方以失敗收場，扼殺自己喜愛的東西是他們原始的本能。他們喜歡「發現」令人振奮的新餐廳，在意想不到的地方發現創意獨特的主廚，告知所有親朋好友，在部落格上大書特書一番。幾個月後再來抱怨年輕主廚愈來愈痛苦，或「現在每個人都去那裡」，害他承受不了壓力；或是時間久了，風潮過了。

說你在French Laundry吃過這輩子最棒的一餐，那是件好事；說你以前在凱勒於蘇活區開的失敗餐廳Rakel吃過，而且「當時」你就已經看出他的才氣，那才叫難得。Rakel關門大吉時，凱勒離開紐約，那段黃金年代是一種限量版的體驗，任何人都不可能再有機會遇到。在英國，他們通常是先把你捧紅，以便享受後來摧毀你的過程。美國則不一樣，大家是真的喜歡你、欣賞你身為主廚所做的一切，但在此同時，也等著看你失敗。

另外還有一種症狀，經常出現在偶像歌手的熱情樂迷身上。當他們崇拜的偶像走紅時，他們馬上覺得他「曾經很好」。張戴維自己就是死忠的樂迷（他是那種聽《Electric Ladyland》[1]的黑膠唱片就像吸毒一樣興奮的樂迷，沒什麼名氣的獨立樂手光臨他的餐廳時，他最興奮），他很清楚這種自行摧毀偶像的衝動。其他主廚面對外界拿放大鏡檢視他們時（這些主廚入行較久，長年在廚界高峰屹立不搖），通常是以間接的方式因應問題，例如做好情報研究、持續把那些可能傷害他們的人打理得服服貼貼的。

張戴維通常是正面迎擊，早早就告訴每個人：沒錯，情況很可能隨時急轉直下。面對那樣的態度，大家也只能痛苦地猜測：到底現在該不該去那裡吃啊。張戴維之所以那麼引人注目，主要是因為大家可以輕易地把他想像成伊卡魯斯[2]那種寓言裡的主角。你見過他以後，很難想像他不會崩潰。某個網站甚至有所謂的「MomoWatch」，專門追蹤張戴維圈子的發展，甚至還詳細到每小時更新情報。

他的一舉一動及言語受到關注及討論的程度，是廚界有史以來獨一無二的。馬可那種第一代搖滾巨星般的主廚，以及拉姆齊那種策略性的火爆路線，都只是八卦報的題材。那些關注與撰寫張戴維的人大多是聰明人，對餐飲相當講究，他們知道面對料理時，何時該動刀，以及怎麼切比較恰當。

所以，張戴維是怎麼應付這一切的？

「憤怒或恐懼……在兩者之間擺盪。我需要憤怒，以刺激我去嘗試我通常不會做的事情，因為我很懶。我也需要恐懼，才會不斷地努力，以免失去我們既有的成果。」

他熬過一個比一個更艱難的打擊，那些打擊看起來就像連串飄忽不定、出乎意料的選擇，但是他每次都成功了。

Momofuku Noodle Bar開張時，廚師喜歡這個可以讓他們享用拉麵的地方，而且這家店是一個瘋狂、暴躁、過勞的韓裔美國小子開的，那小子曾短暫為名廚柯里奇歐工作，後來又為名廚布呂工作。他們很愛看他咒罵客人，例如有客人抱怨店內的素食選項太少，他馬上把菜單改成幾乎每道菜都加豬肉。

他的每家餐廳看起來都好像是專為飢餓的廚師，以及吃膩好料的業界內行人設計的，這其實並非偶然，這些店的開幕就像是一股對外揭露集體祕密的衝動。店內的一切，從櫃檯服

1 譯註：吉米罕醉克斯（Jimi Hendrix）的專輯。

2 譯註：在希臘神話裡，伊卡魯斯和父親黏著人工翅膀飛離克里特島。因過分接近太陽，導致黏合翅膀的蠟融化，墜入愛琴海而死。

務、菜單、音樂、廚師的外表，到客人和廚師直接應對的方式，似乎都是想告訴業界人士：「這樣才對，如果我們不用擔心他媽的客人怎麼想，我們的生意就會這麼好，這麼有趣。」

這種以前只限少數放縱的精英所享有的福利，如今變成非業界人士搶著體會的經驗。如果所謂的成功主廚，是讓一般人也吃廚師一向愛吃的東西，並以廚師喜愛的食用方式來享用，那張戴維肯定非常成功。他在把過去需要歷經燙傷、腳痠、牛脂塞指甲縫、起水泡等過程才能加入的烹飪領域加以解放。對有些人來說，那是一種背叛。

我第一次在Momofuku Ssäm用餐時，有道菜讓我吃了不禁抬起頭來，由此可見這裡的確有它特別之處。那道菜是仿經典的法國沙拉frisée aux lardons（煙肉沙拉），是一道對法國小餐館的主食致敬的作品：他不用一般慣用的煙肉，而是改用短小的炸豬皮，蓋上完美的水波鵪鶉蛋。這樣算是夠好了，不過到目前為止，還不會讓我想要扯開襯衫，衝上大街大肆宣傳。但是，他的沙拉是放在出人意料的韓式辣牛肚上，這實在是……天才。這道菜，一方面是我平常很討厭的現代料理，而且還放在一個碗裡，那是一種「混搭」——結合完美的歐洲經典菜色和亞洲的食材與烹調方式，是後現代的作品，摻雜了我最不喜歡的成分：諷刺。看起來像是想要改善或仿作一道完美無瑕的小餐館經典菜色，除非你是凱勒或亞德里亞，我通常都很厭惡這種東西。

但這道菜真的很大膽，而且好吃得要命。裡面有牛肚，所以對我來說又多了一層道德面的考量：任何人可以讓牛肚這種東西變成難以抗拒的美味，還讓紐約人吃下肚，在我眼裡已經算是天使。那感覺就像把我最愛的主廚都集合在一起，在韓國創造出一道完美調配、令人耳目一新的嬰兒食品一樣。我當場覺得，我希望後半輩子吃的所有高檔料理都類似這道菜：既複雜、吃起來又相當爽快。

表面上看來，Momofuku Ko像是一家夜店，或那種店面看起來不知在神祕什麼的雞尾酒店。沒有招牌，那毫不起眼的門邊，只有一個小小的桃子商標。你很可能在外張望十分鐘，還不知道你已經到了。

餐廳內的吧台設計相當簡樸，只有十二人座，訂位更是出名的困難，是精緻美食界最民主（也最痛苦）的訂位方式。你打電話、寫信、懇求或靠關係都無法訂到位子。只能在特定的時間，上它的網站，設法排除萬難，在用餐的前六天訂到位子。你必須在同一時間，打敗上千位和你一樣的競爭對手才能訂到，這可不是一件簡單的事。你只能靠著毅力不斷地嘗試，才能成功。除了雇用一群人幫你在同一時間、同時幫你訂位以外（這可能增加你訂到的機率），別無其他作弊的方法。這就像買彩券一樣，規矩適用於每個人身上，不管你是美食家，還是他的親朋好友都一樣，就連張戴維的爸媽也不例外，他們要等一年才能在兒子開的餐廳裡吃飯。

Momofuku Ko的菜單（晚餐是十道菜的套餐，中餐是十六道菜）會跟著客人的組合、主廚和廚師的心情而變，不過通常會包括幾種已經嘗試、驗證、覺得可行的概念。每道菜的創新發明過程都很神祕，難以理解。懶惰的記者會自然而然地把一切的功勞都歸給張戴維，客人後來知道他鮮少出現在現場時，通常都覺得很失望（這對他來說並不公平）。這家餐廳從一開始就是由彼得．瑟皮科（Peter Serpico）擔任主廚，你在那裡看到的人應該是他。

在張戴維的餐廳裡，那些菜色的創新開發過程，是主廚與廚師之間，平日以電子郵件交流出來的成果，那是一個相當引人入勝的討論過程。在正式發表菜色之前與之後，都有許多的測試和試吃。那些信件裡可能只有短短幾字提到突發的靈感，也有上千字的信件詳述某個經驗、口味與可能性（可能開發出某種非凡東西的實驗），透過電子郵件的往返，不斷地討論。張戴維的筆電硬碟裡（我是從副本看到的），存放著美食界最佳創意者歷年來的對話內容，而且不止員工參與腦力激盪，裡面還有一些非常特別與深入的食物觀點，我會建議美國廚藝學院考慮出價收購那些檔案。

以一家擁有米其林二星的餐廳來說，Momofuku Ko的服務相當隨興。這裡沒有服務人員，而是由廚師直接料理食材，說明菜色之後（語氣上有時親切，有時隨和），就把那盤菜放到吧台前。店裡有酒單，不過你最好還是讓現場優秀的侍酒師來幫每道菜配酒，她比你更懂。萬一你只想配啤酒呢？他們也有。

現場沒有桌巾或餐具擺設，用餐時的背景音樂可能是丑角合唱團（The Stooges）或地下絲絨樂團（The Velvet Underground）。「開放式廚房」看起來比較像快餐店，而不像米其林餐廳。而廚師……就是大喇喇地展現一般廚師的樣子。一般公司行號上館子時，廚師通常都躲在後面，他們看起來隨興，紋身，穿著類似希臘餐館櫃檯後方那傢伙所穿的白襯衫。

我試了很多次，終於有幸擠進Momofuku Ko用餐。

一開始先上一小盤的牡蠣、魚子醬和海膽，這三樣生來就在一起的食材。接著是一盤燉茄子、番茄凝膠和茄子片，那是我這輩子永遠也想不到的組合（事實上，那是我沒吃也覺得無所謂的食材），嚐起來美味極了，我幾乎沒料到蔬菜會帶給我如此美好的驚喜。接著是一盤豆腐和鴨心，搭配自製的XO醬，這道菜更貼近我原本就愛的美食領域。炸豬皮是一道好吃到無以復加的小菜（基本上是一種邪惡的美食）。我討厭扇貝（對我來說，太肥太甜了），我對鳳梨無感（也是甜），不過切片的手撈扇貝（diver scallop）[3]搭配鳳梨醋、脫水火腿、新鮮菱角，本來也會是我討厭的菜，卻讓我吃完想舔盤子。接著又是一盤海膽，這次是放在冷高湯中，搭配豌豆鬚與香瓜，又是一道絕配！之後來了一道稍微煙燻的雞蛋，搭配手指薯（fingerling potato）[4]切片、洋蔥蘇比斯調味汁、番薯醋（那就像你半夜和亞德里亞一起喝醉酒，兩人突然一陣嘴饞，而有幸嚐到的奇妙美味）。玉米麵搭配蒜味辣腸、醃番茄、乾辣椒、酸奶油和萊姆。鱒魚搭配馬鈴薯義式燉飯、蒔蘿粉、淋上糖漿的紅蘿蔔球、小瑞士甜菜，這道菜肯定花了很多時間，很辛苦才完成，吃起來也是棒極了！冷凍霜降鵝肝搭配荔枝、松子脆片、葡萄酒果凍，你光是閉上眼睛想像，就已經覺得這是絕配了吧？當比空

3 譯註：意指潛水伕親手摘採的扇貝，很環保。
4 譯註：手指大小的馬鈴薯。

氣還要輕盈的鵝肝在我舌間化開時，那簡直就像祈禱應驗了一樣美好。

最後一道主菜是炸牛小排，（我問你：哪個人不愛這道菜？）搭配青蔥、薰衣草和嫩韭菜，讓我口齒留香。接著是甜點：桃子汽水，搭配動物餅乾的夾心冰淇淋，我不是很愛，或許是因為我對這些零食沒有任何歡樂的兒時記憶。小時候家裡不准我喝汽水（我對此仍然很不滿），動物餅乾對我來說就只是餅乾，是那種腦筋不太清楚的老奶奶會給你的餅乾，他們以為那是每個小孩的最愛。黑胡椒巧克力奶糊、黑胡椒碎屑、浸漬藍莓搭配鮮奶油，以及橄欖油冰淇淋雖然聽起來噁心，卻帶給我在Momofuku常見的意外驚喜。事實上，那也是那個充滿驚喜的夜晚，讓我最難忘的菜色之一。

想要找出張戴維的「風格」很難，因為他竭盡所能地持續改變，他的菜單也不斷地推陳出新。

不過，從他在Cafe Boulud跟隨主廚安德魯．卡梅里尼（Andrew Carmellini）的歷練，可以洞悉這一切創意的來源。他當時負責開胃小點工作站（amuse-bouche，法語直譯是「逗樂嘴巴」），必須持續拼湊出多變的小巧菜色，作為第一道免費供應的小菜，這些菜色大多是從手邊的時令食材變化出來的。「amuse」的概念就是要「喚醒」或「挑逗」客人的味蕾，讓客人更期待後續上桌的精緻料理。這些小菜的製作必須迅速，兼顧色香味，最重要的是要有趣。負責製作這類開胃小點的廚師，通常比較不受「品牌」形象的限制。例如，你在只提供法國料理的餐廳裡，開胃小點比較可能偏離法國風，突發奇想是優點。

由於張戴維是個有趣的傢伙，做著有趣的事情，再加上言詞犀利、個性衝動、不夠圓滑（一般背負很大壓力的主廚很少這樣），所以那些拿錢寫美食報導的人，或美食部落客，或介紹有趣人物的電視節目，常動不動就虧他，以為這樣就能從他口中套出一些話或爭議性的言論。例如，張戴維只是半開玩笑隨口說自己「討厭舊金山，他們只會把他媽的無花果放在盤子上」，就可以迅速掀起數週的部落格論戰和新聞報導。其實，面對張戴維，你根本不需要故意刺探他，只要等得夠久，他肯定會講出一、兩句惹毛某些人的話。

如今報紙的報導，尤其是平面媒體的美食作家，愈來愈難找到新鮮的話題。對愛用形容詞的人來說，寫美食文章常感到詞窮，難以發揮，想要隨時掌握包羅萬象又反應迅速的部落格圈又非常困難。對寫作題材通常沒有杯子蛋糕精采的美食作家來說，觀察張戴維就像是一種「單人淘金熱」，從他一個人身上就能挖出源源不絕的流行題材。

有人私底下不得不佩服他，關注他的下一步動態，以了解接下來要寫什麼或談什麼。（「下一件大事！」）有人注意到張戴維身為公眾人物的背後所受到的傷害，他的莽撞與煩惱，想要寫那些東西。也有人像我一樣，就是喜愛他的存在，但也忍不住想對他做進一步的心理分析。

「為什麼每個人都想知道他在想什麼？」他的朋友兼合著者彼得．米漢（Peter Meehan）說，不過他知道答案。

張戴維和眾人關注的其他主廚不同，他絲毫不掩飾他恐懼和憎恨的東西。

他想讓人知道，其實他獲得的讚譽和成果都不是他應得的。他坦白對記者這麼說已經好一陣子了，他也一再提到自己的資歷和經驗不足，堅稱自己不如其他的主廚。這其中究竟有多少說法是他在故作姿態仍有待商榷，但我認為，不能因為這些話是他自己說的，就認為那不是真的。

他說：「這一切都不是我想要的。」相反地，這句話我就完全不信了。

他曾是青少年高爾夫賽的冠軍，十三歲時完全放棄那項運動，因為他說：「如果我無法智取每個人，我就不想打了，那毫無樂趣可言。」

但那聽起來不像是「不想要任何東西」的人會講出來的話。

「高爾夫球讓我頭腦不清，不知所云。」他解釋。

我們現在正在紐約西城的 Yakitori Totto 餐廳，一邊吃著雞肉串燒，一邊談著神。

我們提早到了，因為這家傳統的日式串燒店在七點以前不接受訂位，而且他們的好料通常很快就被點光了：雞心、雞屁股、雞後腰（chicken oyster）[5]、雞皮。你可不想錯過這些好料，我們一邊喝著啤酒，一邊閒扯淡，我正在做的事是其他人都想做的——搞清楚張戴維這個人。只不過我做得很糟。

他出生在篤信基督教的韓國家庭裡，在四個孩子中排行老么。

他在書裡提到和父親的關係，以及他與食物結下的不解之緣：「我從小就和我爸一起吃麵……晚上只剩我和他時，他會叫我吃麵配海參。那組合雖然吃起來詭異，不過陪他大膽吃完後所產生的自豪感，完全抵銷了那東西給人的古怪感。」他父親從韓國移民到美國時先在餐廳裡工作，一直警告他遠離這一行。

我認為，張戴維念耶穌會高中，之後又念三一學院（Trinity College），主修宗教，對張氏科學的崛起有很大的影響。

「對我來說……那還不夠。」他講得很玄，「我以前很信上帝……但如果上帝真的存在，我寧可下地獄。我說祂失敗，是因為祂把訊息傳到人類手中，讓人自己做決定。我想我很氣祂，十字軍……波布……希特勒……史達林。發生這些恐怖的事情時，大家還是低頭禱告，感謝上帝賜給他們食物。」

這讓我不禁要問：「如果你不信神，為什麼還主修宗教？」

「我只是需要搞清楚……我只是想知道。」他說，一口氣喝完剩下的啤酒，帶著一點感傷，「我一直以為人永遠不能反駁信念。基督教的上帝似乎有缺陷，我是指，你只有一次機會上天堂這件事。」

他手中的串燒吃了一半，抬起頭來，一臉擔憂的神情。

「萬一你沒得到機會呢？最終來說，真正重要的是：你死後發生了什麼事？對我來說，基督教的結束方式就是……不夠好。」

5 譯註：雞大腿對上一小塊像蠔的肉，一隻雞只有兩小塊。

他提到大乘佛教的菩薩延遲自己的得道，以指引尚未得道的芸芸眾生，他覺得這種方式比基督教的聖人更值得效仿。

我很少聽人大談佛教的教義（尤其是邊吃雞肉、邊喝啤酒的情況下），我還在反覆思考，擺脫父親關愛與期望的壓力，以及令人失望的上帝，那究竟是什麼感覺。他說：「我盡量把自己的目標擺在他人目標的後面。」

我聽不太懂，所以我後來問了他的朋友米漢。

「我想說，他這個人真是他媽的貼心。」他說。我直接問他，他是否覺得張戴維是好人，「他很有同理心，也很大方，他是好人，不過他是刀子口豆腐心，比較直來直往。我沒和他日日夜夜混在一起，但我覺得他不太有溫柔纖弱的一面，他對朋友很講義氣，所以如果他和你稱兄道弟，有人欺負你，他絕對會給你適當的支持，幫你出氣。」

「義氣和誠實對我來說真的很重要。」張戴維說。

至少，他無法原諒騙過他，或不講義氣、讓他大失所望的人。

他的朋友大衛．阿諾（Dave Arnold）曾對他說：「你的嗜好就是恨人。」的確，他有好長一串需要小心應付——甚至密切關注——的敵手清單。

「我不介意別人說，他們恨死我了。」他這樣說，向對手釋出善意，「有種就當我的面說。」

「不要想跟我稱兄道弟卻又……」他的聲音漸小，想起了「歐澤斯基事件」。喬許．歐澤斯基（Josh Ozersky）當時是在《紐約》雜誌旗下影響力深遠的美食網站Grub Street擔任編輯兼記者。據說他和張戴維之所以交惡，是因為他在張戴維還沒準備好發表Momofuku的菜單以前就搶先公布。張戴維堅稱，當初歐澤斯基保證先不對外公布的。

歐澤斯基的「獨家新聞」讓他終生不得踏入張戴維的餐廳。我說「終生」，可不是開玩笑的。我相信即使天下紅雨，張戴維也不可能讓歐澤斯基踏進各地的Momofuku餐廳。

「我討厭安朵娜特．布魯諾（Antoinette Bruno）。」張戴維說，這是他入行初期受到的傷害，那時Momofuku才剛起步。張戴維當時特別脆弱，多年後的今天，他仍覺得傷害難以平復。

布魯諾是Star Chefs網站的老闆，該網站每年都會主辦廚藝活動，張戴維說那是「拙劣模仿馬德里國際美食高峰會（Madrid Fusion）」的活動。有次活動結束後，布魯諾口無遮攔地批評張戴維根本是「過譽」，她罵得痛快，卻不知道她是在和張戴維的廚師聊天。「投機取巧，假惺惺，人品不好，逢迎諂媚，卑鄙無恥。」張戴維說，光是想到布魯諾，他還是很生氣。

「我他媽的痛恨X。」他指的是某位形象崇高的餐廳老闆，標榜餐廳對世界有益，是業界主張良心、永續食材生產的先驅。我反問：「這就像痛恨達賴喇嘛一樣，你怎麼會恨他？況且，他主張的一切都是你支持的！」（張戴維對於永續環保食材的新走向和新來源很感興趣，參與深入。）

「我非常恨他，恨到令人難以置信。」

「但你又很愛華特斯。」我指出，華特斯是比X更堅守教條的例子。

「是啊，但華特斯的立意良善，她可能講得沒那麼好，但她很善良，可能只是在六〇年代吸多了迷幻藥罷了。而且……她對我來說就像母親一樣。我生病時，她第一個打電話來關心我，甚至比我家人還早。」

他只說X主廚「很愛耍手段操弄」，就沒再進一步說明。

「我也討厭Y。」又一個廚藝界深受喜愛的人物，他是一家創新餐廳的主廚兼老闆，才氣過人，專做「實驗性」料理。

「但是……你又很崇拜亞德里亞。」我說，「拜託，你和杜佛斯尼又是最好的朋友。」他一方面推崇這兩位，卻又討厭同一領域的另一位大將，我覺得有點互相矛盾。為什麼會恨這傢伙？

一言以蔽之，「他太嚴肅了，上館子用餐應該是件愉快的事。」

總之，他接著又說：「亞德里亞是個天才，他的作品就像鮑伯．狄倫（Bob Dylan）那樣令人震撼，還沒有人徹底了解亞德里亞的影響力，他的影響力會永世流傳。」

我開始覺得，張戴維恨一個人不需要什麼合理的原因，幾乎每個例子多少都是基於個人因素。

雖然他說過他「討厭」舊金山及舊金山的主廚，但其實這兩者都不是真的。你請他列舉他真正崇拜的主廚，那些他覺得做的事情很重要的主廚，他一定會提到大衛・金奇（David Kinch）、傑若米・法克斯（Jeremy Fox）、科瑞・李。他不肯聽人講華特斯的壞話，他推崇凱勒，和卡森提諾稱兄道弟。他雖然說過灣區只會把「無花果放在盤子上」，但他坦承，他其實很羨慕他們的做法。

他也知道自己很矛盾，或許他也不解自己在面對自我及面對他人時，為何都充滿了衝突。一方面他哀嘆廚房裡缺乏秩序、紀律和嚴苛的標準，但下一秒，他又感嘆過去大家把「廚房裡最有趣的人物」捧為英雄的時代已不復見。他抱怨：「現在大家已經不那樣想了……」我說：「但是，今天要是那個廚房裡最有趣的傢伙為你工作，你也會因為他不夠認真看待你的標準，而把他開除吧。」

即便如此，他還是繼續說：「凱勒和其他幾個主廚不算，沒人在訓練嚴肅的廚師。」接著，他語帶欽佩地提到一位廚師「剁到指尖時，把手指放在煎板上燒灼表皮止血」。我不得不提醒他，French Laundry可能不會認同這種做法。

「我討厭廚師變成白領階級這件事。」他很清楚，隨著時間的流逝，以及旗下新餐廳的開設，他其實離實際掌廚愈來愈遠了。

所以……他究竟喜歡誰？

他黯然地坦承：「我不跟任何人說話。」我差點就信以為真。

接著，他不情願地承認，他還是有一些朋友。作家兼記者米漢是他的朋友，兩人曾合寫張戴維的食譜。米漢是個聰明正派的傢伙，我覺得他就像張戴維的溫度調節器和顧問一樣，張戴維可以問他：「這點子好嗎？」或「這對我好嗎？」並得到誠實的回應。

WD-50餐廳的創意主廚兼老闆杜佛斯尼也是他的朋友。張戴維說杜佛斯尼是他的良師益友，「他住很近，就像我哥一樣。」他每次一談到杜佛斯尼，總是語帶感情和尊重，讓人覺得你要是敢在他面前抱怨WD-50的開胃菜，他這輩子都不會再理你。

接著出現的名字是肯・弗里德曼（Ken Friedman），他是熱門英式酒館Spotted Pig和The Rusty Knot酒吧的老闆，旗下還有其他幾個日益擴張的事業。弗里德曼曾在樂壇走紅，在餐飲業也是以同樣的方式迅速崛起，張戴維似乎對他因應人生的方式感到熟悉、欽佩與羨慕。

「他過的人生實在是太爽了……他似乎就這樣一路跌跌撞撞地撐了過來，他也是個好人。」

法國廚藝學校的廚藝系系主任大衛・阿諾也是他的朋友，阿諾是理論家，也是許多新銳主廚的顧問。（米漢說：「張戴維＋大衛・阿諾＝快樂的張戴維。」）

我問米漢，還有哪些東西可以讓張戴維快樂，米漢提到啤酒、許多蒸煮的甲殼類動物，以及激動地主張新英格蘭超驗主義（New England transcendentalism）[6]是有效緩和帝國壓力的方法。

張戴維形容自己對華盛頓首都隊（Capitals）的曲棍球後衛羅德・藍威（Rod Langway）

有無可救藥的迷戀，因為他是最後一批不戴頭盔上場比賽的人。這個重要的隱喻或許可以一語道盡這位年輕主廚的職業生涯。

米漢說：「關於張戴維，最重要的一件事是……他永不停歇，願意拋棄一切重新來過，永遠想要做得更好。他的餐廳裡有明顯、真實的活力，這是愈來愈少見的東西。」

張戴維對於自己在Café Boulud及Craft餐廳的工作時間不長，似乎有些遺憾，他推崇Lespinasse、Le Cirque、Gramercy Tavern、Le Bernardin、Daniel等幾家紐約餐廳的廚房，那些是歷代主廚成長與學習廚藝的地方。

「克里斯丁．德路利耶（Christian Delouvrier）……我要是在他旗下工作，可能會苦不堪言。不過，能當他的廚師應該是一件浪漫的事。」

他回想起前幾代的超級名廚，露出一臉憧憬的模樣——像個把鼻子貼在玻璃上的孩子。他在一封特別的電子郵件裡，以傷感的語句描述一場在哥本哈根舉行的烹飪活動，他有機會在場觀看名廚亞伯特．亞德里亞（Albert Adria）烹飪。

---

6 譯註：十九世紀初期的美國，雖然經歷了獨立革命、建立有別於歐洲大陸主流政體的民主共和體制，但在文化、思想、宗教、藝術等方面，基本上仍保留著歐洲的傳統，尤其是英國的傳統。經濟方面，英國率先發展工業革命，立國不久的美國處於劣勢，當時的美國很焦慮，特別是新英格蘭一帶的知識份子，擔心他們能否在政治上、文化思想上也獨立於歐洲，別樹一幟。一八三七年，愛默生發表「美國學者」演說，很快就被譽為新大陸思想領域的獨立宣言。愛默生及其他思路相近的人士主張揚棄當時的主流意識（英國清教徒主義），自立門戶，世稱「新英格蘭超驗主義」。

「亞伯特很有趣，風度翩翩，等我們都到了廚房後，他馬上進入瘋狂狀態。那是他八個月以來第一次穿上廚師服，他解釋為什麼高級美食對他來說已經死了……我想，我看他煮了三個小時，他的腦子轉個不停……那場表演之所以美好又令人感傷，是因為那可能是大家最後一次看到他做菜了，就像看著麥可・喬丹（Michael Jordan）退休一樣……他獨自一人打理一切，整個房間裡的賓客……廚師……主廚，都看得肅然起敬，而且吃起來實在是他媽的美味極了。」

他說：「我對烹飪史有特殊的偏好。」他在Momofuku Ssäm的牆上，掛了一整列他推崇的主廚相片，讓他旗下的廚師都記住他們的臉。「主廚上門時，我知道。」（他也希望他的廚師都知道。）他談起已逝的傳奇名廚尚—路易・帕拉丁（Jean-Louis Palladin）和吉伯特・勒寇茲（Gilbert Le Coze）時，像在談黃金年代的棒球員一樣，他問我：「你知道誰去過名廚大衛・褒利（David Bouley）的廚房嗎？每個人都去過！」

他指出，最近逐漸捨棄白色桌巾、水晶玻璃器皿、經典高級服務、頂級美食的趨勢有好也有壞。「好的地方在於，一些非主打精緻美食的餐廳大量出現，但是這也是雙刃劍，因為這侵蝕了訓練優秀廚師的場所，餐廳真正需要的，」他強調，「是廚師。」

「但是，老兄！就是你扼殺的啊！」我其實可以馬上這樣回他。真要說有誰開闢了一條離開精緻美食的道路、一條有別於過往模式的可行路線，那肯定是張戴維。大家看到Momofuku Ssäm和Momofuku Ko成功後，還有哪個主廚想繼續提供高級餐具與擺設，負擔那一切沒必要的開支？不管張戴維怎麼想，他都是在幫忙扼殺他最愛的東西，他讓他的偶像——他辦公室書架上那些食譜裡的人物——變得過時。

在所有的主廚中，他最尊重的似乎是艾利克斯·李（Alex Lee），李曾在Daniel餐廳裡擔任主廚。張戴維曾短暫造訪Daniel餐廳，他在那裡看到的標準和烹飪水準，對他產生了極大的影響。那是他常用來自我評估的標竿，每次他自我評比後都不滿意。李目前的年紀坐三望四，有三個孩子，最近到一家鄉村俱樂部任職，對一位年近四十又以家庭為重的主廚來說，這是個大家都可以理解的職業轉變，但對張戴維來說卻是個奇怪的打擊。

「我看到他，心想，我的廚藝永遠比不上他，也沒他那種瘋狂的幹勁，結果他竟然就這樣不幹了！」

由於張戴維一再宣稱他只是個平庸的廚師，我問他，他覺得自己擅長什麼。

「我有個詭異的特長，我可以像我老闆一樣思考。」他說。我問他，他覺得自己做管理者比較稱職，還是當廚師比較稱職？他說：「最優秀的廚師就像學校裡的美女，他們有天分，先天就會烹飪，從來不需要培養其他的技能。」他想了一下，「我的意思是說……賴瑞·柏德（Larry Bird）[7]是很爛的教練。」

7 譯註：前美國NBA職業籃球員，曾與喬丹、魔術強森（Magic Johnson）並稱為八〇年代NBA的風雲人物，退休後擔任教練。

這句話給我的感覺是，在他的內心深處，他寧可像柏德那樣有過人的天賦（又是一個爛教練），也不想像他自己後來可能變成的那樣。

我們喝乾了三瓶啤酒，也吃下不少雞肉串燒。他面前的杯子裡插滿了一堆用過的竹籤，他嘆了一口氣，往後靠著椅背。

「這五年來，一切都變了，唯一沒變的是純粹的理想。愛，事實，忠誠。沒人對你有什麼期許時，那是最美的。」

但如今，大家對張戴維有無限的期許。在短短的五年內，他從Momofuku Noodle Bar出發，接著陸續開了Momofuku Ssäm、Momofuku Ko、Milk Bar，如今新開的Má Pêche開始轉進市中心，攻占大飯店，那地方原是名廚傑夫瑞·薩卡瑞恩（Geoffrey Zakarian）開的Town餐廳。《Momofuku》食譜也進駐了書店（我們見面當時），巡迴簽書會隨時都可能展開，而隨之而來的是不明原因的耳聾、心身麻痺、莫名的頭痛。這發展要到何時才達到極限呢？張戴維提到他想休息一年。

後來我問米漢這件事，他笑著說：「一年？怎麼可能！他事業心那麼旺盛，那麼多人要靠他養。他就像四處巡迴演出的重量級團體，類似死之華合唱團（the Grateful Dead）那樣，有一大群人跟著他們到處遷徙，表演維生。當張戴維離開Momofuku時，一定是因為健康因素，或是他打算永遠離開廚房了。」但是另一方面，米漢也認為：「如果你的偶像是馬可，你又聽多了尼爾·楊（Neil Young）的音樂，做到筋疲力盡應該會比逐漸消失更有吸引力吧？」

要看出或聽出什麼東西在折磨著張戴維很簡單，所以我問他……對他來說，什麼樣的日子算是美好的一天？

他抬起頭，看往其他地方，彷彿在回想遙遠到他都不確定是否發生過的事情。

「我起床，不必開會……我可以去市場，例如週六，而且要早點去，才能和農人聊一聊，避開湧入聯合廣場的一般民眾及其他主廚。如果我晚點去，原本只需要四十五分鐘的行程，會變成三小時的閒扯淡。」

「我到餐廳，看到一切都很乾淨，人行道也乾淨，遮陽篷反射著水光……我跑遍每一家餐廳，確定現場排隊的情況良好，整天的備料都乾乾淨淨、妥妥當當。廚師自動自發，從早到晚都維持一貫的緊迫感，矮冰櫃也很乾淨。」

「外場會議，服務人員準時到齊，沒人宿醉或抱怨……」

「我吃一碗飯配泡菜，或許還加一點蛋，或是中午員工吃的任何東西。午餐營業時間，拖車來了，我不需要動口交代什麼事情。我只希望廚師調味恰到好處，把東西標示好，精簡備料。廚師從不回絕要求，只會盡快行動。每個人的刀子都很利，不擺架子，沒人燙傷，服務人員沒上錯菜，我不需要大吼大叫……」

「我下樓開發新菜色，或是宰肉或洗菜，感覺非常放鬆。在餐廳裡或透過電子郵件，和核心成員一起開發菜色，我把一些試做的菜拿給每個人品嚐……」

「我沒收到『戴維，我們可以談一下嗎？』這種電子郵件，那種信的真正意思是『戴維，我想加薪』或『我不幹了』或『我不滿意』」。

「我走一趟Momofuku Ko和Noodle Bar，確定一切都好極了，每道菜都有它該有的味道，每個工作站都很乾淨，每位廚師都想辦法讓他們的準備工作變得更好、更快、更有效率……我可以看到他們一再確認備料沒問題，我可以看到他們自問：『有更好的做法嗎？』我不需要質疑任何人的誠信或投入。」

「員工伙食是炸雞、沙拉和檸檬汁，那是一天最重要的一餐，我和大家邊吃邊聊……」

「為晚餐營業做好準備，我們沒有貴賓，但很忙，我會站在每家餐廳的角落觀察。我盡量避免待在Momofuku Ko，我會去Noodle Bar看他們忙進忙出，看客人排隊等候及開心的表情。我盡量壓低帽子，以免還要和人聊天。」

「機器都運作正常，空調順暢，沒有水電管線的問題，現場排隊的客人神色自若，都沒問題。」

「我下樓，看新人練刀工，他們不知道我在觀察，他們是以正確的方式練習，也就是比較費時、比較笨的方式（亦即正派的烹飪方式）……在沒人觀察下烹飪或準備東西，發現上百種捷徑，但依舊不受同儕的影響，選擇比較辛苦的那條路。我看到他們這麼做以後，又回樓上，看到餐廳完全不需要我，在營業時間沒有我反而做得更好，我會覺得很欣慰。」

「我走回Momofuku Ssäm和Milk Bar，站在角落，看到一位廚師因為另一位廚師不盡責而加以指責。大家都很講究責任歸屬，我週六晚上十點就可以和一些提早下班的主廚一樣提早閃人，和朋友或女友去喝兩杯……或許一直喝到深夜，在有點唱機的酒吧裡，喝著波本威士忌。」

「基本上，就是一個完全沒出狀況的夜晚，大家都迅速行動，做好工作，我不需要大吼大叫。」

講完夢想後，他又補充：「這曾經發生過，不過已經不再出現了……我講的是比較理想的狀況。」

由於張戴維的回答幾乎都和工作有關，幾乎沒什麼玩樂，所以幾天後我問米漢，他認為真正讓張戴維開心的事情是什麼——如果工作可以停止運轉，讓他放輕鬆，深呼吸新鮮空氣，腦中什麼都不想。

「我見過，」米漢說，「其實那情況的確存在，只是他不會主動去爭取，快樂不是他人生的首要目標，而是附帶的效益，他不會完全對快樂無感。或許，有一天當他發現快樂可以幫他達成目標時，他就會在乎快樂這件事了。」

Yakitori Totto的服務人員過來，提醒我們必須在七點以前離開，因為那位子有人訂了。張戴維往窗外看，接著回頭看我，「我的一大遺憾是，我再也無法和我的廚師一起喝個酩酊大醉。」

「我想我五十歲以前就掛了。」他一本正經地說。

18 壯志

MY AIM IS TRUE

曼哈頓清晨的語言是西班牙語。我買咖啡的那家貝果店裡，每個人，不分客人還是櫃檯人員，嘴裡都講著西班牙語，例如papi（爸爸）、flaco（你好嗎？）或hermano（老兄）之類的，或是以祖國的母語交談。西班牙語是不是你的母語並不重要，在這個時刻，大家就是講這個語言，那是大家溝通的方式。

孟加拉籍的店長是少數穿著美式服裝的人，現場每個人都以某種形式的西班牙語交談。在這個早晨時段，他們是主要的活躍者，這是他們每天專屬的時段：附近公寓大樓的門口警衛，搬運工，上班途中的保母，來買咖啡的工地勞工，洗碗工，早到的餐廳服務人員，都以暱稱互相打招呼。看到不認識的臉孔，他們也會以西班牙語詢問：「Qué país？」（哪個國家？）

現在是早上七點，在紐約市Le Bernardin餐廳內這個鋪著白色瓷磚的冰冷房間，這裡也講西班牙語，胡斯托．湯瑪斯（Justo Thomas）看著七百磅的魚貨，一堆保麗龍箱子在他的狹小工作區裡堆得半牆高，裡面裝著大比目魚、白鮪魚、石斑魚、鬼頭刀、紅鯛、鮟魚、鱈魚，鮟鱇魚、鮭魚，牠們大多還帶鱗帶骨，內臟也還在。

「你看他們捕捉的方式。」他說——意指帶骨、以原有的樣子撈出海，這也是Le Bernardin堅持採購的方式。這些魚仍帶有光澤，眼珠透亮，鰓色嫩紅，直挺挺的，除了海水味以外別無其他怪味。餐廳外的每個人（絡繹不絕的送貨員，送來一箱箱的葡萄酒、蔬菜、螯蝦、章魚、海膽、乾貨）都稱湯瑪斯為「Primo」（意指「第一」），他似乎很喜歡這個稱號。

Le Bernardin可能是全美最好的海鮮餐廳，名氣肯定是最響亮的：連續三次獲得《紐約時報》四星評價，兩次贏得米其林三星，也是美食指南Zagat評價最高的紐約餐廳，幾乎囊括了你可以想到的任何大獎，以任何評估方式來看，它都是頂級首選。這表示，Le Bernardin切魚的方式和其他餐廳不一樣，至少標準是不同的，大家預期在這裡吃到很多高蛋白食材。

湯瑪斯來自多明尼加的鄉下，家裡有八個孩子，三男五女，他是次男。父親務農，種植咖啡和椰子。家裡養了幾頭豬以供販售，也養了幾隻雞添加平日菜色。湯瑪斯從小放學後就在田裡幫忙，他的第一份工作是在叔叔的糕餅店裡當櫃檯人員，每天從早上六點工作到晚上十點，但是他從來沒學過烘焙。

他現年四十七歲，在紐約市的餐廳已經做了二十年，先是以非法移民的身分工作，但很快就取得了永久居留權，後來也獲得公民身分。他有三個孩子，最大的孩子二十歲，在念大學。

他在Le Bernardin領固定薪資，那數字之高業界罕見，幾乎和我當主廚收入最好的那幾年差不多。他像餐廳的全體員工一樣，享有完整的醫療保險。他每年都會休假一個月，回多明尼加一趟。他也沒有固定的上班時間，這在業界也很罕見。他想下班就可以走，所謂「想下班」，通常是指把事情做完以後。

六年前他才來到Le Bernardin工作。在此之前，他在對街的Palio餐廳工作，當時他就聽過許多在Le Bernardin工作的優點。「在Palio，他們連『早安』都不說。」他搖頭。「在這裡，主廚對每個人都一樣。」他補充提到當時他一直在找一份穩定的工作，「我不喜歡工作換來換去。」Le Bernardin和餐飲業裡的其他工作幾乎都不一樣，在Le Bernardin裡，「我是為自己工作。」事實上，湯瑪斯享有同業裡前所未聞的自主權。

他的工作區長十呎，寬五呎，食材運送是從五十一街保德信大樓的地下卸貨平台推送，穿過走廊後，轉個大彎才會送到他的工作區裡。湯瑪斯的工作區就在工會幹事費南多（Fernando）的小辦公室旁，離通往樓上廚房的工務電梯只有數呎。他的工作台上擺滿砧板，一個架子上堆滿了透明的Lexan「貯存槽，一個孩子般大小的頭頂置物櫃，裡面放著小型電子秤和幾支尖嘴鉗。

房間的另一端有兩個水槽。有趣的是，牆壁還精心鋪上全新的保鮮膜（就像連續殺人犯預先準備好地下室一樣），以攔住四處飛噴的魚鱗，方便事後迅速清理。當然，每次輪班結束後，那些保鮮膜就會拆下來。湯瑪斯喜歡把事情處理得乾乾淨淨，俐落有條理。

每個預放的塑膠貯存槽都裝了排水網架，以免魚肉泡在任何液體中，每個網架又包著保鮮膜。湯瑪斯的刀具組裡，有一把不是特別貴的切片刀（通常是用來切烤肉的）、便宜的不鏽鋼廚師刀、一把打磨多次的片魚刀（刀刃幾乎只剩半吋），一把訂製的彎形刀，刀緣彎彎曲曲的。這些刀具整齊地擺在乾淨的毛巾上，排成一排，放在及膝的地方。他身後的掛勾上有一排鮮紅色的標籤，上面寫著「週三」，他會把那些標籤都貼在他今天殺好的每一槽魚上，讓樓上的廚師可以一眼看出先用哪一部分，以及食材是從哪裡來的。他左手戴著鮮黃色的洗碗手套，因為他不喜歡以手直接接觸魚肉。你看他做事，可以很快發現，他這個人很怕細菌。[1]

你很快也會發現，他非常注意交叉污染這件事。他用棉質濕毛巾擦過砧板後，就馬上把那條毛巾扔了，每次都這樣。

他做事一定照著習慣來，以他喜歡的方式規劃好時間和空間，有他自己的慣例。那是他喜歡的做事方法，從不改變。

Le Bernardin的主廚克里斯・穆勒（Chris Muller）這時剛來上班，他說：「湯瑪斯做事

1 譯註：一種熱塑聚碳酸酯材質的商標。

的原則是，沒有多餘的無謂動作。」穆勒以類似反暴戰士（Buckaroo Banzai）[2]說明宇宙的方式（「心隨境轉，隨遇而安」）。把一隻手舉起來，手掌平放向上，代表湯瑪斯處理的魚，他說：「魚在這裡……」接著把手掌翻面，像翻頁那樣，「……接著就到那裡。」他定睛看了我一眼，彷彿我應該要了解他剛剛透露了一個重大訊息似的。

每位副主廚、二廚、糕點師傅、實習生在前往更衣室的途中，經過湯瑪斯的工作區時都會停下來，露出一臉佩服的表情，微笑地對他說：「主廚，早安。」（這是Le Bernardin的做法，禮貌是內部的規矩，每個人早上都必須向所有的同事問早，不分職級，都以「主廚」相稱。）每個經過的人看我手拿筆記本站在那裡，都會多待一秒，看我是不是已經了解湯瑪斯有多了不起、把這份工作做得多好。他們都比我還要欽佩湯瑪斯，因為湯瑪斯休假時，需要三個人才能處理湯瑪斯獨自一人在四、五個小時內就能去鱗、去內臟、清洗、切割完畢的工作量。

這不是今天一個人處理七百磅的魚貨而已，週五要處理一千磅，日復一日，幾乎天天都是如此，而且是每個部分都必須處理得很完美。湯瑪斯非常清楚處理不好會有什麼問題。

「每樣食物，都攸關主廚的名聲。」他說。

這說法一點都不誇張，以Le Bernardin在精緻美食界的成就和知名度來看，只要客人點的一道鮟鱇魚稍微「走味」，那後果馬上就像核爆一樣，迅速在網路上傳開。大家對Le Bernardin這種長期在頂級美食界屹立不搖的餐廳，總是隨時拿著放大鏡檢視，非常嚴苛。

有太多人虎視眈眈地等著這種事件爆發出來，以便宣告這家餐廳「不如以往」或「完蛋了」。

我們換個方式來講好了：我從美國最好的廚藝學校畢業，當了二十八年的專業廚師和主廚，這期間我清洗與處理過成千上萬條魚。Le Bernardin 的行政主廚兼合夥人里佩爾可能也算是我在這世上最要好的朋友，但是我從來不敢拿刀碰 Le Bernardin 的任何一條魚。

里佩爾有個私人情報網，專門用來捍衛旗下的事業，恐怕連美國中情局都望塵莫及。如果你是食評家、重要人物、任何可能傷害或衝擊餐廳聲譽的人，你踏進餐廳大門沒幾秒，就會馬上被認出來，而且他們完全知道你的個人好惡。即使你是從未去過那裡的記者，但可能很快就會去一趟並寫下用餐經驗，很可能你抵達時，他們已經對你有概略的了解。里佩爾對情報的掌握相當驚人，重點是，他必須如此才行。

所以，當湯瑪斯說每樣食物都攸關主廚的名聲時，他講的一點也不誇張。在那種等級的精緻美食餐廳裡，必須有那樣的體系，裡面的每位服務人員、每位廚師，都必須注意每個可能拖垮整家餐廳的細節。一切的一切都必須做到恰到好處，永遠都是如此。

如果你是湯瑪斯，以切魚和分魚為生，你會發現以特定順序處理工作是必要的。他每天

2 譯註：科幻喜劇電影的主角，集搖滾巨星、超級英雄、腦外科醫生、日本武士等英雄身分於一身，全人類的安危都繫在他身上。

都以一成不變的程序工作。費南多負責收貨和秤重，他總是以一樣的順序和型態來排列這些魚貨，也就是說，他都是按照湯瑪斯喜歡的方式來做。

湯瑪斯說：「我喜歡魚。」語氣裡不帶一絲的諷刺，「我吃很多魚。」

他對紅肉就沒有同樣的感覺了，他不喜歡紅肉。「我對血液不放心。」他說，感覺好像光是想起紅肉就令他顫抖。「萬一我有傷口怎麼辦？那血會沾到我。」還好，他不需要經常接觸紅肉。或許餐廳高層也體諒湯瑪斯對紅肉的恐懼，菜單上唯一的一道牛肉（澳洲和牛海陸套餐），是由二廚負責切割。

今天，他先從大比目魚開始處理，那是最容易清洗的魚類：兩片肥美的去骨魚片，上下各一片。你可以輕易去掉中間的脊柱，皮也可以一次拉開，肉會自己分段，就像從牛腰肉切下菲力牛排一樣。處理二十五磅的比目魚大約只花了湯瑪斯八分鐘。

鱈魚就不同了，它的肉質非常纖嫩，又容易變質，動作太粗魯會把魚肉弄爛。鱈魚的外形看起來就不適合切出三星級餐廳所要求的均一方塊或長體狀。但在我還沒搞清楚狀況以前，湯瑪斯已經切下一片片的魚肉，整齊劃一地堆在一起。他把左側魚片堆成一疊，右側魚片堆成另一疊。一般人可能會覺得他的片魚刀不適合，但是他用那把刀切出一模一樣的鱈魚塊（先處理左側，再處理右側）。要是魚片不一樣大，他馬上會以迅雷不及掩耳的速度把它們都切齊。那些切除的碎屑逐漸在旁邊慢慢地累積，早上切除的所有碎料都會集中起來，一起捐贈給城市豐收教會（City Harvest）。魚的末端，或注定無法切成大小一致、但其他方面依舊完美的小塊，則另外堆成一堆。

他切好一堆後，把東西按照切下的順序逐一放進塑膠貯存槽裡。他把大小劃一的左側魚片和右側魚片放進貯存槽後（這兩疊從來不合成一疊），便從頭頂的架上拿出小秤，以不可思議的速度，開始配對那些大小不一的魚塊。他只需要秤一塊當參考，就把小秤放回架上，然後開始配對剩下的鱈魚塊，把它們分到貯存槽的側邊，這些肉可能拿來做兩份的精選套餐，或巧妙地做成一桌菜。之所以把它們和其他的魚塊分開，是因為一桌點兩份以上的鱈魚時，廚師可以輕鬆地讓每一盤看起來都一樣（可能是兩小塊鱈魚，或一大塊）。整個系統的設計是為了整齊劃一和方便，畢竟在最糟的情況下，會用到這些食材的人應該是非常繁忙的二廚。

湯瑪斯裝完這些鱈魚後，用保鮮膜把貯存槽封起來，在上面貼上鮮紅色的「週三」標籤，再蓋上透明的塑膠蓋。他把要捐給城市豐收教會的鱈魚碎塊，放在工作台下包著保鮮膜的淺烤盤上。接著以熱水徹底沖洗工作台，按工務電梯的按鈕，在水槽裡清洗刀具和水管，他知道他在等通往點菜廚房的電梯下來以前，有足夠的時間做這件事，他不想浪費半分鐘等候電梯。接著，他搭電梯把貯存槽端上樓，打開大冰櫃，把貯存槽放上當日鱈魚的固定架位，廚師閉著眼睛都能正確取用。

Le Bernardin是一家海鮮餐廳，這裡的海鮮堆積如山。魚貨箱子裡的融冰流到了地板上，湯瑪斯現在把一大尾鬼頭刀（又名鱰魚）拖上砧板，但這地方一點也沒有魚的味道，就連你在最好的批發商或日本魚市場裡會聞到的一丁點海鮮味也聞不到。這裡的魚都非常新鮮，費南多每隔幾分鐘就會在我們的周遭及下方，用熱肥皂水清洗地面。

裝滿魚貨的箱子送進來，空箱拖出去，這流程持續進行著，幾乎就像全自動一樣。讓我想起左拉《巴黎之胃》的開場描述，載滿食物的成排馬車，從市場一路延伸到郊外。

你在超市或魚販攤上看到的那種魚肉，在這裡都會被挑出來，馬上丟掉。

「如果有魚腥味，就退回去。」湯瑪斯說。只要他們覺得從區域供貨來源取得的魚貨品質不佳，就會退回給區域供貨業者。如果來自緬因州高級批發商的魚貨未達標準，則是秤重後直接丟掉，批發商會無條件退款。

湯瑪斯以主廚刀切割鬼頭刀，劃兩刀就可以割下魚片，時間多久？六秒。左側魚片放一邊，右側魚片放另一邊。

早上八點十五分時，湯瑪斯已經處理完當天的大比目魚、鱈魚和鬼頭刀。

接著是處理鮟魚，湯瑪斯不太喜歡這種魚。他把一大袋的魚翼倒進水槽中，總共約三十五磅，馬上以冷水清洗。鮟魚外表黏膩、纖嫩，很容易變質，有許多透明的軟骨，如果不小心沒清除，可能會刺傷客人的嘴巴或喉嚨。你可以把鮟魚想像成一架機翼肥大的飛機，機翼上方是大厚片，下方是薄片。兩翼的周邊布滿小骨，上片與下片之間隔著又細又韌的透明軟骨架，就像教堂的扶壁一樣，咬下去很痛苦。

湯瑪斯拿起主廚刀。「我自己磨刀，每週一次。」

我忍不住問：「一週才一次？」

對湯瑪斯那樣一絲不苟的人來說，一週才一次似乎有點久。一些沒他那麼認真的廚師還會天天磨刀，刀具保養的本質——這概念和廚師的自我形象密不可分——是刀子愈利愈好。

湯瑪斯說，不見得。「我喜歡利度適中的刀。」他說，並舉鰩魚的軟骨作為極端例子，「刀子太利的話會怎樣？你會切斷骨頭，使部分骨頭留在肉裡。利度剛好時，就不會連骨帶肉一起切下來了。」

他以戴著手套的那隻手抓住大鰩魚，拿起主廚刀，割下兩翼上方最肥的魚肉。他的處理方式看似冷酷無情，一隻接一隻，迅速冷酷地切下每個魚翼上方最肥厚的部分。每隻魚下方的魚片都原封不動，跟著剩下七〇％到八〇％的魚體（包括魚皮、魚骨、軟骨），一起丟進垃圾桶。

這時有人或許會問起城市豐收教會（里佩爾和他們合作密切，幫他們積極籌募了許多資金）為什麼不收這種魚？我推斷，原因很複雜，簡單地說就是——我猜，這在類似的精緻美食餐廳裡都是如此——沒有人、沒有空間，也沒有時間去幫每隻魚的廢料去蕪存菁。即使是最積極參與公益活動的餐廳，也無法做到這點。城市豐收教會看來也沒有設備或人力，來運送、保存、處理及烹調紐約海鮮餐廳的殘料。鰩魚又很容易變質，等收到這些殘料的單位拿起刀具要處理時，可能魚肉都已經壞了。目前的狀況是，除非 Le Bernardin 先把肉煮好，否則他們連非常高級的魚片都不想收。現在餐廳會先把魚料都蒸煮好，才讓城市豐收教會拿走

（他們聲稱，拿生的魚肉會讓卡車留下臭味）。

這讓我想到，訓練前科犯或前毒癮犯魚肉處理的技術，讓他們組成機動小組，幫慈善機構從餐廳捐贈的淘汰魚肉中，迅速分出可用的部分，是一個值得努力的目標。那些東西或許可以餵飽許多人。如果擔心魚肉變質，或許他們可以當場先把魚肉打成魚漿，做成數千份亞洲魚丸和魚板，再冷凍起來（自我提醒：記得和里佩爾談這個點子）。

湯瑪斯處理完堆積如山的鰩魚後，剩下兩堆完全去骨的魚肉。他以四十五度角的刀刃幫這些魚肉去皮，先去一邊，再去另一邊。接著削除魚肉上的血跡或粉紅色的部分，以切片機切除邊緣，把它們都切成厚度與大小適中的魚片。

大部分的魚（例如鰩魚的魚翼）通常愈往邊緣與尾端，會縮得比較薄、比較小。這讓魚在水中比較容易游動，但是烹調起來不太方便。廚師看到那流線的外形，就知道魚肉會煮得不平均，中間（最厚的部分）煮得恰到好處時，邊緣已經太熟。他們會覺得那樣的魚肉料理無法收一份三十九美元的價錢。客人必須了解一點：他們去餐廳用餐時，不是只為盤子上的東西付錢，不在盤子上的其他東西也要一起付錢：餐廳已經按磅數的多寡，為所有的魚骨、魚皮、魚脂、魚廢料付錢了。例如，當里佩爾為魚肉付出每磅十五或二十美元的價格時，賣魚給他的人肯定不在乎他把七〇%的魚都丟進垃圾桶，依舊是按總重量收費。同樣的道理也適用在紅肉、禽肉或其他肉品上。肉品的市價可能是每磅十美元，但當你把清洗乾淨、料理好的肉或魚放在盤子上時，可能一磅是三十五美元（那還是沒算進工資以前的價格）。採購價和實際售價之間的差距，在頂級餐廳裡更極端。法國名言「善用一切」是多數主廚奉守的原則，但米其林三星餐廳不是這樣運作的，他們「只用最好的部分」。

剩下的呢？你只能盡力而為。

湯瑪斯把零散的鰩魚塊配對在一起，堆疊起來。他發現一塊他不太喜歡的肉——那塊肉有個近乎難以察覺的缺陷。多數備料師傅碰到這種情況時，會順手把比較不美的那塊，塞在完美的肉塊底下。莫忘食材成本、食材成本、食材成本！湯瑪斯則不然。

「那就像穿了乾淨的衣服卻搭配髒內衣一樣。」他以不帶一絲開玩笑的語氣這樣說道。那塊不合標準的魚肉就這樣進了垃圾桶。

這時才八點四十五分，鰩魚已經處理好了。他再次清洗桌面和刀具，把鰩魚送上樓。接著放上砧板的是一大尾白鮪魚，他撕下魚皮，讓我看某處有一塊隱藏的軟骨。「你的刀子要是太利，就會直接切過而沒發現，因為你感覺不到。」

城市豐收教會可以從這條魚獲得許多非常昂貴的食材。湯瑪斯覺得靠近尾端的部分，有個東西他不喜歡，迅速切除約四分之一的魚體。他分解那條魚的方式，好像是在為壽司店備料一樣，不留暗色的魚膜，不留參差不齊的肉塊，只留中段魚片。他迅速切出四大塊腰肉，接著毫不遲疑地把那幾塊切成適當的形狀，以便進一步切成圓片。這一整天裡，就屬這個時候，他看起來完全像一台機器，大小均一的切片就這樣一片片地從他的刀口滑下，有如機器切的麵包切片。他把這些魚片排在貯存槽裡，大小、重量、厚度都一模一樣。砧板上還堆著一大堆品質完好的鮪魚肉，因大小不符標準而遭淘汰，他似乎一點也不覺得可惜。淘汰這些碎肉後，一磅鮪魚對餐廳的成本可能變成二十五美元。

「完美和浪費之間很難拿捏平衡。」他坦承。

九點十五分，湯瑪斯把大量的鮟鱇魚倒進水槽裡。

鮟鱇魚是海中最黏膩、最醜陋的動物，但是一旦去除牠那薄膜般的滑溜外皮，以及粉紅色和紅色的部分後，牠的肉質出奇美味。

湯瑪斯說：「這把刀只用來處理鮟鱇魚。」他抽出一支長刀，那把刀可能以前是一般的主廚刀，但經過多年的打磨，變得又薄又彎，刀刃近似雙淚珠狀。魚體去骨後，他捉住魚尾，以刀子劃過魚體，撕除魚皮。接著再以彈動式的奇怪動作，切除粉紅色或紅色的部分。

這個工作室靜得出奇，我問他工作時聽過音樂嗎？

他猛力搖頭說：「我喜歡專心工作。」他說音樂會讓他分心，可能傷了自己，自己受傷是小事，但是對魚肉不好：「我不希望自己的血沾到魚肉，我不打混。我工作很快，因為我很放鬆，心無旁騖。」

鮟鱇魚處理完了，九點五十分，妥當地送到樓上存放。現在要處理兩種鮭魚，一條大型的野生鮭魚，以及八條十三到十五磅重的有機養殖鮭魚。近幾年，永續發展是Le Bernardin關注的一大重點，這些有機養殖的鮭魚應該品質都很好，湯瑪斯比較喜歡這種魚。「有機養殖的魚比較肥美，野生的鮭魚對我來說太多筋肉，運動太多了。」他以主廚刀從魚下巴往下切，切出魚片。他從一隻養殖鮭魚的魚脊上削下一小塊肉，給我一小片，嚐起來的確美味極了。

他來回擺動幾下刀子就撕起魚皮，不過最引人注目的是他處理針骨的方式。針骨是你片魚後，肉裡留下的小肋骨，幾乎看不見，得用鑷子或尖嘴鉗逐一拔起，多數廚師都要花好一番時間才能清除乾淨。一般人必須慢慢摸出魚肉表面下潛藏的細小針骨，小心避免挖壞纖嫩的魚肉。湯瑪斯的手迅速俐落地滑過魚面，每挑出一根骨頭，就把鉗子拿到砧板上敲一下，放開骨頭。就這樣不停地挑放骨頭，重複同樣的動作，毫無停歇。聽起來就像迅速雙拍的小鼓敲打聲，斷斷續續的趴搭趴搭趴搭趴搭趴搭聲，然後就……完成了。暫停幾秒後，又開始處理魚的另一面，動作快到我眼睛都跟不上。

我在餐飲業待了近三十年，從來沒看過這種功夫。

他拿起切片刀，一個俐落的小動作，幾秒內就把魚背上的灰肉整個削掉，留下粉紅色的部分。他把野生鮭魚的一整個半邊擱在一旁，留給冷盤師傅。湯瑪斯在托盤的半邊鋪上保鮮膜，把鮭魚放上托盤，然後以保鮮膜繞托盤三次，把整個托盤包覆起來。整塊魚肉在裡頭就像護貝一樣，包得服服貼貼的。

「這樣一來，萬一我跌倒了，魚肉也不會受損。」湯瑪斯說。

在兩分鐘內，湯瑪斯把剩下的鮭魚分成重約七十五到八十克的切片，他第二次是以手輕掐的方式，逐一測量每一片，並把它們排放在托盤上，偶爾他會發現第一輪沒發現的骨頭，把它挑出來。兩片鮭魚片就可以構成秩序，這些鮭魚片排成一列，朝向同一個方向，魚片本身看起來就像逆流而上的粉紅色小魚，表面有同樣的脂肪紋路，不僅好看，整齊劃一的程度更是驚人。

十點二十五分，鮭魚送上樓。

一位年輕的廚師看到我，急切地問：「你看到他挑針骨了嗎？」

「有，我看了。」我點頭說。

「我第一次聽到那聲音，以為他是用腳打拍子。」那廚師說。

箱子裡裝了八大隻的條紋鱸，湯瑪斯抓起其中一隻，他把拇指和中指插入魚的眼窩裡，不像一般漁民習慣的抓法，是以兩隻手指插進魚鰓。十點四十五分已經處理好，送往樓上。接著是十二尾紅鯛，他只花十分鐘就把所有的紅鯛去骨去皮。他也是把左側魚片堆成一疊，右側魚片堆成一疊，他告訴我為什麼要這樣做：處理左側時，清除薄膜和切齊魚腹，刀子一定要劃往同一邊。處理右側時，刀面要劃往相反的方向。把魚片左右分開後，可以節省時間及不必要的動作。

半小時後，紅鯛全都處理完了，現在只剩一大堆石斑魚（湯瑪斯最不喜歡的魚）。可以明顯看出，這也是最難處理的魚：牠們不像多數送來的魚一樣，而是還覆蓋著硬鱗，內臟仍在，還有看起來很危險的鰭刺。

這時，工會幹事費南多帶了湯瑪斯的員工伙食來：一盤看起來滿寒酸的雞肉沙拉、拌沙拉醬的青菜沙拉、番茄和圓麵包。盤子是以保鮮膜包起來，直接放在湯瑪斯工作台的下面，彷彿這是大家已經講好的不變慣例，湯瑪斯會等他完成手邊的工作後才用餐。

湯瑪斯把最難的工作留到最後才做。在Le Bernardin，魚類料理都是去皮供應，只有石斑魚除外，牠的皮是料理中的重要成分，可添加口感和風味，也讓賣相更好。這表示，處理石斑魚的人不能以一般方式去鱗，就以為鱗片都會掉落。每片魚鱗都要在水槽裡小心刮除，而不是在砧板上處理。湯瑪斯很清楚，那些透明的魚鱗很容易在房間裡亂噴，黏附在白色魚肉上而沒被發現。一片透明魚鱗黏在魚肉上？那很糟糕。所以他需要小心去鱗，當然也要迅速避開又長又危險的鰭刺，那很容易刺穿手套，讓人痛得要命，立刻傷口感染。

去完魚鱗後是片魚，去針骨（這更難，比鮭魚的針骨更難挑出），修剪，分配份數。在分配份數時，湯瑪斯必須謹記廚師預定的烹煮方式與結果：均勻烹煮、肉質依舊濕潤的長方形魚塊，一面魚皮非常酥脆。萬一魚肉分得太小塊，魚皮煎脆時，魚肉已經太熟了。這世上原本就沒有兩條一模一樣的魚，大小剛好的魚也不見得經常出現，所以要靠湯瑪斯做好分量分配。

現在是中午十二點十分，湯瑪斯完成了七百磅魚貨的清理與分配，他從紙箱切下一塊紙板，用來清除水槽的魚鱗。他抓起水管沖洗水盆，清洗刀具、磅秤，以及所有外露的表面，撕下牆上的保鮮膜。

今天的工作完成了。

在Le Bernardin工作的六年間，以及之前在紐約餐廳工作的二十年間，湯瑪斯就像絕大多數業界的廚師那樣，從沒在自己工作的餐廳裡吃過飯。

精緻美食界有個諷刺的事實：廚師不像上菜的服務人員，他們幾乎都吃不起他們多年來學習烹飪的東西，也不受這類餐廳的歡迎。他們沒有吃高級料理的服裝，很多昂貴的餐廳還會明令禁止自家員工在任何時間以客人的身分到店裡用餐。部分原因是基於實務考量，還有部分原因可能是為了美觀。業者在努力營造高貴講究的浪漫氣氛時，不希望看到一群穿著邋遢又喧鬧的廚師，以太親近的方式和酒保談天說笑。服務人員也容易偷偷加送免費的食物給平常一起工作的同事。從任何明智的餐廳業主或店經理的角度來看，一般都覺得這不是好事。一旦讓員工在自己工作的地方喝酒（即使是休假的時候），你等於是自找麻煩，不會有什麼好事發生。

Le Bernardin的內規反映了業界普遍的規範。

不過，我覺得我和主廚的私交不錯，我想請他破例一次。

不久，我帶著湯瑪斯在自家的餐廳裡用餐。

他下班後直接過來，換上剪裁合宜的深色西裝，戴上黑色的名牌眼鏡，從員工服務區的門口下班，再從餐廳的正門重新踏入，我看了好一會兒才認出他來。

他內心有點緊張，但外表看來泰然自若，很高興能到這裡。他穿得很得體，不過姿態和一舉一動不像是來這裡的客人。他說，廚房的同事都替他感到興奮，大家都不敢相信這是真的，外場服務人員看起來也為他感到開心，不過他們竭盡所能不喜形於色。從一開始，湯瑪斯就被當成一般客人看待，獲得同樣的禮遇。服務人員帶我們到桌邊，幫他拉開座位，問他想直接看菜單點菜，還是直接請廚房配菜。上酒時，侍酒師也以一貫的方式介紹美酒。

服務人員送上一小碗的鮭魚醬和幾塊麵包，香檳也上桌了。

湯瑪斯平常上館子都是帶家人同行，他們會去烤雞餐廳。如果是為了特殊場合，則是去西班牙餐廳吃牛排和龍蝦。

他和家人一起上館子時，完全不喝酒。「都是我負責開車。」他說。

他在家裡雖然是次男，不過其個性和在紐約的成就，讓他在家裡儼然成為一家之主。他在多明尼加有房子，頂樓留給家人使用，一樓和旁邊的附屬建築出租給外人使用。他的兄弟姊妹常來找他，詢問對重要大事的意見。他說，他父親教他：「人生在世，不該讓家人對你感到恐懼。」

他是家族裡的榜樣，他對此重責大任相當重視。「家庭優先，工作次之。」他說。

他喝下第一口香檳，當他告訴我，他會和我開心享用後續搭配的美酒時，我大大鬆了一口氣。廚房堅持為他們最愛的湯瑪斯搭配精選套餐，那種情況下，就一定要搭配美酒享用。原本我還擔心他不喝，他之前說過他心中的理想假期是，在打造家園的空檔，帶家人去海邊，買比薩給女兒享用，或許他可以喝點啤酒，和妻子共舞，再安排計程車載他們回家。

他今天也做了類似的安排。

今天的第一道菜是鮪魚，擣扁的黃鰭鮪魚片，搭配鵝肝和烤法國麵包，層層堆疊。湯瑪斯帶著行家鑑定的眼光，開心地吃完那盤菜。雖然廚師把魚肉擣得扁平，他還是看得出來那是他處理過的魚肉。這道菜非常熱門，偶爾他下班後，晚班工作人員需要擣更多的黃鰭鮪魚，他不喜歡別人用他的工作站。我們吃這道菜時是搭配奧地利產的Gelber Muskateller Neumeister白酒。

「我的砧板很特別。」他解釋。

湯瑪斯在Le Bernardin只處理魚。牡蠣、螯蝦、明蝦、海膽是由樓上的單點廚房處理。所以雖然他經過時看過裝著橘色肥美海膽的昂貴小盒子整齊地排放著，但他從來沒吃過那東西。我們各自拿到一份刺殼容器，海膽放在墨西哥辣椒—芥末醬的底層上，以海藻鹽調味。服務人員在桌邊幫這道菜淋上裙帶菜橙香清湯後才算完成。

「香住鶴山廢大吟釀。」侍酒師說，並幫湯瑪斯倒清酒。

「好香。」湯瑪斯說，閉上眼睛，「就像做夢一樣，我不想醒來。」

下一道菜是燒烤螯蝦，搭配羊齒生菜、野生蘑菇、鵝肝刨屑[3]和巴薩米白醋組成的沙拉。那是我吃過最美味的東西之一。小巧，高雅，豐富又不會太油膩。

「我離開這裡後，不想刷牙。」他開玩笑說，但我完全了解他的感受，那是令人想要留住的美味。

這時我已經忘了我們搭配什麼酒，那天喝了很多種，我想，那時是配三種麥芽酒，後來又喝了更多的酒。不過，我的確記得我們吃了麵包皮紅鯛配櫛瓜和薄荷果盤，一份鮮美的清蒸比目魚，搭配內有燉白蘿蔔、小紅蘿蔔、大頭菜的芝麻海鮮湯。

「你認得出來這是你處理過的魚嗎？」我問，指著盤子裡那形狀完美的正方魚塊。湯瑪斯只是微笑地點頭，露出心滿意足的表情。

他的最後一道主菜是酥脆石斑魚，搭配煨芹菜和歐洲蘿蔔軟凍，淋上「伊比利火腿綠胡椒醬汁」。這是他最不喜歡處理的魚，總是留到最後才做。這道愈來愈熱門的菜，在備料上非常費功夫，需要取出內臟、去鱗、切片，挑出有彈性的小針骨，然後必須切得大小恰到好處，好讓廚師煎出完美的脆皮，又不至於把魚肉煮得太熟。

湯瑪斯看到這個死對頭在盤子上出現時特別開心，希望此後他的工作讓他覺得更有具體的意義。

我看到餐廳牆上的巨大油畫，描繪布列塔尼的漁民和港市，Le Bernardin的創辦人和共同業主瑪姬·勒高斯（Maguy Le Coze）及其兄長吉伯特就是來自當地。那是一切的發源地，當初他們想開一家以魚類為主的頂級海鮮餐廳，靈感就是從那裡來的。我不知道湯瑪斯對布列塔尼有什麼看法，不知道他將來會不會去那個地方，我突然很想知道。

我問他，退休之後想做什麼。他提到他回老家後想做的事，大多和整修、改善、工作有

3 譯註：把鵝肝刨成類似刨冰的樣子。

關。我又問，當一切工作都做完了呢？如果一切都很完美了呢？

「我覺得一切都很完美時，我想我會生病。」他說，「我會覺得——我錯過了什麼？」

我問，來Le Bernardin當客人如何（我指的是我們周遭這些年紀較大，比較輕鬆用餐的客人）？有些客人晚餐開的一瓶酒就比他的月薪還高（況且以多數標準來看，他已經算是高薪一族），我問他對此有什麼感覺？

「我覺得在人生裡，他們給一些人的東西太多，給其他的人太少。」他聳肩回應，不帶一絲不滿，「沒了工作，我們什麼都不是。」

我們慢慢享用巧克力柔滑布丁、馬斯卡澎鮮奶油蛋糕，以及開心果慕斯。

湯瑪斯看起來似乎完全不受大量美酒的影響，又點了一杯義式濃縮咖啡，心滿意足地把身子靠在椅背上。

「我有一份好工作，一個好家庭，日子過得很平安。」

19 週一的魚

THE FISH-ON-MONDAY THING

寫《廚房機密檔案》時，早上我通常是憤怒的，那是一種沒對準、只抓個大致方向就開炮的怒火，再加上我的寫作「形式」通常是早上五點半或六點起床，迅速寫下句子、回憶，匆忙回想昨晚的情境（而且這又是在廚房工作了十、十二或十四小時，下班後喝太多才癱倒在床上之後），讓這種發怒狀況又變得更加嚴重。

我把想到的東西迅速寫在紙上（我不會為了斟酌字句而苦惱，反正也沒那個時間），寫完又去上班：煮醬汁、切肉、分魚、研磨胡椒粒、煮午餐等等。三點半，在附近迅速喝兩杯後，又回Les Halles餐廳，可能是在廚房工作或看布告板上的東西，接著去Siberia Bar[1]買醉，或是直接和仍留在店裡的外場人員坐下來，再喝一杯。癱坐在計程車的右方後座，腳不舒服地彎在防彈隔板的後方，那就是我構想明天要寫什麼的地方。車窗半開著，我在醉醉醒醒之間，紐約市的街景在窗外流轉之際，我想著自己的人生。

1 譯註：地鐵商場裡的一家地下小酒吧。

當時我住在上西城的晨曦高地（Morningside Heights），所以計程車載我到家時，幾乎已經路過我人生高低起伏的一切景點，就像歌曲唱的，那是我所有的悲傷，所有的快樂，裡面摻雜著密密麻麻、大大小小的錯誤、失敗、罪過和背叛，偶爾出現的美好時點會讓我泛起淡淡的微笑，但沒多久，我又想起這一切是怎麼搞砸、做錯的，才會淪落到現在這步田地，心情再次跌入谷底。

每次我都很樂於見到百老匯大道上，我和前妻把書籍和唱片擺出來販售的地點，開心的是，我不用再做那件事，也高興我們兩個都不需要再為了那些數字忙得團團轉。但我還是很憤怒，我想那種憤怒就像流氓不爽那樣——對我所沒有的一切、（我也確定）這輩子永遠得不到的東西，感到憤怒。

例如，這輩子我從來沒有健保，我妻子也沒有，這把我嚇得半死，因為我們沒資格生病，但隨著年紀增長，身體狀況只會愈來愈多。下巴突然疼了起來，牙齒需要根管治療，荷包就會大失血，傾家蕩產。你只能卑微地懇求在低收入國宅區的一樓，開著寒酸牙醫診所的好心牙醫，能不能讓你分期付款。

汽車廣告也讓我看得一肚子火，因為我從來沒買過車，甚至連摩托車也沒有。這時的我很肯定，這輩子應該永遠也買不起了，買房子更是難以想像的可笑念頭。我連房租都積欠了好幾個月，所得稅更不知已欠了多久，以至於偶爾我上床仍清醒時，躺在那裡怕得要死，耳朵可以聽到心跳聲，拚命叫自己別再想恐怖的後果——房東、政府，或我老早就不理會但依然還在的美國運通催款人員，來奪走我的一切。所謂的「一切」，也不過是一天十四美元到頂多四百美元的收入，其實也沒什麼好高興的。

那時我住在租金穩定的公寓，處理住屋問題的住宅法院行事詭祕、步調緩慢、對房客還滿友善，再加上我妻子會打理一切，我們勉強還有個棲身之所。那樣異常的連番好運，隨時都可能戛然而止。

所以我很害怕，非常害怕。每天，每夜，每次我一想起這些事情時，就感到害怕。這頻率很高，因為有工作、有責任心、沒毒癮的人理當如此考慮現實。人恐懼久了，就會變成憤怒者，歷史一再這樣告訴我們。一輩子竭盡所能地逃避現實後，如今真正面對現實時，完全看不到勇於面對的好處。只有懲罰。舉目所及，看不到任何解決方案，我無法回頭過以前的日子（那條路確定已經斷了），也無法向前。

我戒了海洛因，戒了美沙酮，戒了古柯鹼，戒了快克——這不就是大夥兒勸你的嗎？但我還是身無分文，欠了一屁股債，我知道自己永遠無法翻身。

我對此感到很生氣，非常憤怒。

我也氣我太太，非常氣，那是一種積怨已久的怨恨，怨恨她為什麼這些年來一直不去工作、不願工作、不能工作。明明身強體壯又聰明得要命，還有七姊妹校（Seven Sisters school）[2]的大學學歷，扎實的白領工作經驗，卻老早就不再找工作。原本大學畢業後還有不錯的發展，但近二十年來，她只做幾個短期的兼職工作，在書店裡排排書，或在郵務室分發郵件，賺取接近最低工資的薪水。我搞不懂她在想什麼，對此相當不滿。坦白講，這讓我心中充滿了難以言喻的怒火，毫不掩飾地消極反抗，破壞了周遭的一切。那樣的反應，肯定對當時的情況毫無幫助。每天醒來和就寢時，都抱著這樣的想法，再加上我當時處理那些怨恨的方式，都連帶影響了一切。我就是無法釋懷，放不下，而我自己又以可以想見的爛方式，把情況搞得更糟，糟到無以復加。

一起為非作歹時，我們向來是絕配（至少我這麼認為），但是要當奉公守法的公民，我們似乎都不知道該怎麼做。

我也很生氣，雲遊四海的兒時夢想肯定永遠無法實現了，我氣自己長大後再也看不到巴黎、越南、南太平洋、印度，甚至是羅馬。在我看來，我注定只能站在Les Halles的廚房裡煮菜。坦白講，我老闆菲利普（Philippe）送我到東京當顧問一星期後，我反而更生氣了，因為這下我知道自己錯過了什麼。有幸看過那些地方的人都知道，那表示我錯過了一切。那感覺就像有人打開充滿異國風味又奇妙的潘朵拉盒子，讓我可以往裡頭窺探一眼，看到另一個面向、另類的人生，然後就砰地一聲關上了盒子。

我相信許多中年的離婚男子都能以類似的豐富字眼，甚至更誇張的字眼，來形容自己酒醉時和賭場女莊家擁吻的情況。我在亞洲得到的「頓悟」，早已是成千上百部二流電影的主題。我只能說，在意外踏上亞洲那些令人費解的陌生街道，周遭圍繞著語言完全不通的人，聞到各種奇妙的氣味，舉目所及都讓我瞠目結舌，又嚐到從未想過的人間美味後……我真的完了。為了獲得更多那樣的體驗，我願意做任何事情（雖然當時沒人這樣提議）。我內心深處也知道，這是不可能和他人分享的感受。對於自己有這樣一番頓悟，並不是一件好事。

我也為了一些常見的原因而生氣：氣我媽為什麼要生我下來，為什麼會笨到關愛我；氣我弟沒像我一樣把人生搞得一塌糊塗，也氣我爸垂垂老矣，不久人世。

當然，我最氣的還是自己（像我們這種人都是如此，不是嗎？這是任何人都可以主演的人生電影）——氣自己都已經四十四歲了，還過著月光光心慌慌的生活，也氣自己以各種可能的方式把日子搞得一塌糊塗，揮霍光陰，自毀人生。

五年前，我獲得千載難逢的大好機會（這種事似乎在我的人生中很常見）——那種渴望成為作家的人夢寐以求的良機——出版了兩本賣得很糟的小說，後來消失得無影無蹤，從沒機會出平裝本。常識告訴我，這表示我的出版生涯完了。對於這點——或許也只有這點——我其實並不生氣，我覺得那是個美好的經驗，一開始就沒抱任何期待，我仍保留正職，從沒想過我會改行。寫作這件事只是一個突如其來的機會，從一開始就覺得不太真實，所以我很幸運從來沒被「作家夢」沖昏了頭。在加州北嶺（Northridge）的邦諾書店（Barnes & Noble），發神經自己出錢辦簽書會，坐在空無一人的桌邊枯等兩個小時，馬上徹底打消了我當作家的念頭。

2 譯註：美國東北部七間女子文學院的合稱。

當我每天早上坐下來寫《廚房機密檔案》，開始劈哩啪啦地打起鍵盤時，我根本沒期望紐約市餐飲業以外的圈外人會看這本書；那時滿心都是不滿、嫉妒、偏激的念頭。我當時的想法大抵上是這樣的：讓廚師與服務人員看了覺得好笑，順便把其他人都痛扁一頓。

結果反應還不錯。當初如果我覺得有人會看的話，我永遠也寫不出那種東西。

所以，寫出來的是一本各方面都充滿憤怒的書，久而久之，大家也預期我就是那樣的人，那個在《頂尖主廚大對決》上憤世嫉俗、講話惡毒的傢伙。我想，要維持那樣的形象還滿容易的——長年為了娛樂效果而發飆的廚師：「瑞秋．雷？那是什麼鬼？」（搭配軍鼓音效）大致上，這種情況已經發生了。

不過，如今回顧那些帶著宿醉、振筆疾書的清晨，牙也沒刷就坐在桌前、叼著香菸，滿心的不爽——現在的我還對以前那些憤怒的事情感到不爽嗎？我在那本書裡大肆抱怨的人事物中，有哪些真的值得我痛批？

我肯定對艾莫利沒有任何不滿，[3]書中提到許多長年來雇用我的夢想者和怪人——不管他們有何罪過——肯定都沒有我以前糟糕。事實上，我愛他們的瘋狂、偏激、愚昧、精明或狡猾、揮霍無度，甚至是胡作非為。他們選擇踏進餐飲業所付出的代價，幾乎都比我高出許多。

我從來沒對那些共事者感到生氣，我不會一直放在心裡。畢竟，多年來因為有他們（不論是英雄，還是壞蛋），我才一直待在餐飲業這行。我可能曾經把服務人員稱為「侍者」，笑談虐待他們的情況；但我一直覺得，和我共事的人，如果回家後覺得上班投入的時間和心力是在浪費生命，其實是我徹底地誤了他們。

任何在餐廳裡烹飪與服務，又對那份工作感到滿意的人，我本質上都很喜歡，也很尊重他們，現在我還是這麼想。那是最細膩、最高尚的苦差事，只有最優秀的人，才能把它做好。

好吧，我還是對素食者感到生氣，那不是在耍什麼噱頭。注意，我不是氣他們的為人，而是不認同他們的原則。許多素食者，甚至厲行純素的人來參加我的簽書會，對我展現意外的幽默感，沒對我潑動物血，甚至待我如友。坦白講，我甚至和一位素食者上過床。不過，過去九年在世界各地的見聞，讓我更討厭那種明明不是印度教徒，卻堅決推辭別人好意送上肉食的人。

我不在乎你在家裡怎麼做，但穿著舒適鞋子的素食旅人，推辭別人（例如越南湯粉的賣家或義大利岳母）殷勤送上的佳餚（那是集他們一生訓練與經歷的精華），總是讓我火氣難消。

我認為，沒有什麼原則值得那樣盡信不疑。西方那種「是寵物還是肉類」的概念並不足

3 譯註：波登曾在書裡說過艾莫利長得像外星怪獸，在電視上展現的廚藝拙劣。

以拿來作為無禮的藉口。

我常提起一個旅人的「祖母原則」。你可能不喜歡祖母做的感恩節火雞，那火雞可能煮過頭、肉太乾，裡面的餡料太鹹，餡料裡還有你最討厭的內臟雜碎，嚼都嚼不爛，你可能根本就不喜歡火雞。但，那是祖母做的。到了祖母家，你就閉嘴把那火雞吃了，吃完後說：「奶奶，謝謝，喔，對，我當然還想再來一份。」

我了解你的良知和腸胃讓你對肉品感到反胃，但帶著那樣的信念上路或踏進別人的家裡，令我感到憤怒。我覺得自己極其幸運，能享有如此不可思議的特權環遊世界，享受陌生人的友善對待，了解到除了應聲答謝以外，還能如何表達自己由衷的感謝。

我真的試過吃素。

我可以開心地只吃素食，其他葷食都不碰，但一次只能撐五天。如果我在印度的話。我也很樂於聆聽素食主義者偶爾提出他們的主張。

可惜，他們的主張不見得最後都達到愉快的結果。

幾年前，我和一位製作人有生意上的往來。她的男友是一位非常親切和善的好人，他想盡辦法（用最溫和、最不武斷的方式）要讓我接受素食理念，並承認純素也可能做出全套非常美味的料理。我想再重複一次，他真的是個很好的人，只是對肉類深惡痛絕。當他看到盤子上有豬排時，我肯定，他其實是看到尖叫至死的黃金獵犬。我看過他對愛犬的真心關愛，就像他聽到貧苦的故事會熱淚盈眶一樣。我實在不忍回絕他，就答應和他去紐約一家據說是首屈一指的精緻素食餐廳。他還說那家餐廳是保羅・麥卡尼（Paul McCartney）的最愛（這不算賣點，但由此可見他多麼努力想說服我試試看）。那裡的食物很貴，可以看出花了很多的巧思烹調。坦白講，的確不糟。

我們開心地喝著有機葡萄酒，聊了不少話題，我甚至請這位朋友幫我傳話給「麥卡尼爵士」，我覺得那建議或許可以幫他以公眾人物的身分拯救更多可愛的小動物。我大膽地表示，如果他真的想看許多稀有瀕危動物活得更久，更健康，甚至大量繁衍的話，我建議他應該花個幾百萬美元，買威而剛和犀利士之類的壯陽藥，到那些覺得熊掌、犀牛角、虎鞭可以壯陽的亞洲國家免費發送，連帶做公益廣告。

威而剛真的可以讓你花點小錢就硬起來，不像那些貴得要命的傳統中國藥材（背後有利潤極高的黑市，鼓勵宰殺，甚至慢慢虐待這些瀕危動物）。發送幾百萬顆藍色小藥丸給中國的中年男子，甚至還可以加送春宵一度，就可以看到一些人改觀了，打破數百年來對稀有珍獸極盡殘忍與恐怖的對待方式！（後來我得知，他真的把這個點子傳出去了，我樂見哪天可以看到這對話拍成的影片。）

吃了意外還不錯的一餐後，我感覺很好。我心想，我好意敞開心胸接納其他的意見，這餐還不賴，我們設法找到了一些共識。

但幾個月後，那傢伙寫了一封電子郵件給我，天真地尋求我對「保護動物協會」表達支持。基本上，我很喜歡保護動物協會的多數主張，我可能很不贊同他們推動的「反鵝肝立法」及相關活動，但我的確很喜歡貓狗（我這輩子大部分的時間接連收養過幾隻貓）。我也支持停止鬥犬比賽、幫動物結紮、禁虐家畜等活動。

我不喜歡馬戲團，有機會的話，我可能會投票反對馬戲團訓練大象、獅子、老虎或任何動物站在椅子上或雜耍。坦白講，我覺得齊格菲（Siegfried）或羅伊（Roy）[4]如果他們之中有一人被白老虎咬傷，那是活該。我覺得老虎本來就喜歡傷人，牠們先天就是以捕食為生，你一方面阻礙牠們捕食，一方面又叫德國人穿著閃亮的藍西裝逗弄牠們，那顯然是虐待動物。純粹為了好玩或娛樂而虐待動物，至少應該得到一樣的虐待。

在這方面，我的立場更接近善待動物組織（PETA）。

我會比較希望「鱷魚先生」史蒂夫．厄文（Steve Irwin）[5]死在鱷魚嘴裡（不管他宣揚的保育理念有多麼崇高），那才是粗暴但恰當的正義。我認為，那嗓門大又惱人的傢伙根本是在干擾、戳弄、折磨、招惹動物，那些動物沒碰到他，肯定會比較高興。順道一提，如果賓蒂．厄文[6]住在我家附近，我老早就打電話給兒童保護機構，舉發他爸媽了。

所以，和在外的名聲相比，我簡直就像聖方濟一樣的聖潔，是大小動物的好友，愛養流浪狗，也愛收養小貓。我雖然反對正統素食主義，但還算明理，至少我願意聆聽別人的觀點。

不過，就在我剛從貝魯特的戰區返家後，我在信箱裡收到這位素食飯友的誠摯請託。他描述那些流浪貓狗時，語氣中展現的急迫感，讓我看了就很不爽。我繼續讀下去，愈讀愈火大，不久就整個人怒火中燒。

我才剛剛看到一個類似邁阿密的城市遭到砲火攻擊，我義憤填膺地馬上回信，洋洋灑灑地表達我的不滿。我從近距離看到附近每天都有住宅區遭到砲火夷為平地，我住在還算舒適的飯店房間裡，每天早上在砲火隆隆聲中醒來，也在砲火隆隆聲中入眠。近距離看到那些頓失一切財產，甚至親人者的臉龐：上千人充滿了恐懼、絕望，不知所措，他們帶著少數家當，擠上登陸艇，邁向不確定的未來。這一切是為什麼？沒為了什麼，我相信是出於「一片善意」，（他們總是這樣說的，不是嗎？）但說到底，根本就不為什麼。

我從那種劫後餘生的情境回來，看到的卻是一封信件：為丹佛市的流浪動物表達沉痛的哀傷。於是我不吐不快，以我覺得有分寸和共鳴的方式，回信告訴他，貝魯特也有流浪動物。我說，在人類被炸得粉碎，整個鄰里都被夷為平地之處，是不是有些狗也受傷了？我刻意迎合他的看法，狠毒地寫道，當全家人都被壓死在家裡時，寵物無家可歸想必會變成問題。

這時的我才剛從海上難民營回到家，有滿腹的怒火，所以我又進一步提到我在旅程中看

4 譯註：齊格菲與羅伊曾是拉斯維加斯的活招牌，他們的白老虎魔幻秀，為駐場飯店帶來每年四千五百萬美元的門票收入。但二〇〇三年演出時，羅伊被老虎咬傷，節目從此步入歷史。

5 譯註：被魟魚的毒針刺中心臟而過世。

6 譯註：Bindi Irwin，鱷魚先生的女兒，在《賓蒂的叢林日記》中和爸媽一起在叢林探險。

到的其他地方和事物。我指出（這時的我已經火力全開，禮貌蕩然無存），或許我們更應該關注一些人類生活有如動物之處（貧民窟、公社、營地），因為那些地方的動物最先受害、受苦最多。在那種地方，當九成的食物都是麵包（若有幸取得）或搗碎的木薯粥時，沒人在乎可愛的貓狗，更沒有人在乎他媽的海豚或白犀牛。火烤猴子（還帶毛）對一家人來說是救命的恩典，那些我們深愛的擬人化動物——像你養的約克夏（這招夠陰險）——在他們的眼裡不過是可以食用的動物。隨後，我又殘忍地補上一腳，提到有些地方的人甚至擔心，晚上會有開黑色貨車的人來罩住他們的頭，把他們擄走。擄走的原因可能只因為他們隨口說了不該說的話，或鄰居聽到他們說，或謊報他們說了而已。

我記得那時我還舉了羅馬尼亞獨裁者希奧塞古（Ceausescu）統治時的首都布加勒斯特為例。那狂妄自大的獨裁者夷平整個鄰里，改建法老級的宮殿，瞬間創造出一大群流浪狗。這些絕望的動物以驚人的速度，繁衍出無數可怕、飢餓、兇狠的野狗，四處遊蕩，霸占街頭。布加勒斯特有部分地區變成危險的叢林，尤其是夜裡，上演著狗咬狗、狗咬人、人打狗的暴力事件。這一切顯著的現象令民意代表感到尷尬，不得不著手處理。最後他們派出人力追捕這些野狗，大舉滅殺。如果希奧塞古和他妻子後來遭到處決的方式，可以作為任何參考案例的話（有完整錄影及播放），大家可以想像當初他們是如何處分那群野狗的。

我記得我在那封狠毒又殘酷的電子郵件最後，是以深受印度喜愛、推崇、保護的牛隻圖片作結。印度人把牛視為神聖的命脈，這些牛在路上恣意地行走，總是享有先行權，我想我朋友也應該知道，這些牛也會慢慢餓死，吃著由一樣飢餓的人撿拾多次的垃圾，通常只能將就吃下貧困社區裡隨處可見的廢棄塑膠袋。在這種貧困社區裡，希望幾乎已經完全消失，清除垃圾頂多是久久一次的事。塑膠袋當然無法消化，吃下去的塑膠袋會逐漸扭曲，在牛的胃裡糾結成團，在經過長時間的折磨後，終究會讓牠們在痛苦中死去。

我讓他知道這可怕的情況後，最後以「英文大寫」寫下：既然人類生活和他鍾愛的動物朋友之間，有如此糾葛和煩人的複雜關係，或許他應該先從人類開始關懷。

當然，我的反應或許太激烈了。那就像你點了豆漿拿鐵，但煮咖啡的人不小心加了脫脂牛奶，你就突然拿球棒打他一樣。但我是真的很生氣。不是氣那位莫名其妙被我狠刮一頓的可憐朋友（後來我就再也沒聽到他的消息了），畢竟他只是想拯救幾隻動物罷了，他只是很倒楣，選在那個糟糕的時點找我幫忙，我氣他在那個時點要我去想他們那些狗屁理念。

我現在還是很生氣。

不過我扯遠了。

我對某些在電視上或電影裡烹飪的人，似乎有種一看到就嗤之以鼻的反應。如今我的日子過得比以前好很多，我試著從比較溫和的觀點，來尋找造成我這種反應的根本原因。

蓋．費爾瑞[7]是惹到我了嗎？我何必在意珊卓拉．李在節目上做的東西是直接開罐頭做

7 譯註：Guy Fieri，美食頻道當紅的主持人。

的，或是由聖母瑪麗亞乘著鑲鋯石的雪橇，從托斯卡尼、普羅旺斯或天堂直送到美國的？瑞秋．雷會不會煮菜有什麼關係？觀眾就是愛她啊！我是哪裡有問題？《地獄廚房》裡的挑戰者顯然有妄想症、沒救了，那又如何？我何必為這種事情發飆？

但我的確很生氣。

以下是我生氣的原因。

我剛踏進烹飪界時，也就是七〇年代初期那莽撞、瘋狂、標準的確比較低的年代，那時只講究速度、耐力、態度、體力、挺過各種難關的能力，當時大家處理食物的方式很不一樣。大家可以輕易看出專業廚師和居家料理人在處理食物上有什麼不同：專業廚師處理食物的方式比較粗魯（顯然，我這裡談的不是Lutèce餐廳、四季飯店或當時比較好的餐廳）。廚師常對肉類做沒必要的拍打，故意啪的一聲把魚丟到砧板上，一點也不優雅。那時流行擺出一副毫不在乎的樣子，卻又以快速、有效率、一致的方式，煮出一道道看似用心烹煮的好菜。你看專業屠夫切肉時擺出的那副跩樣，彷彿是在說「我睡覺時也可以切好」，以前的廚師差不多就是那樣。

簡單說就是，我、和我共事的人，或是我欣賞的人，都不是很「尊重食材」（如今的主廚可能會這麼說）。我們對待食物的方式都很粗魯，我也不確知我是從哪時候開始改變那種態度的，我想，大約是在我開始裝腔作勢，或滔滔不絕引述美食字典《Larousse》開始。不過，在不知不覺中，我的態度的確改變了，最後變成深信——以不當的方式對待食物，尤其是刻意那麼做或暴殄天物，或不尊重食物時，根本上就是錯的，是一種罪惡（如果真有這種罪的話），偏離正派及世道人心，一言以蔽之就是：邪惡。

後來開始周遊世界後，那感覺又更強烈了。

我相信，看到有人漫不經心地切下尚未靜置回醒的牛排時，我不是唯一感到不舒服的人。我認識靠烹飪為生的人，看到有人對食物做了可輕易避免的不當錯誤時，大多會忍不出哀號或抽動一下。但是，我的朋友看到有人明明可以做好，卻在電視上毀了一道菜時，他們大多不會動氣。

我卻看得很火。

我看了多次費爾瑞主持的烹飪節目，做了多次的自我檢討，吃了許多安眠藥後，我發現其實我並不討厭他。我只是不喜歡——很不喜歡——有人把德州風格的烤肉放在紫菜卷內。我一直很氣的是，這世上有真正的燒烤高手是專門烤豬蹄膀維生，還有壽司師傅必須先學習處理米飯三年，才准碰生魚片；現在這個電視上的傢伙竟然像撞車比賽裡的車子一樣，把這兩種不同的秩序胡亂地砸在一起。我也覺得使用切好的洋蔥不好，不管瑞秋和珊卓拉是怎麼教你的。罐頭食品絕對和新鮮食物沒得比，而且一定都比你自己馬上現做的東西還貴。向大家鼓吹不需要現做，基本上就是錯的。

當然，我替陌生人感到受辱很可笑，那些陌生人可能覺得我的怒氣完全發錯了地方，很尷尬，可能還覺得我發神經。我並沒有宣稱我是幫他們說話，我也沒資格幫大家說話。我只是說，我看到有些人在電視上亂搞食物的方式，就讓我大腦深處產生不舒服的反應，令我生氣，讓我想要說些惡毒的話，那些畫面可能每次出現都讓我折壽也說不定。

名廚凱勒堅持他的魚都必須以自然的「游泳」姿勢保存，有人可能覺得當他看到別人惡搞食物時，也會有同樣的不滿。但我算老幾？有人可能會問，我的出發點是什麼？

我的問題主要是因為我看了很難過，也不是基於什麼高尚的理想。

當我看到馬克・彼特曼（Mark Bittman）在電視上享用一道完美、道地的西班牙海鮮飯，接著他向觀眾示範如何在家用「鋁合金燉鍋」自己做時，看得我真想把頭伸進電視螢幕裡，大咬他的頭一口，挖出腦漿放在我的手掌上，然後抹在他自以為是的消防栓臉形上。一想到有人相信凱薩琳・麗塔・瓊斯在爛片《料理絕配》（No Reservations）中扮演的主廚，真的是龜毛至極的完美主義者（尤其是那些外形醜得可笑、看似八〇年代的食物），就讓我想要吐血，緝拿製作人，慢慢把他們折磨到死。（更糟的是，那部電影是重新翻拍罕見的德國廚師電影佳作《美味愛情甜蜜蜜〔Mostly Martha〕。）在《地獄廚房》裡，當拉姆齊假裝眼前那個笨手笨腳、看來弱不禁風的傢伙，有本事以「拉姆齊新餐廳的行政主廚」身分（那是優勝者的大獎），在地獄廚房裡存活三分鐘時，我不知怎地，竟然替拉姆齊發火了。但他錄一集節目可以賺二十五萬美元，據所有報導指出，他還賺得非常開心，我是在生氣個什麼勁啊。

YouTube上有珊卓拉・李用店裡買來的現成海綿蛋糕、現成糖霜和玉米果，製作匡薩蛋糕的影片，內容慘不忍睹，結果那影片沒成為網路上大家熱門轉寄的笑柄，卻讓我卯起來痛批，我．就．是．忍．不．住。

我真的希望，我可以自以為是到認為自己是美食的卓越領導者、擁護者，甚至是意見領袖，但那不可能是真的。

我不過是一個脾氣不好的老頭，講好聽一點，是「意見」多了點罷了。我還是很生氣。

但我現在已經肯在週一吃魚了，好嗎？

之前我寫過叫大家週一不要點魚，那時的我，對紐約市以外的一切都一無所知，那段話可能一直跟著我，直到我死了都無法擺脫。時代確實已經變了，我可能還是會建議大家，週一不要在啤酒屋之類的地方點魚類特餐，我想鮮魚可能不是他們的生意主力。不過，現在的主廚和廚師不同了，在廚房裡炸魚和薯條的人可能真的在乎自己在做什麼，即使他不在乎，如今他也知道你或許真了解差異所在。

當年我在寫那本改變我人生的書時，我和很多廚藝普通的廚師一樣，最氣的就是客人。他們已經改了，我也改了。

我已經不再氣他們了。

20 我們都還在

有些歌曲我永遠不會再聽了，我指的不是那些讓我想起不堪往事的歌曲。而是很久以前，一切都還很美好時的歌曲（不管我當時是否人在福中不知福）。那一切都令我難以忍受，令我難過，我何必那樣自虐？我又回不去了，也無法過得比當時更好，過去都過去了，你也無法改變什麼。

某晚，我在一家餐廳裡待到很晚，那是我家附近的餐廳，我和太太不時會去那裡用餐。晚餐的尖峰時刻已經過了，餐廳裡坐了約一半的客人。我們才剛喝完飲料，點完菜，隔壁桌一名女子喊：「波登。」同時指著坐在她對面的丈夫（一名中年男子）說：「他是銀影（Silver Shadow）。」

我已經二十多年沒見過銀影了，銀影是我在《廚房機密檔案》裡給他的稱呼，書中我提到他搞了很多事業，搞得一塌糊塗、亂七八糟，那些描述都不太體面。我一直很喜歡他，不管他的餐飲王國裡發生了多少狗屁倒灶的瘋狂事，或我在那裡過得多慘，我都很高興再見到他。這些年來，我聽過一些有關他的傳聞，但我不知他過得如何。他現在開了兩家規模適中、非常好的餐廳，其中一家在紐約，一家在很棒的地方，是那種大家可能去度假的地方。

我沒認出他，也沒辦法把他現在的樣子和年輕時的模樣聯想在一起。我記憶中的銀影看起來像吃得肥肥胖胖、家境優渥的研究生（不過年紀大一些），是那種大家可以輕易想像高中畢業照是什麼樣子的人。他現在看起來很好，雖然老了許多，或許還帶了一絲倦容。他太太則完全沒變，當時他太太就是個美女，現在美麗依舊。尷尬聊到那本書時，她雖然態度和善，但她也不經意地表示，那些都是「虛構」的內容。

銀影則比較謹慎，他提到那本書出版時的反應，說每個人一看到內容，都馬上認出那是在講他，當時可能還是他女兒先告訴他：「爸，這本書在講你！」他提到閱讀的過程對他「打擊很大」，看到他都哭了。當然，我聽了很難過。我說過，我一直很喜歡他，當年我看過他做過許多很傲慢、瘋狂的事情。不過，我和當時他的許多狐群狗黨不一樣，我從來不覺得他刻意惡整過任何人。

晚餐結束後，我回家，重讀當初描寫他的那一章。沒錯，洗手間裡的確有機關槍……沒錯，他們的確在酒吧販賣古柯鹼。西西里裔的黑社會代表的確每週都會來索取保護費。整個銀影餐飲王國的確連外人都可以看出它在急速擴張，只是沒人知道誰在掌舵。不過，我迅速檢查我描述的銀影故事時，我發現，雖然那些內幕都是千真萬確的，但我描述他的放縱行徑時，講得太聳動、太激憤、太無情了。我把他寫得像白癡一樣，他肯定不是那樣的人。

如果銀影有任何罪過，也不過是因為他是那年代的產物，只是他的規模大了許多。就像那晚我們各自坐在自己的桌邊回顧過往時，我說的：「嘿，那是八〇年代……我們撐過來了，我們都還在。」

我也希望那句話可以安慰他，或作為一種解釋，甚至是道歉，但我想是不可能了。

☆　☆

另一方面，我的確看到皮諾・盧翁勾（Pino Luongo）「惡整過許多人，而且他還樂在其中。

我描述皮諾那章，讓他看起來像個混蛋，不過那還是那傢伙的相關描述中，寫得最客氣的一篇，他自己似乎也這麼認為。那本書出版後，我們又見了幾次面，他甚至叫我幫他的回憶錄寫序，我也樂意地答應了，也因此我再也無法踏進市區一些不能提到他名字的餐廳裡。我認識的義大利主廚幾乎每一位都說過：「我被皮諾害慘了。」他們說這句話時，通常會連帶微笑及聳肩。值得一提的是，這些人如今都在餐飲業享有一席之地，他們大多承認早期那段「學習經驗」和現在的成就有些關係，甚至覺得多虧有這位前「黑暗王子」，讓他們提早認清這個有時冷酷的世界。

皮諾曾一度叱咤紐約市的頂級義大利餐飲界，後來跌得很慘。考慮欠周的迅速擴張，讓他的王國後來深陷泥沼，我推斷他後來一直很難東山再起。再加上現在每個人都在做皮諾以前做的事情，大家都標榜道地的托斯卡尼風、油脂豐富的小魚、以前他辛苦說服客人接受的少見義大利麵樣式，如今這類菜色隨處可見，那些經歷他恐怖壓迫的倖存者現在也到處都是了。

雖然我和皮諾共事的短暫經驗讓我身心受創，但如今開車經過 Le Madri 餐廳的舊址時我還是很感傷。那曾經是一家美好的餐廳，也代表皮諾本質中最好的一面。許多很棒的人才曾在那個廚房裡歷練過，我從他們身上迅速學到了很多東西，那是個神奇的地方。

最後，他們把那棟建築拆了。

現在比較常在麥迪遜大道上皮諾開的 Centolire 餐廳裡看到他的身影，他進廚房之前，會穿著白色的主廚服向客人打招呼，他通常是親自掌廚做菜。

如今的皮諾看起來和以往大不相同，比以前愉快、輕鬆，或許是因為他不再肩負著餐飲王國的重任，可以更輕鬆調皮地做自己，以前鮮少看到他這樣。現在的他偶爾會突然到桌邊講故事，或自顧自地伸手去拿現烤的沙丁魚。

☆　☆

書裡提到的「大腳」不是德魯・奈波倫特（Drew Nieporent），很多人都以為我是在講他。我不知道大家為什麼會把這兩人聯想在一起，他們就像隨便找兩個人相類比那樣的不

1　譯註：過去有餐飲業黑暗王子之稱。

同。

德魯是浪漫派，但大腳不是。曾和大腳共事過，和他喝過酒，或是在七〇、八〇、九〇年代和他打過交道的人，看到《廚房機密檔案》都可以一眼認出那是誰。當然他還在業界，他在金融區開了一間酒吧，我肯定他現在一定正盯著某個小設計，思考如何把它變得更好；或研究製冰機的機械構造，思考如何自己修理，以免負責修機器的黑心技師坑了他；或是以坦然的眼神，凝視著來應徵服務人員的應徵者，假裝自己沒那麼機靈，盤算他該啟動圈套的時刻；或坐在吧台邊，丈量花生盤之間的距離，或思考新菜色，或是充分展現他的「大腳」本質，畢竟那些都是他的真性情。

如今，西村的一些酒吧裡，有些酒保已經做了二十多年。你可以在安靜的下午，找一間那樣的酒吧，坐下來，點一、兩杯酒，喝一會兒酒後，請酒保告訴你一些大腳的故事，他會有很多故事和你分享。

☆ ☆

長年和我共事的副主廚史蒂芬・鄧普（Steven Tempel）離開紐約、移居佛羅里達，先在一家企業附設的廚房裡短暫做了一段時間（他是怎麼通過驗尿檢測的，我也想不透）。辭職後，他和交往及受苦多年的女友結婚，生了個兒子，搬到紐約州北部的史貝庫雷特小鎮，以兒子的名字為店名，開了一家燒烤店Logan's。

他雖然是我遇過最好、能力最強的廚師之一，但他從過去就不斷地說，他最大的夢想是開一家小餐館。所以就某種意義上來說，他的夢想已經實現了。

我上Logan's的網站看他的菜單有哪些菜色，暗地裡希望能依稀看到我們過去在各家餐廳裡一起想出的花樣。他從來不覺得自己對廚藝界的抱負太低，我清楚記得他以前吃什麼，或為自己烹調什麼食物，即使我們周遭滿是魚子醬、新鮮松露，或即將瀕臨滅絕的珍禽野獸，他還是不為所動。不過，我還是傻傻地期待Logan's的菜單上，在那些墨西哥起司夾餅、雞翅、漢堡之間，能出現一點點過去我們在皮諾開的餐廳、Supper Club、Sullivan's、One Fifth等餐廳裡一起合作的東西。我欣慰地看到首頁上有一道和其他菜色顯得格格不入的義式燉牛膝（那一直是他的拿手菜）。但當我點進餐廳的菜單時，這道菜又不見了，菜單上全是運動酒吧的典型菜色，完全看不到過往的丁點痕跡，當然這也是我早該預期到的，他本來就對食物不那麼在意，也對他的一切選擇毫無怨尤。

我認識、共事、在《廚房機密檔案》裡寫過的人中，幾乎就只有史蒂芬——這個永不回頭的傢伙——搞懂自己在做什麼。

☆　☆

我最後一次看到有名沒姓的亞當（Adam Real Last Name Unknown），他有正當的職業，在一家公司賣預煮的原汁和醬料。像他那樣有才華的麵包師傅，做那種工作似乎有點奇怪，不過他在完全自毀後路後，還有工作可做，其實更加奇怪。他做那個工作的時間，對他來說算是滿久的，可能做了一、兩年後，才又遁入社會底層（史蒂芬說那是「失業」）。當然，那傢伙還欠我錢。

我相信，從有名沒姓的亞當身上，可以記取一些警世道理或教訓。這位低能奇才所做的麵包，是我們吃過全天下最好吃的麵包。這個自毀前程的天才就是沒辦法讓自己有一番成就，他是迷途羔羊中的迷途羔羊。

我永遠都記得他的卡薩塔蛋糕開始塌陷時，他哭泣的模樣。如果有人需要擁抱，我想，亞當比誰都還需要。可惜，當你擁抱他時，他可能會得寸進尺或是扒你的錢包。就像真正的天才一樣，鮮少有圓滿的結局。

☆　☆

我在書中提到的老主廚「吉米・席爾斯」（Jimmy Sears）可能是約翰・特薩（John Tesar），也可能不是。他在拉斯維加斯和達拉斯做得不錯，最近在休士頓開了自己的牛排海鮮餐廳。兩個月後，他離開了自己的餐廳。他可能是我共事過的廚師中，最有才華，也最激勵人心的一位。

有一天我踏進「大腳」的廚房，看到時運不濟的他剛被請來當新主廚（而且是大材小用），那也是我人生的關鍵轉折點。他的食物，即使是最簡單的東西，都能重新喚起我對烹飪的喜愛。他輕鬆發明菜單、記憶菜單（他有讀寫障礙，讓他不太能寫出重要的東西），以及組合創新的能力，讓我佩服得五體投地。我後來當上主廚的任何成就，都歸功於他的直接影響。畢竟當年是他帶我轉戰Black Sheep餐廳，後來又帶我去Supper Club餐廳。

他的優點深深激勵與影響我，而他的缺點與失敗也讓我變成直接的受惠者。當他搞砸時，我受到拔擢。他離開Supper Club時，讓我入行十年來第一次取代上頭的主廚，直升主廚。

當初是他先雇用史蒂芬和亞當的（這肯定是一件喜憂參半的事），也是他帶我認識更多優秀的主廚和廚師，例如莫里斯・赫利（他在Le Bernardin工作，下班後會到Supper Club來幫我準備晚宴）、他弟弟奧蘭多、賀伯・威爾森（Herb Wilson）、史考特・布萊恩（Scott Bryan），他們一群人曾在漢普敦共事，還有和他一起待過Arizona 206餐廳的布蘭登・華爾許（Brendan Walsh）。

如今回顧這些年來我認識和共事過的人，我逐漸看出一個共同的線索。當然，不見得普遍如此，但常有巧合——我喜歡的人通常都有自毀的傾向。席爾斯基本上就是這種行為的典型，每次成功逼近時，他就是有辦法把它搞砸，接著又振作崛起，或至少存活下來。

☆　☆

我的老朋友暨榜樣，來自普羅文斯頓（Provincetown）和我一起承辦酒席的夥伴——我在書中稱他為弗拉迪米爾（Vladimir），他在八〇年代就從地球上消失了。我聽說他重返校園，去念電腦之類的。

儘管他那張看起來像墨西哥搶匪的照片就掛在成千上萬本《廚房機密檔案》的全球封面上，但我完全沒有他的消息。就我所知，他也沒想過要聯絡我。他和其他人不一樣，很早就退出這一行（在「歡樂時光」那一章所描述的期間後不久）。

弗拉迪米爾（本名為艾力克希〔Alexey〕）比我們的年紀大，或許他比我們先領悟了我們尚未領悟的道理——照我們那樣繼續過下去，歡樂時光不會長久。

那年代的歌曲，我剛開始在紐約工作那幾年的歌曲（那是一切都好玩又刺激的蜜月期，當時還覺得染上毒癮是壞事），如今仍帶給我很大的衝擊，讓我既興奮又失落（雖然我第一次聽到那些歌曲，是我剛染上海洛因毒癮的時候）——例如Tears for Fears樂團的〈Mad World〉、Bush Tetras、dFunkt、James White & The Blacks、Talking Heads的早期作品、Grandmaster Flash的〈The Message〉、The Gap Band等，都是當時的背景音樂。那些歌曲對我來說永遠都有些危險，是為非作歹的配樂。

☆ ☆

我的主廚兼高中好友山姆則是在八〇年代初期，和我一起跌入萬劫不復的深淵。他也在那本書的封面上，和我們站在一起，靠著牆，我們都拿著刀，擺出一副桀驁不馴的模樣。

他比我晚爬出泥沼，在聯邦監獄裡待了一陣子，他說那段經歷救了他一命。現在他已經戒毒好一段時間了，在加州銷售肉品，或許你在節目上看過他……例如我的節目裡。

☆ ☆

自稱「燒烤站賤人」的貝絲．艾蕾斯基（Beth Aretsky）在專業廚房裡工作好一段時間後，來當我的助理。

《廚房機密檔案》出版及電視節目推出後，我忙得團團轉，生活變得複雜到讓我覺得需要個助理，那時幾乎都是她在打理我的日子。

她當了我的得力助手、監督者和知己十年，有時甚至還兼任我的保鏢。有次我們去巡迴簽書會時，我遭到一位激動素食者的恐嚇，她馬上把他推到牆邊，以前臂抵著他的脖子。她也曾以鈍器痛擊過酒醉、太過瘋狂的女粉絲。

她後來在加勒比海地區和一位斷斷續續交往多年的男子結婚，兩人很快就生下一名女嬰。一年前，她離開這一行，轉做比較穩定、適合兼顧家庭的工作，那工作應該不需要武術就能勝任。

☆ ☆

Les Halles東京分店是我第一次去亞洲的目的和藉口，也是我在地球的另一端第一次感受到強烈衝擊的經驗，但那家店不久就關了。

我會永遠感謝我老闆菲利普・拉瓊尼（Philippe Lajaunie）給我那次改變人生的經歷，並和我一起分享。聽說他很難搞，和他做生意很難，這點我相信。怪的是，他以Les Halles業主的身分和我合作時，我們從來不談生意。他是最佳的出遊夥伴，總是充滿好奇心，孜孜不倦，毫不畏懼。

☆ ☆

拉瓊尼的前事業夥伴荷西・狄梅瑞里（José de Meirelles）是當初雇用我到Les Halles工作的人。他後來自己在紐約市的鑽石區開了一家很成功的法國餐廳Le Marais，以及一家葡西風格的小吃店（後來關門了）。

Les Halles的華府分店後來歇業了，邁阿密分店則頂讓換手。在我看來，這真是謝天謝地，我一直覺得那幾家分店拖累了公園大道上的總店，以及約翰街上生意興隆的市區分店。我還是很喜歡那兩家餐廳，有機會就會過去坐坐，知道那幾家外地的分店已經毫無關聯後，我也鬆了一口氣。

☆ ☆

服務生提姆還是Les Halles總店裡的焦點，竭盡所能地利用他的名氣。

如果你去那裡用餐，打聽我的消息，他會告訴你，你剛錯過了見到我的機會，我到泰國去變性，或者在土耳其監獄裡服刑，或是去南極坐狗拉的雪橇。反正他講的一切都不是真的——那表示我可能已經好一段時間沒過去了。

☆ ☆

Les Halles的廚房現在終於交由卡洛斯．藍古納．摩拉爾（Carlos Llaguna Morales）負責，可謂實至名歸。他多年前先從煎炸站開始做起，是一個優秀的廚師，比我當初在Les Halles好多了。更讓我意外的是，他比我更善於管理。以前Les Halles的地窖又黑又暗，現在乾淨明亮。如今的食物處理與控制系統也全然不同，雖然廚房大小沒變、廚師人數也一樣，但用餐區擴充到隔壁的熟食店，座位幾乎多了一倍。以前一晚接三百五十位客人就已經是極限了，現在一晚可接待六百到七百位客人。

二〇〇七年我突發奇想回Les Halles做菜，而且是週二連輪兩班。以前我都是早上八點上班，備料，開始做午餐，接著直接做晚餐，從早到晚都站在廚房裡。我一直到快接近那天時，才想到整個用餐區已經比以前擴大又繁忙許多，我自己也老了很多。我原本以為可以拍出不錯的節目。

等我想到影響和可能的結果時，我努力尋找解決之道，以免當眾丟臉了。

於是我請里佩爾出來吃飯，猛灌他高檔的龍舌蘭酒（他對龍舌蘭酒毫無招架之力），等他喝得心情正好、充分放鬆時，時機成熟了，我建議他和我一起到Les Halles大煮一番，盡情發揮，那會很有趣……

後來的結果我相當滿意，我設法撐過了那晚（以目前Les Halles的標準來看，那晚的生意不是很繁忙）。那真的非常難，再加上我已經有老花眼，無法看點菜單了，這讓一切更是難上加難。我努力戴上老花眼鏡後，眼鏡已沾滿了油漬，而且我的膝蓋也不中用了，不過基本功夫還在，我還是可以勉強做到。但當晚結束時，我知道隔天絕對沒辦法像一般廚師那樣再來一次。

令我意外的是，里佩爾倒是相當靈活。他這輩子從沒像我一樣在快餐店做過，從來不需要趕做上百份餐點，更別說是以那樣的速度烤那麼多份牛排。我原本以為他會手忙腳亂，但沒有，他優雅地完成了任務，當晚結束時，主廚服依舊像一開始那樣淨白如雪，真是令人髮指！不過，他到今天仍在抱怨Les Halles的廚房「人手不足」，叫那麼少的廚師煮出那麼多份餐點根本「不人道」，也「不能忍受」，他一直對這件事耿耿於懷。

我對那次拍出的電視節目相當自豪，因為那部影片展現出非常寫實的一面，不僅呈現廚房繁忙運作時的樣子，也讓大家看到那一切是有多麼困難，需要怎樣的人力、團隊合作、耐力、心態、編制和組織，以及最後的成果。

有人問我是否懷念以前的工作時，我的回答總是一樣。

我不懷念。

我知道大家希望我說懷念，是，我當然懷念，但我已經體驗夠了，我已經做了二十八年，我是說，二十八年耶！《廚房機密檔案》上市時，我已經四十四歲了，我想再也沒有比那時更好的轉行時運或契機了。

四十四歲時，我就像一般在餐飲業工作多年的廚師一樣，已經開始走下坡。廚師一旦年過三十七歲，速度不會再加快，也不會變得更聰明。當然，膝蓋和背部會先退化，這是你可以預期的。手眼協調也會慢慢開始退化，還有視力也是。不過，讓你最感到力不從心的，是大腦傳送的訊息。經過多年的專注、多工並行、壓力、熬夜、飲酒，大腦的反應已經無法像你想要的那麼靈活。你會忘東忘西，你閱讀告示板、排點菜單的順位、掌握食物的位置、加總待煮及已煮的牛排份數，以及每份牛排的熟度等，速度都已經大不如前。

你宿醉得愈來愈嚴重，拖的時間愈來愈長。你的脾氣逐漸變糟，對自己連小事都搞不定，愈來愈容易感到沮喪（對別人則是難以忍受）。在廚房的兩極世界裡，偶爾一定會有令人失望的情況，但隨著年齡增長，再加上令人失望的事情愈來愈多，失望的頻率會日益增加，失望的時間也會拉長。

基本上你已經完了，或是快完了，你的大腦知道這點，你的身體也知道，而且它每天都會這樣告訴你，但自尊會讓你一直撐下去。

我告訴他們，我的確很懷念工作結束後喝下第一口冰啤酒的感覺，我會永遠懷念那種體驗，那是無可取代的，什麼都比不上。那是任何暢銷書、電視節目、粉絲、任何東西都無法超越的滿足感。忙完漫長又繁忙的夜晚後，和同事在吧台邊坐下來，抹去脖子上的汗水，深呼吸，伴隨著周遭不言而喻的肯定，喝下第一口冰涼的啤酒，那一剎那是一種勝利的感覺。服務人員收了滿滿的小費，興高采烈地聊著天，廚師對你、對彼此的表現都感到滿意，你提醒自己，你又打了一戰。

這時酒保在音響上放著寇帝．梅菲（Curtis Mayfield）的〈Superfly〉或〈Gin and Juice〉（這也是給老人聽的），或當下大家覺得需要的歌曲，例如〈Gimme Shelter〉或丑角合唱團（The Stooges）的〈Dirt〉。反正就是其他年代的歌曲，那些對當下的人而言永遠帶有某種意義的歌曲，但是你必須在場才有意義。

你們以大家一起吃過苦的革命情誼看著彼此，心想：「今晚我們做得很好，我們會自豪地回家。」

現場有人點頭，有人淺淺地微笑，有人嘆氣，可能還有哀嘆。

我們又撐過來了，我們做得很好。

我們還在。

附錄一　與波登對談

A CONVERSATION WITH ANTHONY BOURDAIN

影評人兼加州KCRW電台《The Treatment》節目主持人艾爾維斯·米歇爾（Elvis Mitchell），在紐約市卡萊爾飯店（Carlyle Hotel）的白蒙酒吧（Bemelmans Bar）和波登舉杯閒談。

波登：我只想先說明一下為什麼我們在白蒙酒吧，我挑這個地方是因為這裡的牆。路德威·白蒙（Ludwig Bemelmans）是第一位早在四〇年代就寫廚房機密檔案的人。據稱，他是害群之馬、遜咖，誤打誤撞進入這行，卻把內幕全寫出來了。雖然他以繪製瑪德琳（Madeline）和令人驚豔的藝術品出名，但他真正引起我共鳴的是《輝煌酒店》（Hotel Splendide）那本書。

米歇爾：你倆之間明顯氣味相投。

波登：他是我尊敬的前輩，我原以為我是在仿效歐威爾（Orwell）的《巴黎．倫敦流浪記》（Down and Out in Paris and London），後來發現《輝煌酒店》雖然晚了歐威爾的作品幾年，但它才是《廚房機密檔案》的先驅。我整個職業生涯的發展，在某種程度上幾乎都是照著白蒙的生涯走的，除了他寫過史上最受歡迎的童書這點以外。

我希望自己能像白蒙那樣，他後來也是遊走四方，喜歡在餐廳裡被認出來。另外，他也為《紐約客》撰稿，在餐飲業工作，寫餐飲業的內幕和人物。我是寫了《廚房機密檔案》後才讀了他的作品。

米歇爾：真的嗎？

波登：真的啊。我讀到他的書時，有如五雷轟頂，當場愣住，心想：「哇，我寫的東西一點也不新奇。」

米歇爾：我以為你在遊走四方的某個時點，應該會碰到這本書。後來你是怎麼知道的？

波登：我忘了，應該是看到附註或哪裡提到的，或有人在談論我的文章中提到他……我馬上就找來讀，相當精彩，我甚至無法想像我如果在寫《廚房機密檔案》之前就讀過白蒙的書，會寫出什麼樣的作品，可能會很嚇人吧。他曾和好萊塢有短暫的接觸，設計過場景，畫畫，做童書，寫文章，突襲餐廳……

米歇爾：他也熱愛香檳。

波登：對，他也熱愛香檳！他是檯面上的人物，卻以檯面下的姿態撰寫內幕，相當特別。

米歇爾：你已經從評斷他人的人，變成受到評斷的人。你訓練別人養成的看法和態度，如今也變成粉絲看待你的方式。

波登：對，我覺得那樣做沒錯。這種事情發生時，或許不怎麼好受，卻是恰當的。當你慣用誇張的手法來處理事情，經常卯起來評論時，就一定會有人提出反駁。

我曾經痛批比我努力許多、遠比我更有成就的人，例如我曾對名廚沃夫岡．帕克做了很毒的評論。這傢伙理當獲得更好的對待，他是美國美食界的一大重要人物，當他以德國老闆的身分宣布反鵝肝的新立場時，我卻卯起來痛批他一頓。

米歇爾：他是奧地利籍。

波登：你看，我連他的國籍都搞錯了，對他來說實在很不公平。很多被我痛批過的人，至少應該有權反擊。網路上的任何人，任何匿名上Twitter寫「波登真爛！」或說我過氣的人，我覺得那些說法至少有部分是真的，這也是本書出版的目的。

我現在走到了人生這個詭異的時點：當初寫《廚房機密檔案》的人生，和我現在的人生已經完全脫勾了。兩者已經截然不同，所以每天我不提那些差異時，都覺得自己不誠實、過意不去。每次有二廚走上前來，把我當成勞工階級的英雄時，都讓我為自己的不誠實感到非常羞愧。

米歇爾：不誠實？你怎麼會這樣想呢？頂尖藝術家覺得自己像個騙子？

波登：我現在坐在他媽的卡萊爾飯店裡，喝著馬丁尼，我住在上東城區，有個小女兒，很多時間都待在義大利。我不再是那個每晚借酒澆愁後，隔天早上醒來去餐廳上工，身上的味道令我害怕和厭惡的傢伙了。我不是在講過去在Les Halles餐廳工作的事，但在我的職業生涯中，有很多次我早上醒來，害怕一早就要上工，身上還是那股油煙味。

米歇爾：我想，現在多數人想知道的是，你會當個退而不休的叛逆者嗎？你主持的《波登不設限》還是有那種叛逆的味道，我覺得你是叛逆版的馬洛（Marlowe）。

波登：大文豪馬洛？

米歇爾：是啊。

波登：哇！那是我聽過最好的恭維了，不過他後來死在服務生手下，對吧？

米歇爾：對啊，所以我才會提起他。

波登：我對服務生相當尊敬，所以要我命的應該不是服務生，可能是別的東西。如果我真的掛了，下輩子我想當布基．柯林斯（Bootsy Collins），我想彈低音吉他。我爸是哥倫比亞唱片公司的行銷與商品總監，我基本上是在類似《廣告狂人》（Mad Men）的環境中成長。我爸媽不像《廣告狂人》中的人物，但是出入我家的，都是那樣的人事物：酗酒好色的鄰居，烤肉會，威浮球，羽毛球……現在回想起來，我還挺驚訝的，不過主要是驚喜。我在生氣蓬勃、綠意盎然的世界裡成長，生活中充滿了好書、好音樂、好電影。

米歇爾：我可以問個問題嗎？大家講起你時，有些人總說你是作家出身，但就我自己讀到的資訊來看，那和我看到的不太一樣。

波登：我一向很愛看書，但我也是個懶鬼，說得頭頭是道，常瞎扯一堆。不管我有沒有讀過一本書，我都可以在課堂上侃侃而談。

我從小就有不錯的語言天分，我想當作家，是因為我想體驗穿著男士夜袍抽鴉片的感覺……我只是覺得那樣的生活很吸引我。但我並不想實際去做，正巧這時出現了學烹飪的機會。我的意思是說，我大學念得亂七八糟，連註冊都懶得去，那時我十七歲，整天吊兒郎當，我真的是吊兒郎當的浪蕩子。

米歇爾：你常提起的作家經常書寫這樣的人物，例如格雷安・葛林（Graham Greene）、麥爾坎・勞瑞（Malcolm Lowry）、特拉文（B. Traven）。

波登：我以為，只要我的言行舉止像他們一樣（例如抽大麻），我就會神奇地轉變成藝術家。但我又不願意實際坐下來好好寫作或吹薩克斯風，更別說是學薩克斯風了。

我的身分從十三歲開始就和毒品緊密相連，直到三十八歲。書對我來說就像毒品一樣，因為閱讀是另一種不用實際寫作，就能間接體驗藝術家生活的方式。

米歇爾：毒品？大家會想知道你有哪些私藏，你都讀些什麼？

波登：艾爾默．李納德（Elmore Leonard）、格雷安．葛林、麥爾坎．勞瑞，任何能帶給我樂趣的東西，我把書視為一種解脫、樂趣、自爽的經驗，就那麼簡單。

說故事對我來說一向很簡單（只要是用說的，不是寫的），但我不會實際坐下來寫。大學時代，除了為了賺錢或買古柯鹼而幫其他學生捉刀寫報告以外，我什麼屁也沒寫過。

米歇爾：那也是你擅長但輕蔑的事情，因為你可以很快把它做好？

波登：沒錯，我寫過電影報告、文案報告之類的垃圾，那些都是騙人的東西，尤其明明是甜美的小女生，我卻幫她寫出超暴力的《糖果屋》（Hansel and Gretel）[1]改編作品。

米歇爾：但是你有機會改編、把寫作當成戲劇看待，所以我才會提到馬洛，因為貫穿你作品的一大特色，就是你真的深受說故事者的吸引。

1 譯註：格林童話。一對兄妹在森林裡迷路，又累又餓之際，看見森林裡有一間以糖果餅乾蓋成的小房子。

波登：我喜歡說故事的人，我愛聽別人以有趣的方式講有趣的故事，最好是在有趣的情境中。廚房從一開始就提供我那樣的環境，所以我一直是那個樣子。就某種程度來說，現在仍是，那仍是我重視的東西，但我不太和其他的作家混在一起。

米歇爾：你這番坦言嚇了我一跳。

波登：我是說真的。我邀請我崇拜的作家上《波登不設限》，但我會跟作家朋友坐下來談寫作嗎？不會。誰是我的作家朋友？

米歇爾：你一定有作家朋友吧。

波登：坦白講，我對賣書人的喜愛更勝於作家，我對通俗作家的喜愛也多於文學作家。

米歇爾：呃，那些也算是作家，我沒做特定的分類。

波登：我比較喜歡和廚師聚在一起，我想我要講的是這個意思，我和廚師相處時比較自在。

米歇爾：所以和作家在一起有一種威迫感？

波登：不會，除了少數例外。有幾個人是例外。

米歇爾：誰讓你覺得有威迫感？誰讓你感到緊張？

波登：我對唐．德里羅（Don DeLillo）非常敬畏，他很棒。我和一群作家圍坐在桌邊，德里羅似乎是唯一能夠看清這世界的人，他似乎完全忘了他是美國當今在世的作家中最偉大的一位。你知道嗎？就是那種無所謂的感覺。在完美的世界裡，我除了夢想自己是柯林斯以外，內心有部分也想著：「天啊，我真希望我可以坐下來，寫出像德里羅那樣優美的句子……」

米歇爾：你還見過誰？喜歡跟誰在一起？

波登：我崇拜的作家很多，但我並不想和人坐下來談寫作。首先，我有點迷信，寫作這種東西一講出來就等於放棄了，這很邪門。你變成像星巴克裡的那些人，光談寫作，但其實沒在寫。那就像做愛一樣，別老掛在嘴邊，做就對了。不要談寫作，寫就對了。但你可以談閱讀，那沒關係。

米歇爾：我相信你也發現了，你和作家在一起時，他們並不是老在談寫作。

波登：對，他們是談他們討厭的其他作家。

米歇爾：聽起來像你會做的事。

波登：有道理！

米歇爾：所以你見過柯林斯嗎？

波登：我看過他本人，沒有什麼東西比音樂更快讓你流淚，更快令你揪心的，沒有什麼東西比音樂更具破壞力。當你能像柯林斯那樣演奏音樂，把聲音弄得那麼驚人時，你擁有遠遠超過多數作家的狂大神力。

米歇爾：這讓我想到一個問題，我一直很想問你。以前廚師只在廚房播放的音樂（激勵廚房人員的搖滾樂），現在變成每家餐廳前台的一部分。現在我上館子聽到那種東西，都有點無法接受，因為我覺得那是屬於我那些廚房朋友的，那是他們的祕密。

波登：但這就是餐廳權力的轉移啊：現在我們在意廚師是誰，願意吃他們叫我們吃的東西，我們也想聽他們的歌單。你去Momofuku Ko餐廳，聽到的是公共形象樂團（Public Image）。你去Babbo，沒辦法，你聽到的就是滾石合唱團的〈Stray Cat Blues〉，而且你會覺得太大聲，但我喜歡那樣。

米歇爾：如果是你的餐廳，你會播放什麼音樂？如果你在托斯卡尼找到一個夢寐以求的地點，那裡會播放什麼？

波登：我永遠不會開餐廳。你是指我iPod上播放什麼音樂嗎？我永遠不會那樣逼別人聽我喜歡的音樂，我沒那麼……我的意思是，我雖然是自大狂，但我不會去創造一個空間，逼別人接受我的品味，我會讓他們自己去發掘。但我想，我這人就是口無遮攔，不爽就講，不怕在節目裡當壞人，我常這樣，或是在書裡痛批。

最近我常思考的一件事，就是我們帶到餐桌上的偏見和成見：那些食評家帶到桌上的意見，或是飲食作家日積月累帶到餐桌上的意見。因為你一生中吃過愈多的絕讚美食，愈無法以攸關讀者的方式去描述。

米歇爾：但我覺得任何有本事的食評家，都能為餐點增添令人興奮的元素，如果你是真正的感官主義者，總是有辦法令人振奮。

波登：萊斯特・班恩（Lester Bangs）[2]總是令人振奮。即使在他最糟的時候，你還是永遠知道班恩是誰，知道他有什麼來歷。他不見得都是對的，但他始終很棒，我欣賞那樣的評論家。

米歇爾：你欣賞哪位認真的食評家或飲食作家？

波登：喬納森・高德（Jonathan Gold）、山姆・西夫頓（Sam Sifton），我喜歡這些人。《紐約時報》，不管你同不同意，他們真的下了功夫，餐飲界的每個人都對他們讚譽有加。你可能不喜歡《紐約時報》對你的報導，但是你欣賞他們肯說真話的用心。

米歇爾：我們可以回頭談一件事嗎？剛剛提到，你吃的絕讚美食愈多，愈不可能把食物寫好。

波登：我覺得如果你是一般人，假設你想知道有關紐約餐廳的誠實意見，我應該不會是你想找的人吧？

我已經寫了十年的飲食，認識很多主廚，免費吃了很多招待大餐，吃過許多二十道的精選套餐，去過El Bulli、French Laundry、Per Se，我是那種可以面無表情地告訴你「我真的希望他們不要在那道菜上放那麼多松露」的人，這馬上就讓我失去資格，對想決定在紐約吃什麼的人提出建議。

米歇爾：但正因為你過那樣的生活，才有那樣的體驗啊，你那樣說不是有點矛盾嗎？

波登：其實我覺得我比較像部落客，或像Yelp網站[3]上，讀者看到我和其他瘋子在上面的評論，然後從裡面篩選出他們喜歡的共識。當我坦白說我只在乎我自己時，我沒在蓋你，我只是盡情享受當下罷了，這很幼稚，我現在手邊有一堆玩具，那些都是我十年前所沒有的，我盡可能地享受樂趣，努力推銷那些作品令我興奮的人，或是和他們合作，我只是想盡情享受這一切，不要丟臉和搞砸了。

2 譯註：知名搖滾樂評人。
3 譯註：商店評論網站。

米歇爾：你坐下來寫作的時候，得到了什麼？

波登：我喜歡打造東西，像做一個五斗櫃或一盤美味的鴨肉料理那樣，那是一種建構。

米歇爾：《半生不熟》裡似乎有許多近乎成年人的憤慨在裡頭，不是那種無的放矢，而是有明確的目標。

波登：我的確很憤怒，好嗎？

米歇爾：我看得出來，但你鎖定的範圍縮小了，變得更明確。

波登：我喜歡施壓，也不在乎別人反駁，我尊重那些站出來反駁我的人，我喜歡好的論點，我渴望好的論點，我討厭那種閃爍其辭的人。當然，美食界充滿了那樣的人物，我討厭他們，我討厭他們是因為他們討厭做料理的人，我討厭任何書寫食物卻不喜歡食物的人，更糟的是那種書寫食物卻不喜歡廚師的人。

米歇爾：你覺得這問題有多普遍？

波登：某些地方特別明顯。那些人最不想做的，就是和實際烹調其餐點的墨西哥人見面，或是和碰過其餐點的所有人在下班後一起去喝兩杯。他們不僅沒興趣，還覺得那種經驗不愉快。他們不想認識那個世界，那等於一舉推翻了他們宣稱的一切，因為他們的食物是從名廚尚—喬治（Jean-Georges）的手中神奇地冒出來的。

米歇爾：你講的是一種個人崇拜，就是美食頻道搞的那一套，你也是其中的一大部分。

波登：當你成了電視明星，你可以對上門的顧客說：「你來我這裡，我不在乎你想要什麼，你真正想要的是我慢火燉煮的豬尾巴，相信我，真的好吃。我是馬里奧·巴塔利（Mario Batali），你喜歡電視上的我，我等一下就為你上你從沒吃過的東西。」二十年前，顧客可能不會吃你這一套，現在不同了，顧客可能會說：「好啊！」所以從那方面來看，這是一件很好、很正面的事。

我們趕上了法國和義大利的水準，還有全亞洲，基本上我們趕上了全世界。我們真的開始思考自己在吃什麼，我們是怎麼進化到這裡的，但其實我真的不在乎。如果你第一次吃生魚片，是因為你在《慾望城市》上看到生魚片，誰管你那麼多？我們整個國家已經大躍進了，我們現在喜歡生魚，我們想要生魚，誰在乎我們是怎麼進化到這個境界的？重點是，現在食物變成大家關注的重點，大家永遠都需要吃東西，我覺得我們會日益關注我們吃什麼及食物的來源。

以前的年代，大家去看電影，然後上館子，結果聊的都是電影。現在你是直接上館子，連電影都省了。

米歇爾：反正現在大家也沒那本錢又看電影又上館子了！不過，多數美國人還是吃漢堡，我回底特律時，就是吃漢堡，那裡的餐廳都很可怕。

波登：才不會，漢屈克市[4]棒極了。

米歇爾：不，我說的不是漢屈克市，我是指嚴格定義的底特律。

波登：我才剛去奧沙克（Ozarks），密蘇里州的喬普林市（Joplin）有個窯烤比薩店，是市區裡最紅的餐廳，每個人都難以抵擋美食的誘惑。

米歇爾：《波登不設限》有一個很棒的地方，大家都希望你去他們的家鄉，造訪他們的城鎮，他們想知道你有什麼看法。

波登：我的確去過你的家鄉，最後變得很奇怪，我到內華達州太浩湖（Lake Tahoe）的哈拉賭場（Harrah's Casino），在岸廳（Shore Room）裡表演。我在那裡，抬起頭來看牆上，發現我是在謝奇．葛林（Shecky Greene）、蒂諾（Dino）、托提．菲爾德（Totie Field）[5]之後上台表演。我傍晚上台時，對著一群叫囂、喝醉的賭客胡亂掰了一些笑話。

米歇爾：對很多人來說，安東尼．波登是一號人物，角色渾然天成，恰到好處。

波登：那永遠存在著一種危險。我這輩子最大的轉機，是寫了一本我覺得沒人會看的書。所以寫《廚房機密檔案》時，我可以自在地做自己。但此後，是人家付我錢，讓我做自己，那是種危險的遊戲，因為最後我可能變得像杭特．湯普森[6]一樣。

不過，不管你信不信，我這樣做自己，的確獲得很豐富的回報，我不曉得還有什麼其他的方法，這種事和正直無關，和堅守原則無關，到目前為止，那對我來說就只是工作。

4 譯註：Hamtramck，被底特律環繞的一個城市。
5 譯註：這些人都是喜劇演員。
6 譯註：Hunter Thompson，美國著名記者兼作家，是荒誕新聞學（Gonzo Journalism）的開創者。荒誕新聞學是指聳動的新聞報導，事實和臆想參半。這種新聞除了記錄個人見聞以外，記者也會加入想像和發揮，紀實中有虛構，甚至讓自己化身為報導的主角。他最後在家中舉槍自盡。

好吧，目前看來，那變成我的獨特風格、節目的賣點，但重點是，「毫不在乎」對我來說一直是很成功的商業模式。我不是在誇大什麼，我從電視或電影獲得的最大啟示是：要讓電視公司的長官知道，你真的他媽的一點都不在乎要不要繼續和他們合作。坦白講，我不和混蛋合作。

這輩子讓我最得意的事，除了我女兒出生以外，可能就是我和大衛・賽門（David Simon）的合作。對我來說，《火線重案組》[7]是電視史上最獨特、最棒的作品，絕無僅有，沒有什麼能比得上。我還是要再次強調，這和正直無關，給我兩千萬美元叫我去主持益智節目，我也不幹，我做不來，我根本沒辦法。我還是要說，這和正直無關，也和原則無關，你要我學蓋・費爾瑞那樣主持節目，我寧可在淋浴間上吊自殺，或回去抽大麻。

米歇爾：如果有人說要你學費爾瑞主持，和你在《頂尖主廚大對決》裡當評審沒多大差別呢？

波登：我喜歡參與《頂尖主廚大對決》，那節目是我的興趣，我沒拿任何錢，他們摳門得要死。他們真的很摳，拜託這個一定要寫下來，摳！摳！摳！

我很喜歡湯姆・柯里奇歐[8]，他也是我參加那個節目的一大原因。當你可以讓柯里奇歐發笑時，那是件好事。當你可以讓他在攝影機前發笑時，那表示那天工作得相當順利。但我發現，我也愈來愈喜歡艾瑞克・里佩爾（Eric Ripert）和荷西・安德烈（José Andrés），跟他們在一起實在太有趣了！那就像熱血球迷有機會為棒球賽做詳細的實況講評一樣，所以參與那個節目是一大樂事，是我的殊榮。

7 譯註：〈The Wire〉，HBO原創自製影集，由大衛・賽門創作及製作。
8 譯註：Tom Colicchio，《頂尖主廚大對決》的首席評審。

附錄二　波登談《半生不熟》徵文比賽得獎短文

ON THE WINNING ESSAY

《半生不熟》剛出版時，我們邀請讀者及有志成為作家的人來投稿，題目是「為什麼把菜做好很重要」。由我挑出來的得獎者，除了作品會與本書平裝本一起出版以外，還可獲得一萬美元的獎金。

在〈美德〉那一章中，我提到每個人都該學會做菜，那是一種可讓世界變得更好的基本技能，但為什麼要把菜做好呢？為什麼不是做得還可以就夠了？那樣不行嗎？那樣還不夠嗎？所謂把菜「做好」又是什麼意思？這有很多解讀的空間。

後來我們收到近兩千篇的投稿，果然在那些投稿中，大家提出了個人與專業的論點、美學與傳統的論點、道德與……全然瘋狂的論點。有些文章寫得很棒，筆觸細膩，文句優美，思考縝密，甚至技高一籌；有些文章則似乎是刻意迎合我的好惡而寫。

最後我挑了下面這篇文章，一篇樸實真摯的短文，由德州的搬家貨運司機邁克．普萊歐羅（Michael Priolo）以第一人稱書寫。你可能會問，為什麼選他呢？因為邁克直搗美食的核心，暢談美食究竟是什麼、一向是什麼、應該是什麼——美食就是要讓人感到幸福，是一種溝通。這篇文章對我來說最棒的地方在於，我們從來沒見過邁克的妻子，從來沒看到她，她在睡覺。一個男人辛苦工作一天，回到家全身腰痠背痛（這是專業廚師或前專業廚師都很熟悉的感受，所以，不用說，我讀了馬上感同身受）。妻子幫他做了一盤西班牙雞肉飯（arroz con pollo），包上錫箔紙後幫他留在冰箱裡。他坐下來，開一瓶啤酒，吃著那道料理——全家都沉睡時，他獨自一人吃著。那道料理讓他感到幸福。

我喜歡這篇文章，是因為它在毫無雕飾下，充分呈現出美好料理該有的樣子。邁克的西班牙雞肉飯是妻子的得意之作，當他享用那道食物時，他是在和妻子溝通。她可能睡著了，他們可能連未來的二十四小時也見不到彼此，但是細心為他料理美味的東西，幫他留在冰箱裡，小心地包著——她就是在和他對話。他吃著那道餐點，那道食物撫慰著他，那是他思念及渴望了一整天的感覺（可能也是他想念的味道）。之後他悄悄溜上床，親吻熟睡中的妻子。讚！

恭喜邁克．普萊歐羅。

寫得好！也謝謝你！

安東尼．波登

附錄三　得獎短文〈深夜〉

有人說，生活中壓力最大的事情是死亡、離婚和搬家。我的工作就是幫人終結搬家的壓力，我是搬家公司的貨運司機，我必須隨時激勵夥伴，並一再提醒新人，只要跟我一起出車，你就永遠甭想偷我顧客的東西，除非你想被我踢出以時速八十英里奔馳的卡車。我跑一趟車預期收到一百美元的小費，我無薪超時地做著老闆永遠不會知道的差事，你把所有的家當都託付給我，對我的過往一無所知，你只知道我在你家門口告訴你的綽號。

我常三更半夜才回到家，腰背和膝蓋因上了藥而麻木無感，手腳布滿了小割傷和瘀傷。我太太總是幫我準備了一盤食物，以鋁箔紙包好，放在冰箱，等我回家後，可以趁著沖澡之際，放進微波爐加熱。沖完澡後，我會拿瓶啤酒，在安靜的公寓裡，大家都沉睡的時候，靜靜地坐下來享用這一餐。這不是完美的晚餐情境，但東西嚐起來美味極了。西班牙雞肉飯煮得恰到好處，配菜炸大蕉餅淋上了香辣的莎莎醬，充滿了家的味道，這個家是我整天魂牽夢縈的地方。

我悄悄溜上床，刻意不去看時鐘，以免知道我只能睡三、四個小時，反而害我盯著天花板直到鬧鐘鈴響。我吻了一下太太，告訴她我愛她，謝謝她為我準備的一餐，然後合上雙眼。

邁克・普萊歐羅（Michael Priolo）

PEOPLE 00495

半生不熟：
波登廚藝與人生的真實告白〔暢銷經典全新設計版〕

作　者—安東尼．波登
譯　者—洪慧芳
主　編—郭香君
責任企劃—張瑋之
封面設計—莊謹銘
內頁排版—新鑫電腦排版工作室
編輯總監—蘇清霖
董事長—趙政岷
出版者—時報文化出版企業股份有限公司
108019台北市和平西路三段二四〇號七樓
發行專線—（〇二）二三〇六—六八四二
讀者服務專線—〇八〇〇—二三一—七〇五
（〇二）二三〇四—七一〇三
讀者服務傳真—（〇二）二三〇四—六八五八
郵撥—一九三四四七二四時報文化出版公司
信箱—10899臺北華江橋郵局第九九信箱
時報悅讀網—http://www.readingtimes.com.tw
綠活線臉書—https://www.facebook.com/readingtimesgreenlife
法律顧問—理律法律事務所　陳長文律師、李念祖律師
印　刷—勁達印刷有限公司
二版一刷—二〇二三年三月十七日
定　價—新臺幣四五〇元

時報文化出版公司成立於一九七五年，
並於一九九九年股票上櫃公開發行，於二〇〇八年脫離中時集團非屬旺中，
以「尊重智慧與創意的文化事業」為信念。

半生不熟：波登廚藝與人生的真實告白〔暢銷經典全新設計版〕/ 安東尼．波登(Anthony Bourdain)著；洪慧芳 譯. -- 二版. -- 臺北市：時報文化出版企業股份有限公司, 2023.03
面；　公分.
譯自：Medium raw : a bloody valentine to the world of food and the people who cook.
ISBN 978-626-353-465-0（平裝）
1. CST: 波登（Bourdain, Anthony）　2. CST: 烹飪　3. CST: 傳記
4. CST: 美國

785.28　　112000499

ISBN 978-626-353-465-0
Printed in Taiwan

（本書改版自二〇一二年財信出版《安東尼波登．半生不熟》）